칸트철학의
우회로

칸트철학의
우회로

지은이 / 이충진
펴낸이 / 강동권
펴낸곳 / (주)이학사

1판 1쇄 발행 / 2023년 11월 30일

등록 / 1996년 2월 2일 (신고번호 제1996-000015호)
주소 / 서울시 종로구 율곡로13가길 19-5(연건동 304) 우 03081
전화 / 02-720-4572 · 팩스 / 02-720-4573
홈페이지 / ehaksa.kr
이메일 / ehaksa1996@gmail.com
페이스북 / facebook.com/ehaksa · 트위터 / twitter.com/ehaksa

ⓒ 이충진, 2023, Printed in Seoul, Korea.

ISBN 978-89-6147-439-9 93100

이 책의 저작권은 저자가 가지고 있습니다.
저작권법에 의해 보호를 받는 저작물이므로 이 책 내용의 일부 또는 전부를 재사용하려면
저작권자와 (주)이학사 양측의 동의를 얻어야 합니다.

* 책값은 뒤표지에 표시되어 있습니다.

칸트철학의 우회로

Immanuel Kant

이충진 지음

Georg Hegel

Karl Marx

Jean-Jacques Rousseau

Martin Luther

Thomas Hobbes

Reinhard Brandt

Confucius

이학사

존경과 감사의 마음을 담아 이 책을
손동현 교수님께 바칩니다.

차례

머리말   9

1장 루터와 칸트 — 근대철학의 단초와 완성   13
2장 홉스와 칸트 — 두 명의 자유주의자   40
3장 루소와 칸트 — 시민 종교와 공론장   63
4장 헤겔과 칸트 1 — 도덕성과 인륜성   87
5장 헤겔과 칸트 2 — 연속성과 상이성   118
6장 맑스와 칸트 — 관념론적 사회주의   143
7장 브란트와 칸트 — '지금 여기'의 칸트철학   165
8장 공자와 칸트 — 촛불집회의 정치철학   193
[부록] 윌슨과 칸트 — 평화의 이론과 실천   205

참고문헌   223
각 장이 발표된 학술지 목록   232

머리말

칸트철학은 흔히 저수지에 비유된다. 근대 서양철학을 대표하는 것은 대륙의 합리주의 철학과 영국의 경험주의 철학이다. 모든 면에서 이질적인 두 철학 체계는 18세기 중반 독일의 한 항구도시에서 만났고, 그 만남의 결과로 칸트철학이 등장했다. 그후 불과 한 세대도 지나지 않아 독일 관념주의 철학이 등장했는데, 마지막 근대철학인 이 철학 체계의 출발점 역시 칸트철학이었다. 이런 점에서 보면 칸트철학은 진정한 의미에서 근대철학의 저수지였다. 한편으로 이전의 철학을 자신 안으로 받아들이고 동시에 다른 한편으로 자신을 이후의 철학으로 흘려보냈다는 점에서 그렇다.

칸트철학은 또 등대에 비유되기도 한다. 등대 없이 바다를 항해할 수 없듯이 '지금 여기'의 철학자는 누구도 칸트철학을 만나지 않고는 철학의 세계에 몸담고 있을 수 없다. 현대의 철학적 문제들은 모두 칸트의 영향권 안에 존재하기 때문이다. 비유적으로 말하자면 칸트철학이라는 등대에서 나온 불빛이 다다르는 곳, 그곳이 현대철학의 경계이며 그 안의 공간만이 현대철학에 허용된 활동 영역이다. '지금 여기'의 철학자는 칸트철학에 의존해서만 자신의 철학적 위치와 방향성을 확인할 수 있다.

칸트철학은 무엇보다도 거대한 산에 비유된다. 칸트철학이라는 산은 매우 크고 매우 높다. 큰 산이 많은 생명체를 품듯이 칸트철학은 수많은 철학적 문제를 다루고 있다. 별들의 운동법칙에서 형이상학의 진보에 이르기까지, 인간의 인식능력에서 인간 종의 특성에 이르기까지 칸트철학은 참으로 다양한 주제를 다룬다. 몇몇의 주제와 관련해서 칸트철학이 남겨놓은 철학적 성과는 너무도 대단해서 모든 철학자는 그것을 아무 어려움 없이 눈으로 확인할 수 있다. 심지어 철학자가 아닌 사람도 그렇다. 이 정도의 크기와 높이를 가진 철학 체계는 서양에서는 플라톤과 아리스토텔레스 그리고 헤겔 정도뿐이다.

높은 산에 오르는 길이 여럿 있듯이 칸트철학에 접근하는 방법 역시 다양하다. 가장 기본적인 방법은 칸트 텍스트를 분석하고 칸트의 사유 과정을 있는 그대로 추적하는 것이다. 이때 연구자는 칸트의 눈으로 칸트 텍스트를 보아야 한다. 연구의 목적은 칸트철학의 이해로 제한되어야 하며 연구의 결과는 칸트철학의 재현을 넘지 말아야 한다. 연구의 출발점은 물론 연구자의 확신, 즉 '칸트철학은 오를 만한 가치가 있는 산이다'라는 확신이다.

칸트 텍스트의 분석은 산으로서의 칸트철학 연구를 위한 '가장 안전하고 확실한 길'이다. 그 점은 분명하다. 하지만 그것이 유일한 길인 것은 아니다. 여러 다른 길 중의 하나는 칸트철학을 다른 철학 체계와 비교하는 것이다. 이 길은 텍스트 분석처럼 우리를 산의 정상으로 인도하지는 않지만, 그 대신에 산의 크기와 높이를 손쉽게 볼 수 있는 지점으로 우리를 데려간다. 칸트철학의 이해와 재현에만 관심 있는 연구자에게 이것은 매우 효과적이기도 한데, 비교라는 우회로(迂廻路) 위에는 다른 연구자들의 연구 성과가 마치 길안내 표지판처럼 도처에 있기 때문이다.

이 책은 우회로를 걸어서 도달한 칸트철학의 모습을 담고 있다. 학술지에 발표된 일곱 개의 논문과 한 개의 미발표 논문 그리고 독일 연구자의 글을 하나로 묶었다. 연구의 목적은 칸트철학의 이해이며 이 목적을 위해 몇몇 인물을 소환하여 칸트와 비교했다. 비교 대상은 임의로 선택되었다. 단락들 사이의 유기적 연결은 약하고 전체적 통일성 역시 부족하지만 그러한 단점을 서술방식과 논의 밀도의 다양함으로 보아주기를 바란다.

수십 년 전에 구상한 연구의 결과물을 이제야 내어놓는다. 오랜 지연의 이유는 아마도 — 헤겔이 질책하듯 말했던 — 피상성과 허영심에 대한 두려움일 것이다. 작은 논문 하나에 수많은 철학자의 이름이 등장하는 피상적인 연구를 아무 거리낌 없이 감행하는 연구자의 허영심, 그와 같은 철학에 대한 불손한 태도를 나 역시 가지게 될지도 모른다는 두려움 말이다. 코앞으로 다가온 은퇴가 아니었다면 나는 이 작업을 끝내 마무리하지 못했을 것이다.

칸트철학 연구자의 개인적 일탈에 불과한 것들이 이렇게 책으로 출간될 수 있는 것은 오롯이 강동권 사장님과 임양희 편집장님의 호의 덕분이다. 두 분에게 진심으로 감사드린다.

2023년 11월
낙산 연구실에서

1장
루터와 칸트 — 근대철학의 단초와 완성

1. 들어가기

2017년은 종교개혁 500주년이 되는 해이다. 서양의 근대화는 이질적인 세 개의 혁명, 즉 독일의 종교혁명과 영국의 산업혁명 그리고 프랑스의 정치혁명을 거쳐 진행되어왔으니 종교개혁은 서양 근대 역사의 출발점인 셈이다. 물론 14세기 이탈리아에서 시작된 르네상스가 첫 번째 혁명을 위한 자양분을 공급하기는 했지만 말이다. 지난 500여 년의 서양 역사를 되돌아보면 이 세 개의 혁명은 다른 것과는 비교할 수 없을 정도로 뚜렷하게 보이며 특히 종교혁명은 그것의 출발점이란 점에서 더욱 두드러져 보인다.[1]

서양의 근대철학을 되돌아보면 우리는 세 개의 거대한 철학 체계를 볼 수 있는데, 대륙의 합리주의와 영국의 경험주의 그리고 독일

---

[1] "우리는 르네상스와 종교개혁에서 시작되어 지금에까지 이르고 있는 서양사의 한 시기를 근세라고 이해한다." 요한네스 힐쉬베르거, 『서양철학사 하권』, 35쪽 참조.

의 관념주의가 그것이다. 종교개혁 이후 100년 가까운 시간이 흐른 후에야 근대철학이 시작한 셈이니 철학적 사유는 그렇게 많은 시간이 필요했던 모양이다. 근대철학의 마지막 지점은 관념주의 철학이다. 관념주의는 칸트에서 시작되어 헤겔로 이어지는, 1800년 전후 50여 년 사이에 등장했던 철학 체계를 일컫는 이름이다. 그 중심부엔 칸트의 최초 대표작인 1781년의 『순수이성비판』과 헤겔의 최초 대표작인 1807의 『정신현상학』 사이의 30년이 놓여 있다.[2]

서양 근대의 역사와 서양 근대철학의 역사를 거시적인 눈으로 살펴보면 루터와 칸트는 가장 눈에 띄는 봉우리이다. 그것이 새로운 흐름을 만든 시작점이라는 점에서 그러하며, 그들이 만든 흐름의 크기가 비슷한 예를 찾을 수 없을 정도로 거대하다는 점에서 그러하다. 그러므로 우리는 당연히 '이 두 시작점 사이에도 어떤 연관이 있지 않을까'라는 생각에 도달하게 된다. 그것들이 아무리 거대해도 서양 근대라는 보다 큰 흐름 안에 있기 때문이다. 루터와 칸트, 그 두 인물 사이에 어떤 정신사적 흐름이나 연관이 있지 않을까? 달리 말하자면 루터는 칸트에게 어떤 영향을 미치지 않았을까?

물음의 제기는 자연스럽고 합리적인 데 반하여 물음에 답하려는 시도는 금방 난관에 봉착한다. 칸트 저서 안에서 루터 및 종교개혁과 관련된 언급이 거의 등장하지 않으며 그의 종교철학 저서 안에서도 루터와의 본격적 대결의 흔적을 찾을 수 없기 때문이다. 칸트는 자신의 철학을 철학적·정신적 역사 진행 안에 위치시켜 이해하

---

[2] 니콜라이 하르트만, 『독일관념론철학 I』, 321-324쪽 참조. '독일관념론의 주요 저작 연대표'

지 않았으며 따라서 가령 근대적 자율 개념과 관련해서 — "루터에 직접적으로 또 확실하게 의존하고(berufen) 있는 … 헤겔"과는 달리 — 칸트의 경우 루터와의 "직접적으로 역사적이고 인과적인" 연관을 발견하는 것은 "매우 어렵다".[3]

상황이 이러하기 때문에 우리는 일종의 우회로가 필요한 셈인데, 그것은 루터와 칸트의 연관을 역사적·발생사적 연관이 아니라 체계적 연관으로 이해하는 것이다. 즉 루터와 칸트를 각각 연구한 후 그 둘의 사상적 내용을 비교하는 것이다. 이러한 방향의 연구는 특정한 전제, 즉 '루터는 근대철학의 단초들을 제공했고 칸트는 그 단초들을 완성시킨 사람이다'라는 전제에서 출발하며, 이 전제를 입증하기 위해 두 사상의 내용적 연관성을 제시하는 데 주력한다.[4]

이와 같은 연구는 비록 많지는 않지만 전혀 없는 것은 아니다. 나는 이 글에서 대표적인 연구 성과들을 소개하고자 한다.[5] 기존 연구의 단순한 소개만으로도 우리는 '근대적인 것'의 고유한 특징을 확인할 수 있으며 '근대적인 것'의 비(非)철학적 모습(루터)과 철학적 모습(칸트) 사이의 차이를 확인할 수 있다.

---

[3] Rudolf Malter, *Das reformatorische Denken und die Philosophie*, p. 235.
[4] 이 연구의 전제는 발생사적 연관이면서 연구의 방법은 체계적 분석이다. 이러한 부정합은 이 주제에 대한 연구의 성과가 충분히 축적되어 있다면 허용되지 않았을 것이다. 이런 점에서도 이 연구는 시론(試論)에 불과하다.
[5] 칸트철학에 관한 철학자들의 연구 성과가 무한하듯이 루터 신학에 관한 신학자들의 연구 역시 무한하다. 특이한 것은 신학자들이 칸트철학에 눈을 돌리는 경우는 적지 않지만, 철학자들이 루터에 눈을 돌리는 경우는 매우 드물다는 사실이다. 루터와 칸트를 비교 연구하는 철학적 시도는 거의 전무하다고 해도 과언이 아니다. 이 글이 '단순한 소개'에 그칠 수밖에 없는 이유이다.

2. 딜타이 — 「15-16세기 인간의 이해와 분석」

종교혁명은 역사적으로 보면 중세 가톨릭에 반대하여 새로운 종교를 만들어낸 사건이다. 루터는 그 새로움을 '오직 믿음, 오직 은혜, 오직 성경'으로[6] 표현했으며, 이를 통해서 당시 가톨릭에서 중시하던 '이성, 교회, 목회자'를 옛것이자 잘못된 것으로 천명했다. 루터에 따르면 인간은 오직 믿음을 통해서만 구원에 이를 수 있고 신의 은혜를 통해서만 신과 만날 수 있으며 종교적 삶을 위해 필요한 모든 것을 성경에서 발견할 수 있다.[7]

그런데 이와 같은 일반적인 루터 이해를 딜타이는 충분하지 않거나 잘못된 이해라고 평가한다. 왜냐하면 믿음의 강조는 아우구스티누스 이후 수천 년 동안 지속되어온 것이며 또 성서에 대한 신뢰 역시 동시대의 에라스무스 등 수많은 사람에 의해 공유되어 있는 것이기 때문이다. 딜타이가 발견한 루터의 중요성은 오히려 '개인'과 '선험성(Transzendentalität)'이었다.[8] 전자는 헤겔이 "기독교가 [그것에] 무한 가치"를 부여했던 것으로 평가했던 것이며, 후자는 칸트가 자신의 철학을 특징짓는 개념(terminus technicus)으로 사용했던 것이다.[9]

---

6   라틴어로는 'Sola fide, sola gratia, sola scriptura'이다. https://ko.wikipedia.org, 〈다섯 솔라〉 참조.
7   루터에 관한 일반적 이해를 위해선 주로 다음을 참조했다. 알리스터 맥그래스, 『루터의 십자가 신학』; 뤼시앵 페브르, 『마르틴 루터 한 인간의 운명』; https://ko.wikipedia.org. 〈종교 개혁〉
8   Bruno Bauch, *Luther und Kant*, pp. 7-10 참조.
9   게오르크 빌헬름 프리드리히 헤겔, 『철학강요』, §482; 임마누엘 칸트, 『순수이

르네상스 이후 근대인은 "자신의 독자적 가치와 자신에 내재한 힘"을 발견했다. 개인(Person)의 자율성을 핵심으로 갖는 근대적 인간 이해는 루터에 의해 "종교 영역에로 이전"되었으며, 그와 함께 일상적 앎(bekannt)의 단계에서 — 비록 여전히 종교적·신학적 외양을 가지고 있었지만 — 개념적 앎(erkannt)의 단계로 고양되었다. 인간은 이제 자신을 자신의 모든 사회적 관계로부터 독립하여, 즉 그러한 "모든 연관에 반(反)하여(jedem Verband gegenüber)" 독립적이고 자율적인 개체(Individuum)로 이해하게 되었다.[10] 근대적 개인은 루터에 와서 자신의 적합한 개념과 내실을 얻게 된 것이다.

루터는 "제식과 역사와 교리의 배후로 들어가려 노력했으며, 이러한 종교적 삶의 [외적] 형태들 모두를 창출하는 것이자 언제 어디에서나 작동하고 있는 것, 즉 [인간의] 영혼 안에 있는 인간의 신적인 요소(das menschlich Göttliche)"를 찾고자 시도했다. 루터는 자신의 시선을 종교사적·교리론적 연구로부터 인간의 내적 능력의 연구로 전환했다. 그는 "그와 같은 신학의 외부"에 있는 "인간 본성"에 주목했으며 "비가시적인 것과 연결되어 있는 창조적 인간 본성"에 주목했다.[11] 바로 이와 같은 '반성 지향(intentio oblica)'은 외부 대상의 연구(형이상학, 존재론 등)에 선행하여 주체의 자기 탐구(방법론, 인식론

성비판』, pp. 52f, 576 참조.

10 Wilhelm Dilthey, "Auffassung und Analyse des Menschen im 15. und 16. Jahrhundert", p. 377; Bauch, *Luther und Kant*, p. 9.
11 Dilthey, "Auffassung und Analyse des Menschen im 15. und 16. Jahrhundert", p. 61; Bauch, *Luther und Kant*, p. 9. 루터가 비판하고 있는 신학은, 오늘날의 표현으로 말하자면, 실증적 학문이다. '그와 같은 신학의 외부'란 당시의 신학이 인간의 내적 본성에 충분히 주목하지 않았음을 나타낸다.

등)를 시도했던 근대철학의 고유한 특성이었다. 그것은 인식능력의 "원천과 범위와 한계"를[12] 먼저 탐구하려는 철학적 기획이었다. 칸트는 그것의 특성을 '선험적'이라 표현했으며 루터의 신학은 바로 그러한 의미에서 선험적 신학이었다.

비록 직접적 언급은 없지만, 우리는 딜타이가 '개인'과 '선험성'을 핵심으로 가지는 "루터와 칸트 사이의 정신적 유사성(Geistesverwandschaft)"을[13] 염두에 두고 있음을 어렵지 않게 추정할 수 있다. '개인'의 발견은 근대와 고중세를 구분하는 기준점이며 '선험성'은 근대철학을 고중세 철학과 구분하는 기준점이니, 그가 말하는 유사성을 우리는 '근대는 루터에 의해 시작되어 칸트에게로 이어져왔다'라고 표현할 수 있다.

3. 바우흐 —『루터와 칸트』

루터와 칸트를 비교 연구하려는 노력 중 최초의 것은 아마도 1904년 바우흐의『루터와 칸트』일 것이다. 이러한 연구가 역사적 관점이 아니라 철학적 관점에서 진행된 것이라면 분명 그럴 것이다. "루터를 칸트의 선구자(Vorläufer)로 제시"하려는 바우흐는 불필

---

[12] 칸트,『순수이성비판』, 21쪽.
[13] Bauch, *Luther und Kant*, p. 9. 하지만 이러한 유사성이 엄밀한 의미에서 입증될 수 없을 것임은 분명한데, 무엇보다도 '자율성'과 '선험성'이 칸트철학에만 고유한 개념이 아니라 데카르트 이후 근대철학 대부분에 해당되는 것이기 때문이다.

요한 오해를 예방하기 위해 '선구자'의 의미를 두 가지 측면에서 규정한다. 첫째, 부정적 의미에서 '선구자'는 '루터는 칸트에게 영향을 주었다'라는 것을 의미하지 않으며, 따라서 가령 '볼프나 흄은 칸트의 선구자이다'라고 말할 때와 동일한 의미에서 우리는 '루터는 칸트의 선구자이다'라고 말할 수 없다. 둘째, 긍정적 의미에서 '선구자'는 '루터의 생각의 씨앗이 칸트에 의해 개념적으로 체계화되었다'라는 사실을 의미한다. 달리 말하면 '선구자'란 '논리적·인식론적 토대를 결여한 루터의 생각들이 칸트에 의해 학문적 타당성을 갖추게 되었다'라는 것을 말한다.[14]

1) 상이성 — 종교와 도덕의 관계

루터가 신학자임을 감안한다면 우리는 루터와 칸트 사이에 상호 비교될 수 있는 부분이 무엇보다도 종교와 도덕일 것임을 쉽게 예상할 수 있다. 그런데 조금만 주의를 기울여보면 우리는 '종교와 도덕의 이해와 관련해서 루터와 칸트가 상이한 입장을 가지고 있다'라는 사실을 어렵지 않게 발견할 수 있다.

루터는 성서를 종교적 진리를 보증하는 전거로 신뢰했으며 성서가 인간 삶을 위한 도덕적 규칙을 제공할 것임을 의심하지 않았다. 반면에 칸트에게 성서는 인간에게 "도덕적 이념을 전달하는 [단순한] 수레(Vehikel)"였으며, 성서의 종교적 진리성 역시 이성에 의해

---

[14] Bauch, *Luther und Kant*, p. 3. 바우흐는 "두 역사적 지점[루터와 칸트]의 연결은 입증되지 않는다"고 생각한다(Bauch, *Luther und Kant*, pp. 3-5 참조).

검토되어야 하는 것이었다. 칸트의 눈으로 보면 루터의 절대적 성서 신앙은 "죽은" 신앙일 뿐이었다.[15]

종교와 도덕이라는 주제에 접근하는 방법에서도 루터와 칸트는 상이했다. 칸트는 먼저 도덕의 원리를 확보하고 그다음 도덕적 의무를 논의한 후에야 신의 문제에로 나아갔다. 칸트에겐 도덕법과 의무에 관한 논의(협의의 도덕철학)가 신과 종교에 관한 논의(광의의 도덕철학, 종교철학)에 선행하며 어떤 경우에도 그 역일 수 없었다. 반면에 루터에겐 도덕철학과 종교철학 사이에 그와 같은 순서가 없었는데, 도덕과 종교 사이에 분리나 포섭 관계가 존재하지 않았기 때문이다. "[도덕적] 의무와 신의 명령을 하나의 동일한 것으로 간주하는"[16] 루터에게 칸트의 방법론, 가령 '도덕법칙에서 출발함'은 있을 수 없었다.

2) 유사성 I — 반(反)스토아주의

이와 같은 내용적·방법적 차이에도 불구하고 루터와 칸트 사이에 유사성 역시 분명하다. 이 유사성은 대부분 루터와 칸트가 공동의 '적', 즉 도덕과 종교에 대한 스콜라적 이해라는 '적'을 가지고 있었다는 사실에 기인한다. 스콜라적 사유에 있어서 종교와 도덕은 각각 전혀 다른 기반 위에 있는 것이었다. 스콜라적 사유에 따르면 종교의 핵심은 믿음이었고 도덕의 핵심은 이성이었으며, 믿음은 지식

---

15 Bauch, *Luther und Kant*, pp. 143-144 참조.
16 Bauch, *Luther und Kant*, pp. 148-149 참조.

이전의 것이자 지식 이상의 것이었다. 성서 안에 제시된 종교적 의무들과 이성에 의해 발견되는 도덕적 의무들은 전혀 상이한 종류의 것이어서 양자의 조화는 인간에게 ― 특히 이론가에게 ― 해결해야 할 과제로서만 주어지는 것이었다. 한마디로 말해서 종교적 삶과 도덕적 삶은 전혀 상이한 차원에서 출발·진행하는 것이었다.[17]

반면에 루터는 그러한 종교와 도덕의 분리를 알지 못했으며 종교적 도덕과 이성적 도덕의 분리도 알지 못했다. 루터에게 도덕적 인간과 종교적 인간은 하나의 동일한 것이었다. 루터에게 신의 마음에 드는 인간은 곧 도덕적으로 선한 인간이었으며 도덕적으로 선한 인간은 곧 신의 마음에 드는 인간이었다. "도덕성과 신의-마음에-듦(Gottwohlgefälligkeit)을 하나의 동일한 것으로 간주하는" 루터에게 "신학적 도덕과 철학적 도덕의 대립"은 "불합리한(verkehrte)"[18] 대립일 뿐이었다. 신이 인간에게 내리는 명령과 이성이 제시하는 도덕적 명령은 결코 상이할 수 없었다.[19]

종교적 도덕과 이성적 도덕의 분리와 그것의 극복은 ― 비록 전혀 다른 맥락과 전혀 다른 모습이긴 하지만 ― 칸트에게서도 확인된다. 칸트에게서 도덕적 명령과 도덕적 의무는 오직 이성에서만

---

[17] Bauch, *Luther und Kant*, p. 149 참조. 스콜라 사상 일반에 대해서는 다음을 참조. http://terms.naver.com/entry.nhn?docId=1397432&cid=41978&categoryId=41980
[18] Bauch, *Luther und Kant*, pp. 144, 147.
[19] 칸트적 의미의 최고선, 즉 도덕적 선과 그것에 대한 보상으로서의 좋음(복)의 "합리적(in Proportion)" 결합은 그에게선 "권리의 문제(de jure)"로서 요청되어야 하는 것이었지만 루터에게선 "사실로서(de facto)" 이미 주어져 있는 것이었다."(임마누엘 칸트, 『실천이성비판』, 122쪽; Bauch, *Luther und Kant*, p. 149)

유래할 수 있다. 도덕적 의무는 이성적 내실(Gehalt)과 보편적·필연적 타당성을 갖고 있다. 가령 거짓말 금지의 의무는 공간·시간적 조건의 변화에도 내용적 자기동일성을 가지며 또 모든 상이한 공간·시간적 상황에서 실천적으로 참이다.[20] 이러한 점에 비추어 보면 스토아주의식의 이분법적 물음, 즉 '이 의무는 이성적 의무인가 아니면 종교적 의무인가' 또는 '의무의 원천이 이성인가 아니면 신인가'라는 물음은 주변적일 뿐이다. 도덕의 문제에 관한 한 '믿음인가 이성인가'라는 양자택일식 문제 설정은 잘못된 것이다.

반스토아주의라는 점에서 보면 루터와 칸트는 매우 유사한 모습을 가지고 있다. 루터는 "자연적·종교적 감정에 의해서", 반면에 칸트는 "의식적·개념적으로"[21] 스토아주의에 반대했다는 점에서만 다르다. 우리는 루터와 칸트의 이러한 유사함을 — 그들의 상이함과 함께 — 다음과 같이 표현할 수 있다. 신학적 도덕과 철학적 도덕의 "[스토아주의적] 대립의 극복은 루터에 의해 시작되었고 칸트에 의해 완수되었다."[22]

3) 유사성 Ⅱ — 내면화

칸트에게 있어서 하나의 행위가 도덕적으로 선할 수 있으려면 두

---

[20] 이충진, 「근대 서양 윤리학의 전환점」: 100-105 참조.
[21] Bauch, *Luther und Kant*, p. 149.
[22] Bauch, *Luther und Kant*, p. 153. 원문은 다음과 같다. "durch Luther gefühlsmässig die Anbahnung und durch Kant begrifflich die vollkommene Überwindung dieses Gegensatzes."

개의 조건을 충족시켜야 한다. 먼저 개별 행위는 이성의 객관적 도덕법칙에 적합한 것이어야 한다. 즉 그것은 객관적인 법칙 적합성(합법성)을 가져야 한다. 다음에 개별 행위는 그 행위가 좋은 행위라는 이유만으로 행해진 것이어야 한다. 달리 말하면 '법칙에 대한 존경심'이 그 행위의 주관적 동기여야 한다. 반면에 행위의 결과, 의도의 성공 여부, 행위가 실제로 일어났는가 여부 등은 행위의 도덕적 선을 규정하는 요인에 포함되지 않는다. 이렇듯 도덕적 선을 이해함에 있어서 칸트는 오직 사유된 준칙과 사유된 도덕법칙 그리고 사유된 행위 동기에만 주목했으며 사유하는 행위자의 외부(실제 행위)나 사유된 행위의 외부(사유된 목적)로 나아가지 않았다.[23]

이와 같은 도덕 영역에서의 "내면화"는 루터에게선 종교 영역에서 나타난다. '오직 믿음'의 구호에서 볼 수 있듯이 루터는 종교적 삶의 핵심을 종교적 제도와 외부인(성직자)의 권위로부터 인간의 내면으로 전환시켰다. 이제 인간은 자기 내면으로 들어와 자기 내면에 존재하는 신과 직접 대면할 수 있고 대면해야 했다. '오직 성서'의 구호 역시 다를 바 없다. 루터는 "성서 해석의 최후 최고의 심판정"은 인간 내면의 양심, 즉 "선하고 경건하고 유덕한 인간의 올바른 이해 능력(rechter Verstand)"이라고[24] 생각했으며, 따라서 우리는 성서 이해를 위해 자신의 내면으로 들어가면 될 뿐이었다. 한마디로 말해서 종교생활의 핵심은 외적 의례나 외적 권위에 의존하는 것이 아니라 자신의 내면에 충실한 것이었다.[25]

---

23 랄프 루트비히, 『쉽게 읽는 칸트 ─ 정언명령』, 49-77쪽 참조.
24 Bauch, *Luther und Kant*, pp. 149-150.
25 이러한 종교적 내면화와 내면성에 대한 강조는 조금의 가감 없이 도덕에 그

루터와 칸트에 따르면 종교적/도덕적 인간은 자신의 내면으로 들어가서 자신에 내재한 것을 만나야 한다. 그는 자신의 외부에 있는 모든 것으로부터 벗어나 자기 안에 머물고(in se) 자기 자신의 힘으로(per se) 종교적/도덕적 삶을 살아가야 한다. 인간은 종교적 행위를 자신의 내면에서 길어 올려야 하며(autogen, 루터) 도덕적 행위를 스스로의 힘으로 결정하고 이끌어가야 한다(autonomie, 칸트). 그때 비로소 인간은 진정으로 자신의 종교적/도덕적 삶을 살게 된다.[26] "외적이고 번쩍거리는 작품들[루터]과 행위의 결과 내지는 성과[칸트]를 원리적으로 부인하고" "도덕적 가치 규정을 의지와 믿음 그리고 심정 안에서만, 간단히 말해서 인격 안에서만 받아들인다"는[27] 점에서 루터와 칸트 사이에 상이성은 없었다.[28]

대로 해당되었다.
[26] '자신 안에 존재함(esse in se)'과 '자신의 힘으로 존재함(esse per se)'은 전통적으로 실체를 나타내는 핵심 규정이다. '자신에서 유래함(autogen)'과 '스스로 규제함(autonomie)'을 통해서 실체 개념은 주체 개념으로 전환된다. 그 개념들이 루터와 칸트에게서 갖게 되는 구체적인 내용에 대해서는 다음을 참조. Bauch, *Luther und Kant*, pp. 151-153.
[27] Bauch, *Luther und Kant*, p. 153.
[28] 바우흐는 두 개의 원리적 유사성 외에도 다음과 같은 점에서 루터와 칸트 사이에 유사성이 있음을 제시한다. (1) 행복과 공덕의 도덕적 무가치 (2) 도덕 행위의 활동성(Lebendigkeit)과 인격 안에 신이 부여한 선한 소질의 발아 (3) 이웃 사랑과 인격의 존경 (4) 교회(Bauch, *Luther und Kant*, pp. 153-169 참조).

4. 말터 — 『종교개혁적 사유와 철학』

철학의 눈으로 루터를 이해하려는 시도 중 가장 방대한 작업은 말터의 연구일 것이다. 자신의 저서 『종교개혁적 사유와 철학』에서 그는 자신의 연구가 특히 주목하는 부분에 대해 다음과 같이 말한다. "종교개혁의 형이상학적 기획은 근대 선험주의와 철저하게 구분되어야 한다. 전자의 사유 방식의 특성은 직접성이며 후자의 그것은 논증성이기 때문이다. 비록 루터의 기획이 칸트의 기획, 즉 형이상학을 선험적·실천적으로 새롭게 정초하려는 기획의 핵심을 모두 선취하고 있지만 말이다."[29] 이러한 언급에서 볼 수 있듯이 말터의 연구는 그 핵심에서 루터와 칸트의 비교 연구를 지향하고 있다.

1) 유사성과 상이성 I: 반(反)개념형이상학과 실천 형이상학

형이상학이란 — 말터의 표현을 사용하여 말하자면 — 감각적 존재자와 초감각적 존재자의 관계에 대한 물음 내지는 감각에 제약되어 있는 존재자와 감각에 제약되어 있지 않은 무제약자의 관계에 대한 물음에 대답하려는 학문적 시도이다. 간단히 말해서 형이상학은 인간과 (인간의 존재 근거인) 초월자의 관계를 연구하는 학문이다.[30]

---

[29] Malter, *Das reformatorische Denken und die Philosophie*, Hinterdeckel.
[30] 이러한 형이상학적 문제 설정과 그에 대한 대답 시도와 관련해서 칸트는 다음과 같은 유명한 언급을 했다. "이성은 자신이 거부할 수도 없고, 그렇다고 대답할 수도 없는 문제로 괴로워하고 있다. 거부할 수 없음은 그 문제가 이성 자체의 본성에 의해서 이성에게 부과되어 있기 때문이며, 대답할 수 없음은 그 문제가 인간 이성의 모든 능력의 바깥에 있기 때문이다."(칸트, 『순수이성비판』, 19쪽)

루터에게 '형이상학적인 것'은 다름 아닌 초월자(신)와 인간의 종교적 만남이었다. 루터에게 이러한 '신-인 관계'는 의심의 여지가 없는 하나의 사실이었으며 인간의 개념적 이해에 선행하여 존재하는 실재였다. 더욱이 '형이상학적인 것'은 인간의 노력만으로는 온전히 밝혀지지 않는 것이며, 그런 의미에서 인간 사유능력의 외부에 존재하는 것이었다. 형이상학이란 이러한 선(先)개념적·직관적 사실에 대한 추후적·개념적 이해에 불과했다. 따라서 루터에게 — 스콜라류의 — 개념에만 의존하는 형이상학은 결코 성립할 수 없었다.[31]

개념형이상학에 대한 비판은 칸트에게서도 발견된다. 그에 따르면 형이상학은 개념의 체계이지만, 개념은 직관의 도움 없이는 어떤 인식도 만들 수 없다. 형이상학의 대상은 — 그 개념상 — 직관될 수 없는 것이며, 따라서 이성은 그것에 관한 인식에 도달할 수 없다. 감성 조건의 한계를 넘어섬과 동시에 오류에 빠질 수밖에 없는 인간 이성은 초월자 및 그것과 인간의 관계 등에 대해 아무런 인식도 제공할 수 없다.

루터와 칸트 모두 "자신의 한계를 넘어가는 이성과 철학"을[32] 비판했으며 비판의 대상이 스콜라 신학(루터)과 전통적 사변 형이상학(칸트)으로 상이할 뿐 비판의 내실 자체는 크게 다르지 않았다. 하지만 이러한 유사성에도 불구하고 루터와 칸트 사이의 상이성 역시

---

[31] 루터의 반스콜라적 입장에 대해서는 다음을 참조. 맥그래스, 『루터의 십자가 신학』, 제2장; Malter, *Das reformatorische Denken und die Philosophie*, pp. 2-4.
[32] Malter, *Das reformatorische Denken und die Philosophie*, p. 14. 여기서 말하는 형이상학은 칸트가 『순수이성비판』에서 불가능한 것으로 천명한 사변 형이상학이며, 이성비판 이후에 성립하는 자연 형이상학은 해당되지 않는다.

분명했는데, 그것은 특히 사유능력으로서의 이성의 기능과 역할에 관해서였다.

형이상학은 사실 일종의 아포리아 상태에 놓여 있는 학문이다. 형이상학은 — 칸트의 표현을 사용하자면 — 해결 불가능한 것을 해결하고자 하는 시도, 달리 말해서 인간 이성을 초월해 있는 대상을 인간 이성이 만나려는 시도이기 때문이다. 따라서 형이상학을 탐구하고자 하는 인간 이성은 — 말터에 따르면 — 다음과 같은 두 개의 선택지 앞에 놓이게 된다. (1) 초이성적 대상(초월자, 초월자와의 만남 등)을 사유하되 사유의 사유다움(근거 지음)을 포기하는 것 (2) 사유다운 사유, 즉 근거를 수반한 사유를 진행하되 사유가 감당하지 못하는 대상을 사유하지 않는 것. 이들 중에서 전자는 "형이상학적 자격을 가진 사유이나 합리적 근거 지음이 없는 사유"이며 후자는 "합리적으로 근거 지어진 사유이나 형이상학적 자격을 갖지 못한 사유"이다.[33]

루터는 전자를 선택했다. 루터에 따르면 '신-인 관계'라는 형이상학적 사실을 참된 사실(진리)로서 받아들일 것인지의 여부는 이성에 의해 결정되지 않는다. 이성은 단지 '신-인 관계'라는 선행한 사실을 분석하고 이해하는 것만을 수행하며, 이러한 이성의 활동(분석과 종합)은 자신의 대상인 '형이상학적인 것' 자체가 허용하는 범위까지만 진행된다. 이성은 사유하되 근거 지음을 통한 체계화를 하지 않으며 할 수도 없다. 신-인 관계의 진리성은 직접적으로 주어질 뿐 개념적·논증적으로 입증되지 않는다. 형이상학적 대상에 다

---

[33] Malter, *Das reformatorische Denken und die Philosophie*, p. 4 참조.

다룰 수 있는 능력과 권한이 사유능력에는 존재하지 않는다.[34]

반면에 칸트는 후자를 선택했다. 칸트는 '형이상학적인 것'을 이성 능력의 외부에 존재하는 것으로 간주하였으며, 그것에 관한 사유다운 사유의 가능성 자체를 부인했다. 하지만 동시에 칸트는 이성 자체의 본성에 의거하여 — 따라서 감성의 도움 없이 — 감성 너머에 있는 대상, 즉 '형이상학적인 것'에 도달했다. 칸트는 이러한 '형이상학적인 것'을 사유하는 이성의 '특정한' 능력과 '특정한' 권한을 인정했으며, 이를 통해서 형이상학을 논증적·개념적 인식의 체계로서 정립했다.[35]

형이상학과 관련하여 루터와 칸트 사이의 유사성과 상이성을 우리는 다음과 같이 말할 수 있다.

루터 신학의 출발점은 인간과 신의 관계이며 루터는 이 관계를 언제나 실천적 관점에서만 이해했다. 이러한 신-인 관계의 "실천적 특성(der praktische Charakter)"은 한편으론 "초감성자[신]의 인식에 대한 이성의 이론적 요구를 거절"하게 만들고 동시에 다른 한편으론 "사유에게 초감성자를 향한 길, [즉] 이성의 실천적 사용에 토대한 길을 열어주었다."[36] 그런데 칸트는 이성이 감성 조건을 초월할 수

---

34 이 사유능력은 "현상하는 것의 인식에 타당한 수단"(Malter, *Das reformatorische Denken und die Philosophie*, p. 6)으로서의 사유, 즉 칸트의 오성(Verstand)을 말한다. "인간의 지(知)는 감성에 의존하며 따라서 정신의 감성으로부터의 해방(Ablösen)은 헛소리나 해대는 추상적 합리주의 안에서 끝난다."(Malter, *Das reformatorische Denken und die Philosophie*, p. 232)

35 여기서 '특정한'이란 '실천적'을 의미한다. 칸트는 한편으론 이론 형이상학을 부인하고 동시에 다른 한편으론 실천 형이상학을 인정했다. 이곳의 칸트는 『순수이성비판』의 칸트이며 따라서 이러한 입장이 칸트철학 전체에 해당되지 않음은 분명하다.

있는 경우는 오직 이성이 실천이성일 경우로 제한했으며, 이성이 자기모순에 빠지지 않을 수 있는 가능성을 이성이 실천이성으로서 초감성자를 만날 때로 제한했다. 그러므로 초감성자를 대상으로 하는 한 이론적 이성 사용을 부인하고 실천적 이성 사용만을 인정한다는 점에서 루터와 칸트는 다를 바 없었다.

이러한 입장은 필연적으로 '초월자에 관한 이성학, 즉 형이상학은 실천 형이상학일 수밖에 없다'라는 것을 함축한다. 그리고 이러한 '유일하게 가능한 형이상학으로서의 실천 형이상학'은 분명 근대적 생각이었다. "이와 같은 특수 형이상학(metaphysica specialis)의 근대적 유형"은 루터에게서 처음 발견되며 "칸트는 루터에 의해 시작된 실천 형이상학의 이념을 창조적으로 재발견하고 그것을 독립적으로[독립적인 학문 분야로] 만들었다." 그것의 시작점은 루터였고 종착점은 칸트였다.[37]

2) 유사성과 상이성 II: 자율성과 선험성

(1) 근대 실천 형이상학은 모두 특정한 모습의 실천적 존재자를 전제하고 있는데, 그것은 다름 아닌 자율적 존재자이다. 자율성은 자연적·시간적 인과 계열에서 벗어날 수 있는 능력 및 스스로 생각하고 그 생각에 따라 행동할 수 있는 능력과 다름없다. 근대적 인간 이해의 핵심인 자율성을 가장 완벽하게 개념화한 사람이 바로 칸트

---

36 Malter, *Das reformatorische Denken und die Philosophie*, p. 5.
37 Malter, *Das reformatorische Denken und die Philosophie*, pp. 4, 5-6, 231 참조.

였다. 자유의 불가능성에 대한 종래의 주장이 이성의 변증성에 기인한 오류에 불과함을 입증한 칸트는 한편으로 자유의 이론적 가능성을 확보하고 다른 한편으로 실천적 자유를 이성 사실로서의 도덕법을 매개로 하여 입증했다. 후자는 곧 실천 능력으로서의 자율성이었다.[38]

이러한 자율성의 근대적 개념은 ― 다른 맥락에서이지만 ― 루터에게서도 발견된다. '오직 믿음으로만 구원을 받을 수 있다'라는 루터의 생각은 인간을 신을 제외한 모든 것, 가령 성직자와 율법 그리고 교리 등으로부터 해방시켰다. 이렇게 해방된 인간은 '제3자'라는 매개체 없이 신을 홀로 직접 만날 수 있었으며 신의 말씀을 신과 함께 사유하고 신의 명령을 신과 함께 수행할 수 있게 되었다. 이것이 루터가 제시한 인간의 모습이었다. 만일 우리가 그 안에 등장하는 신을 인간 자신으로 대체한다면, 우리는 스스로 생각하고 스스로 행동하는 존재자로서 인간의 모습에 도달하게 된다. 이것은 사유와 행동 모두에서 자기 안에 가능성과 기준을 가지고 있는 존재이며, 근대적이고 또 칸트적인 의미에서 자율적 존재와 다름없다.

근대 자율성 개념과 관련하여 루터와 칸트의 상이성 역시 분명했다. 루터가 생각하는 인간은 언제나 신과의 만남 속에 존재했으며, 이 점에서 '자율적' 인간 역시 다를 바 없었다. 그러므로 루터의 자율적 인간은 근대적 자율성의 외양을 가지고는 있어도 그것을 자신의 내적 본질로 가지고 있지는 않았다. 그러므로 엄밀히 말해서 루터는 칸트의 자율성 개념을 예비했을 뿐이다. 근대 자율성 개념의

---

[38] 칸트, 『순수이성비판』, 408-425쪽; 『실천이성비판』, 1-5쪽 참조.

발달에서 루터와 칸트는 '시작'과 '끝'이었던 것이다.[39]

(2) 근대철학은 고중세 철학과는 본질적으로 달랐는데, 그것은 무엇보다도 "근대철학의 자기 이해" 때문이었다. 근대철학은 '진리란 무엇인가?'라는 물음 이전에 '어떻게 진리에 도달할 것인가?'라는 물음을 던졌으며 한 걸음 더 나아가 후자에 대한 대답이 전자에 대한 대답을 규정한다고 생각했다. 인식론을 형이상학·존재론보다 우선시한 근대철학은 진리의 기준을 사유/의식의 외부에서 찾지 않았다. 그 결과 사유/의식의 자율적 활동은 이론적 영역에서든 실천적 영역에서든 진리를 "개시(開示)하는 권력(Eröffnungsmacht)"을 획득하게 되었으며, 인식/지(知)는 "자기 준거적(das auf sich selbst verwiesenen)" 인식/지(知)의 위상을 확보하게 되었다.[40]

데카르트에서 시작된 근대철학의 고유성은 근대철학의 마지막 지점인 독일 관념주의 철학까지 지속되었다. 그러한 고유성을 표현하는 대표적인 개념은 '선험성'이었는데, 이것은 "[외부의] 대상이 아니라 우리 [내부의] 개념들에 관계하는" "순수이성의 자기 관계", "인식의 … 가능성의 제약을 둘러싼 근거 짓기", "오직 인간의 정신에만 관계함"[41] 등을 나타내는 이론적 입장을 표현하는 개념이었다. 이런 점에서 보면 칸트가 자신의 철학에 '선험철학'이라는 이름을 부여한 것은 지극히 당연한 일이었다. 형이상학의 가능성을 문제삼으면서 칸트는 오직 순수이성에만 주목한 채 인식능력의 외부로 나가지 않았기 때문이며, 그러한 이성의 자기 탐색은 새로운 형

---

39 Malter, *Das reformatorische Denken und die Philosophie*, pp. 227-231 참조.
40 Malter, *Das reformatorische Denken und die Philosophie*, p. 228.
41 사카베 메구미 외, 『칸트사전』, 407, 415쪽.

이상학을 만들어내기에 충분하다고 생각했기 때문이었다.**42**

근대철학의 고유성은 — 거칠게 표현하자면 — 사유하는 주체의 자기반성(곡선 지향, 방법론)과 그것을 통해 발견·창출된 인식/지(知)에 대한 절대적 신뢰(진리, 학문에 대한 이해)이다. 만일 우리가 이러한 근대적 고유성을 '선험성' 개념으로 표현할 수 있다면, 루터는 분명 — 바우흐의 표현에 따르면 — "선험 신학자(Transzendental-Theologe)"이다.**43** 이유는 다음과 같다.

루터는 '인간이 신을 만남'을 "지(知) 안에서 일어나는 사건(als im Wissen sich ereignend)" 또는 "인간의 지(知) 안에서 진행되는 하나의 과정(ein Prozess im menschlichen Wissen)"으로 이해했다. 루터에 있어서 지(知)는 "[인간의] 절대자와의 관계를 선천적으로 포함하고 있는" 것이며 또 "절대자는 이 지(知) 안에서 그것의 절대적 내용이 되는" 그런 것이었다. 지(知)는 — 절대자를 대상으로 가지는 '신에 관한 지(Wissen von Gott)'가 아니라 — 신이 자신의 모습을 드러내는 '장소(Topos)'였다.**44**

루터에게서 인간과 신의 관계는 언제나 실천적 관계로 이해되었으며 따라서 지(知)에 대한 이해 역시 실천적인 모습을 가지고 있었다. 실천적 지(知)란 지(知)가 자신 안에 실천적 내용을 포함하고 있다는 것을 말하며, 실천적 내용이란 곧 신이 인간에게 제시하는 명령('말씀')과 다름없다. 그러므로 신에 대한 믿음은 지(知) 안에 있는 내용의 진리성에 대한 믿음이며 — 지(知)의 내용이 실천적이기

---

42 사카베 메구미 외, 『칸트사전』, 404-416쪽 참조.
43 Bauch, *Luther und Kant,* p. 9 참조.
44 Malter, *Das reformatorische Denken und die Philosophie,* p. 7.

때문에 ― 실천을 수반하는 믿음이기도 하다. 결국 인간이 지(知)의 내용에 따라 행동하는 것과 인간이 신의 명령에 복종하는 것은 동일한 사태의 양면일 뿐이다.[45]

"루터 사유의 이와 같은 계기, 즉 인간의 신과의 실천적 관계를 … 지(知)의 절대적인 것과의 실천적 관계로 이해하는 것, 이것을 우리는 (루터의 실천 형이상학 이념 안에 있는) 선험적 계기라고 부를 수 있다. 왜냐하면 그와 함께 우리는 지(知)를 신-관계(Gottesbezug)의 주장의 가능 조건으로 소환하는 것이기 때문이다." 다시 말하면 다음과 같다. 만일 내가 신을 만났다면, 그것은 내가 나의 지(知) 안에서 '그의 목소리를 들었다'는 것을, 같은 말이지만 명령자로서의 신이 나의 지(知) 안에 존재한다는 것을 의미한다. 이것은 다시 인간의 신과의 만남은 지(知)와 지(知)의 내용(신의 명령)의 관계로 남김없이 해소되며, 신-인 관계의 가능성은 지(知)의 성립/존재 여부에 의존하게 된다는 점을 의미한다. 우리는 여기서 선험철학적 사유의 전형을 볼 수 있다.

선험성과 관련하여 루터와 칸트 사이의 상이성 역시 분명하다. 무엇보다도 루터가 이해하는 지(知)는 철저하게 수동적이다. 지(知)는 신의 모습을 있는 그대로 반영(Reflexion)할 뿐[46] 어떤 경우에도 그것을 제한하거나 변형할 수 없으며 선행적·형식적으로 규정할

---

[45] "믿음은 지(知)와 신의 무관계적인 실천적 통일성이다." 다시 말해서 신에 대한 믿음이 "인간이 실천적으로 신과 하나임(Einheit)의 상태"를 의미하듯이 (Malter, *Das reformatorische Denken und die Philosophie*, p. 8) 신의 말씀을 따르는 것 역시 신의 명령과 나의 복종이 '하나임(Eins)'을 의미한다.

[46] 'Reflexion'은 '반성'과 '반영'의 상이한 의미를 가진 개념이다. 이에 대해서는 다음을 참조. 이순예, 『민주사회로 가는 독일적 특수 경로와 예술』, 100쪽, 주 10.

수 없다. 지(知)는 신이 그곳에서 자신의 모습을 드러낸다는 의미에서 신의 "현상 매체(Erscheinungsmedium)"일[47] 뿐 그 이상도 그 이하도 아니다. 선천적·종합적 인식에 경험적 인식을 위한 외적 틀 내지는 출발점(Anfangsgründe)의 위상을 부여하고 그러한 인식을 만들어내는 순수이성의 적극적 역할을 인정했던 칸트에게선 지(知)의 수동성은 생각할 수 없는 일이었다.

또 다른 상이성 역시 인식/지(知)의 이해로부터 귀결된다. 칸트는 인식 이론적 논의로부터 (현상)존재론적 결론을 이끌어냈다. '인식의 가능 조건은 동시에 존재의 가능 조건이다'라는 칸트의 선언은 이성이 자신 밖의 대상/존재의 토대임을 천명하는 것이다. 우리는 이성의 능동성(Aktivität)에 대하여 이보다 더한 극단적 표현을 찾을 수 없다.[48] 반면에 루터에게서 지(知)는 단적으로 수동적일 뿐이다. 지(知)의 "절대적 수동성"은 지(知)가 자신 밖으로 나가는 능동적 행위의 가능성을 전적으로 배제한다. 지(知)는 하나의 사실로서 인간에게 주어져 있을 뿐이며, 우리는 이러한 지(知)로부터 지(知)의 외부에 자립적으로 존재하는 실체(신)를 추론할 수 없다. 루터에게선 지(知)는 존재론적 귀결로 진행하지 않는다.[49]

루터는 칸트로 대표되는 근대 선험철학의 특징들을 공유하고 있다. 하지만 루터가 이해한 지(知)의 수동성과 지(知)의 직관적 특성은[50] 칸트철학의 선험적 모습과 많이 다르다. 그러므로 만일 우리

---

47 Malter, *Das reformatorische Denken und die Philosophie*, p. 7.
48 칸트, 『순수이성비판』, 178쪽 참조.
49 Malter, *Das reformatorische Denken und die Philosophie*, 8 참조. 아마도 '루터에게는 인식론과 존재론의 구별이 없었다'라고 말하는 것이 맞을 것이다.
50 루터에게서 '지(知)의 직관성'은 '직접성·무매개성'을 말한다. 이 주제는 이

가 루터를 "근대 형이상학적 사유의 공동 창시자"로 부르고자 한다면 그것은 '근대 형이상학의 발전이 칸트(와 헤겔)의 개념적 체계로 진행되었고 그 발전의 시작이 루터에게서(도) 발견된다'라는 제한된 의미에서만 그렇게 부를 수 있다.⁵¹

5. 아이벤 ─ 『루터에서 칸트까지』

루터와 칸트를 비교 연구하려는 시도는 사회학에서도 있었는데, 1987년 아이벤의 박사학위논문 『루터에서 칸트까지 ─ 독일 근대화의 특수 경로』가 대표적이다. '독일의 특수 경로(Sonderweg)'는 여러 맥락에서 논의될 수 있는 광범위한 주제이다. 아이벤은 이를 논의하기 위해 '독일의 문화적 정체성과 그것의 사회적 구현' 사이의 연관관계에 주목한다. 특히 그는 루터와 칸트에게로 눈을 돌리는데, 왜냐하면 "문화적 의미 정초와 그것의 세계와의 관계, 이 관계의 전형(Muster)이 루터와 후기 칸트에게서 [발견되며], 그것의 특별함이 이른바 독일 근대화의 특수 경로를 위한 문화적 토대를 반영하고

글에서 다루지 않았다. 이에 대해선 다음을 참조. Malter, *Das reformatorische Denken und die Philosophie*, pp. 223-227.

51 "··· 칸트철학은 루터에 의해 시작된 도전을 받아들였다. 그 결과 사유 방식의 전적인 전환이 새롭게 일어났으며 또 불가피한 형이상학적 물음이 이러한 새로운 사유 방식과 동일화되었다. ··· 그런데 새로운 사유 방식은 형이상학적 인식 역시 이성의 사안이 되었다는 점에서 루터를 넘어섰다. [형이상학은] 특수하게 사용되고 있는 이성의 사안이며, 이에 대하여 칸트는 하나의 확실한 대답, [즉] 제기된 형이상학적 물음에 대한 확실한 대답을 약속했던 것이다." (Malter, *Das reformatorische Denken und die Philosophie*, p. 4 참조)·

있기 때문이다."[52]

독일의 문화적 정체성을 이해하기 위해 아이벤이 가장 먼저 주목하는 것은 보편성에 대한 강조이다. 독일 문화 안에선 유독 보편성이 중요시되며, 특수자는 보편자 안으로 흡수되어버린다.[53] 이와 함께 보편자와 특수자 사이에 일종의 우위 관계가 성립하게 된다. 가령 루터에게선 신에 대한 믿음과 함께 신과 인간 사이에, 그리고 칸트에게선 이성에의 참여와 함께 이성과 개인 사이에 완전함과 불완전함이라는 위계 관계가 성립하게 된다. 이러한 일방적이고 수직적인 위계 관계는 '명령하는 자와 명령받는 자의 관계'라는 모습을 가지며, 이에 상응하여 관계의 핵심은 ― 후자의 입장에서 보면 ― 당위적 명령의 모습을 갖게 된다. 이것은 다시 한편으론 현실의 독일 사회는 신/이성의 보편적 질서를 자신 안에 구현해야 한다는 당위를, 동시에 다른 한편으론 개인은 현실 사회질서에 저항해서는 안 된다는 명령을 함축한다. 이렇듯 독일 문화의 특성인 보편성의 강조는 현실에선 두 차원의 복종, 즉 개인은 보다 보편적인 공동체(사회, 국가)에, 또 공동체는 진정한 보편자(신, 이성)에 복종해야 한다는 당위로 귀결되었다.[54]

---

[52] 아이벤은 '문화적 정체성'을 "지적 의미 정초"로, '사회적 구현'을 "사회적 전환(Umsetzung)"으로 표현한다(Jürgen Eiben, *Von Luther zu Kant ― Der deutsche Sonderweg in die Moderne*, pp. 2-3 참조). 독일 근대화의 특수 경로에 관해서는 다음을 참조. 이순예, 『민주사회로 가는 독일적 특수 경로와 예술』, 16-50쪽.

[53] Eiben, *Von Luther zu Kant*, pp. 3-4 참조. 아이벤의 해석은 일반적 해석, 즉 루터를 개인의 발견자로 이해하고 칸트철학의 출발점을 사유하는 개인으로 이해하는 입장과 다르다. 이러한 차이는 아이벤이 ― 그에게 호의적으로 해석하자면 ― 루터와 칸트 사상의 종착점에서 두 사람을 바라보기 때문에 나타나는 차이이다.

보편자에 대한 당위적 복종이란 생각을 현실에서 실현하는 과정에서도 독일의 특수함이 나타난다. 완전한 보편적 이상 사회와 불완전한 특수적 현실 사회, 이 양자의 관계 맺음이라는 과제가 근대화 과정 중의 독일에서는 "보수적 화해와 적대적 소외"라는 극단적 양자택일로 등장했다. "시인과 사상가의 나라"에서 고도로 발달한 독일 문화와 정치 경제적으로 미발달한 독일의 현실 사회, 이 양자 사이의 간극과 긴장이 보편성을 중시하는 문화 안에서는 "일상적 실천을 통한 점진적 구현"을 통해 해결될 수 없었다. 다시 말해서 보편성을 중시하는 정신문화와 보편적 질서를 갖추지 못한 현실 사회, 이 양자를 통합해야 하는 근대화 과정은 소수 관료만의 과제로 여겨진 채 대다수는 소극적 신민으로 남거나(보수적 화해) 아니면 단지 정신적·초현실적 인간 내면에서만 진행되는 것으로 여겨졌다(적대적 소외).[55]

문화적 정체성(보편주의)의 정초와 그것의 사회적 (양자택일식) 실현 과정에서 근대 독일은 다른 나라에선 볼 수 없는 특수한 모습을 보였고, 이러한 특수함은 루터와 칸트에게서 상당 부분 유래했다. 첫째, 근대화와 동일한 의미였던 세계의 합리화가 독일에선 구체적 현실과 동떨어진 상태에서의 합리화(즉 추상화, 종교와 철학)의 모습을 갖게 되었다. 둘째, 현실 세계의 변혁은 정치만의 몫이 되었으며 관료만이 근대화의 주체가 될 수 있었다(루터의 농민전쟁 부인, 칸트의

---

[54] Eiben, *Von Luther zu Kant*, p. 4. 이러한 입장으로부터 "하나의 특유한 오해(ein eigentümliches Misverständnis)", 즉 신 또는 이성적 세계질서를 향한 "극단적 헌신"이라는 잘못된 생각이 등장했다(Eiben, *Von Luther zu Kant*, p. 4 참조).

[55] Eiben, *Von Luther zu Kant*, pp. 1, 4 참조.

저항권 부인). 셋째, 근대의 핵심인 개인의 자유는 제도적 보장을 통한 현실화가 아니라 내적 자기규정이라는 내면화의 방향(신앙의 자유, 양심의 자유)을 취했다. 넷째, 근대의 또 다른 핵심인 평등은 도덕적 보편주의(인격성의 평등함, 내적 동일함)와 국가에 의해 관철되는 법적 평등(국가가 국민 개개인을 평등하게, 동일하게 대우함)이 각기 독자적으로 존립하게 되었다.[56]

독일 근대화 과정을 ─ 아이벤처럼 ─ '루터에서 칸트까지'라고 표현한다면, 우리는 그것을 '루터가 칸트에 의해 세속화되는 과정'으로 표현할 수 있으며, 같은 의미에서 "칸트는 루터의 세속화된 후예"라고[57] 말할 수 있다. 선구자와 후예란 그들 사이의 상이성 못지않게 유사성에도 방점을 두는 표현이므로 이에 따르면 루터 신학과 칸트철학의 차이에도 불구하고 둘 사이엔 그 '차이'에 못지않은 '같음'이 존재한다. 그 둘이 독일 사회 발전 안에서 가지는 문화적·정신사적 위상에서 보면 그렇다.

6. 나가기

종교혁명은 루터에 의해 시작되었으며 관념주의 철학은 칸트에 의해 시작되었다. 루터의 시작은 르네상스 이후 200여 년 동안의 종교적-역사적 전(前)시대를 필요로 했으며 칸트의 시작 역시 데카르

---

[56] Eiben, *Von Luther zu Kant*, pp. 4-5 참조.
[57] Eiben, *Von Luther zu Kant*, p. 6.

트 이후 200여 년의 철학 흐름이 필요했다. 모든 시작이 그러하듯 루터와 칸트는 옛것을 부인하고 기존의 것과 다른 길을 걸어갔다. 그 새로움과 다름이 너무도 뚜렷한 흔적을 남겼기 때문에 수백 년이 지난 후에도 우리는 그들에게 여전히 눈을 돌리고 그들의 사유와 삶을 좇는다.

칸트는 — 비록 자신은 의식하지 못했으나 — 루터가 열어놓은 길 위에서 자신의 철학을 시작했다. 거시적 관점에서 보면 칸트가 만든 새로운 길은 루터가 만든 길 내부에 위치할 것이며, 미시적 관점에서 보면 루터의 길 외부에 위치할 것이다. 그런데 칸트가 루터를 좀 더 분명하게 의식했었더라면 어땠을까? 자신이 말하고 있듯이 모든 학문은 이전 시대의 학문에서 출발할 수밖에 없다는 점을 좀 더 진지하게 받아들이고,[58] 자신의 철학을 구축하는 과정에서 루터와 본격적으로 대결했었더라면 어땠을까? 만일 그랬었다면 칸트철학 체계 전체가 "[탈역사적] 비판적 성찰과 역사에의 성찰 사이의 교차점에 위치"했을[59] 것이며, 그럼으로써 그것은 훨씬 더 깊고 넓은 체계가 되었을지도 모른다. 그뿐만 아니라 만일 그랬었다면 칸트는 우리에게 루터의 모습을 지금보다 훨씬 더 풍부하게 남겨주었을 것이다. 그리고 이 점은 루터와 칸트를 연구하는 '지금 여기'의 신학자와 철학자에게도 분명 다를 바 없다.

---

[58] "[과거의] 수많은 [학문적] 시도가 반드시 있어야 했으며 오늘날의 시도는 바로 그것들 모두의 덕을 보고 있는 것이다."(임마누엘 칸트, 『법이론』, 10쪽)
[59] 미셸 푸코, 「계몽이란 무엇인가」, 351쪽. '교차점'은 푸코가 칸트의 소논문 「계몽이란 무엇인가에 대한 답변」에 부여한 평가이다.

2장
홉스와 칸트 — 두 명의 자유주의자

1. 홉스 — 근대 실천철학의 출발점

오늘날 우리는 일반적으로 서양 근대철학의 시작점을 데카르트로 생각한다. 방법론의 중요성 강조, 주체 중심주의 사상, 기계론적 자연 이해 등 여러 면에서 데카르트는 '근대철학의 아버지'라고 부르기에 부족함이 없다.

데카르트와 같은 시기에 유럽에는 또 다른 근대철학의 시작점이 마련되었는데, 바로 홉스의 철학이 그것이다.[1] 홉스에서 시작된 "경험주의 철학과 더불어 비로소 근대철학이 '근대적'으로 된다고 [말]할 수 있을 것이다. [왜냐하면] … 경험주의 철학에서 유럽의 정신사 전체를 지배해온 플라톤-아리스토텔레스의 형이상학 전통과의 철저한 단절이 이뤄"지기[2] 때문이다. 이에 따르면 근대철학의 진정한

---

1   2019년은 홉스 서거 340주년이 되는 해이다. 이 글은 그를 기념하기 위한 것이다.

2   힐쉬베르거, 『서양철학사 하』, 291쪽.

시작은 합리주의 철학이 아니라 오히려 경험주의 철학이라고 평가하는 것이 맞을 듯하다.

근대철학의 시작점을 데카르트와 홉스 중 누구로 볼 것인가? 이에 대해서는 이론가들마다 다른 입장을 가질 것이다. 그런데 우리가 시각을 좁혀서 '근대 실천철학의 시작점을 누구로 볼 것인가?'라고 묻는다면, 이에 대해서는 아마도 대부분 홉스를 선택할 듯하다. 실천철학은 실천하는 존재자로서의 인간, 즉 행위하는 인간에 관한 철학인데, 데카르트에게서는 관련 논의가 거의 등장하지 않지만 홉스는 자신의 주저 『철학 원론』[3]과 가장 유명한 저서 『리바이어던』 모두에서 실천철학적 문제를 주제적으로 논의하기 때문이다.

실천철학은 좁게는 규범학으로서의 윤리학과 법철학을 지칭하며, 넓게는 정치철학과 역사철학 및 종교철학까지도 포괄하는 분야를 지칭한다. 근대 실천철학, 특히 정치철학에서 홉스가 가지는 위상을 케스팅은 매우 인상적으로 표현하고 있다.

> 근대 정치철학은 고대와 중세의 정치철학적 배경으로부터 점차적으로 분리되면서 성립된 학문이 아니다. 근대 정치철학은 전통적 정치철학의 토대와 사유 체계를 일거에 타파하고 정치라는 주제를 완전히 새로운 철학적 기초 위에 정립하고 새롭게 변화된 개념을 통해 인지하려 한 사상적 혁명의 성과이다. … 근대 정치철학의 혁명적 토대를 쌓은 것이 바로 영국의 철학자

---

[3] 『철학 원론』은 물체론(1부, 1655년), 인간론(2부, 1658년), 국가론(3부, 1642년) 등으로 구성되어 있다. 힐쉬베르거, 『서양철학사 하』, 294쪽 참조.

토마스 홉스의 업적이다. … 토마스 홉스는 근대 정치철학의 창시자이다.[4]

홉스에서 시작된 근대 실천철학의 문제 상황 안에서 자신의 철학을 전개한 사람 중의 하나가 칸트였다. 18세기 말에 활동한 칸트에게 홉스의 실천철학은 더 이상 새로운 것일 수 없었지만 ― 모든 과거의 것이 그렇듯이 ― 그것은 칸트의 실천철학을 위한 자양분이자 동시에 극복 대상이었다. 많든 적든 강하든 약하든 실천철학자 칸트는 홉스철학의 자장(磁場) 안에 있었다. 칸트는 "새로운 사상가가 아니라 … 홉스의 후계자"였던[5] 것이다.

2. 칸트 ― 근대 실천철학의 정수기와 저수지

철학사가들은 데카르트에서 시작된 근대철학을 이성주의 철학(합리론)으로, 홉스에서 시작된 근대철학을 경험주의 철학(경험론)이라고 부른다. 근대철학을 이렇게 두 부류로 구분하는 것은 주로 근대철학과 전(前)근대철학을 구분 짓는 기준을 방법론 내지는 인식론으로 보기 때문이다. 상이한 두 개의 근대철학이 칸트철학이라는

---

4 볼프강 케르스팅, 『홉스』, 5, 7쪽. 동일한 의미에서 가이스만은 홉스를 "최초의 혁명적 사상가"라고 평가한다(Georg Geismann, "Kant als Vollender von Hobbes und Rousseau": 161).

5 Karlfriedrich Herb und Bernd Ludwig, "Naturzustand, Eigentum und Staat. Immanuel Kants Relativierung des 'Ideal des Hobbes'": 283.

하나의 지점에서 만났다는 철학사적인 평가 역시 같은 시각에 근거한다. '칸트철학은 근대철학의 저수지이다'라는 말은 바로 그러한 사실을 표현한다.

그런데 우리가 실천철학으로 시각을 좁힌다면 '저수지'는 칸트의 실천철학의 특징을 남김없이 담아내기에는 부족하다. 칸트의 실천철학을 대표하는 최초의 저서는 『도덕형이상학 정초』인데 칸트는 이 저서를 기존의 모든 윤리학에 대한 거부로 시작한다. 아리스토텔레스와 스토아학파는 물론이고 근대 경험주의 윤리학과 도덕감정론 역시 예외가 아니었다. 윤리 규범의 토대로 오직 순수이성만을 인정했던 칸트는 특히 근대 경험주의 윤리학에서 유래하는 오류를 제거하고자 했다. 이렇듯 윤리학과 법철학 같은 규범적 실천철학에서 칸트는 '저수지'라기보다는 '정수기'에 가까웠다.[6]

물론 칸트의 실천철학의 체계가 '정수된 물'로만 지어진 것은 아니다. 모든 실천적 규범은 개별적 행위와 사건을 평가하는 잣대로 기능하며, 이 점에서 이성적 규범도 다르지 않다. 그런데 이와 같은 규범적 판단(보편 규범을 개별 행위에 적용함)에는 ― 형식논리적 판단과 달리 ― 판단의 대상에 대한 경험적 지식이 필요하다. 판단의 오류를 줄이거나 판단의 효율성을 높이기 위해서 그렇다. 이와 같은 대상에 대한 경험적 지식을 탐구하는 것이 칸트에게선 정치철학과 인간학이다. 전자는 경험적 권리주체와 권리 공동체를, 후자는 경험적 행위 주체 일반을 탐구하는 학문이다.[7] 이런 면에서 보면 칸트

[6] 이충진, 「저수지와 정수기 ― 서양 근대철학에서의 칸트의 위상」: 118-128 참조.
[7] 이곳에서 말하는 '인간학'은 "경험으로만 알려지는 인간의 특수한 자연[본성]"

의 실천철학은 경험주의적 철학을 자신 안에 포함하며 그런 한에서 근대 실천철학의 '저수지'이기도 하다.

3. 저항권 1 — 홉스와 칸트의 유사성

인식론이나 이론철학과 관련해서 아마도 홉스는 칸트의 주목을 거의 끌지 못한 듯이 보인다. 반면에 실천철학 특히 정치철학의 경우는 전혀 다르다. 칸트가 의식했든 아니든 홉스의 흔적은 칸트철학 여러 곳에서 발견된다.[8] 출간된 책에서 칸트가 홉스를 명시적으로 언급하는 부분은 모두 정치철학에 관련된 것들인데,『순수이성비판』과『순전한 이성의 한계 안에서의 종교』의 것을 먼저 보자.

홉스에 따르면 자연상태는 불법과 폭력의 상태이며 인간은 반드시 그것에서 벗어나 법칙적 강제에 복종해야 한다. 이 강제만이 우리의 자유를 제한하여 다른 모든 자유와 공존할 수 있게 만들고 그렇게 함으로써 우리의 자유를 공동의 최선과 공존

에 관한 학문을 의미한다(임마누엘 칸트,『도덕형이상학』, 36쪽 이하. 이 텍스트의 제1부가『법론』이며 이하『법론』으로 표기한다). 이러한 '인간학'과 칸트 생전에 발간된『실용적 목적에서 본 인간학』은 부분적으로만 일치하는 듯이 보인다. 물론 양자 모두 "이성의 관심"에 기인하는 "세 개의 물음"(Immanuel Kant, *Kritik der reinen Vernunft*, B 833)에 대한 답변은 아니다.

8 칸트는 자신에게 남겨진 홉스의 유산을 다음과 같은 곳에서 언급하고 있다. Immanuel Kant, *Kant's gesammelte Schriften*, III p. 492; VI p. 97; XVI pp. 99f; XXVII p. 590(Geismann, "Kant als Vollender von Hobbes und Rousseau": 177; Heiner Klemme, "Einleitung", p. XXVIII 주 26 참조).

할 수 있게 만든다.

'인간의 자연상태는 만인의 만인에 대한 전쟁이다'라는 홉스의 명제는 그것이 의미하는 것이 '[그것은] 전쟁의 상태이다'라는 것인 한에서 오류가 아니다. … 이러한 첫째 명제로부터 '[인간은] 자연상태를 벗어나야 한다'라는 그의 둘째 명제가 귀결된다.[9]

대략적으로만 말하자면 첫 번째 인용문은 두 번째 인용문의 이유를 서술하고 있다. 즉 인간은 자연상태를 벗어나 시민 상태로 들어서야 하는데, 자연상태는 불법과 폭력의 상태이지만 시민 상태는 각자의 자유가 강제법에 의해 보장되는 상태이기 때문이다. 그런데 이곳에서 칸트가 제시하고 있는 홉스의 모습은 칸트의 『법론 ― 도덕형이상학 1부』에 또다시 등장하며, 그 둘은 핵심적인 부분에서 동일하다.[10] 그런 점으로 미루어 보아 시민 상태 창출의 필연성이라는 주제와 관련해서 홉스와 칸트 사이에는 아무런 차이가 없는 듯이 보인다.

홉스의 이름이 등장하는 또 다른 텍스트는 『속설』이다.[11] 이 텍스트에서 칸트는 실천철학의 세 분야(윤리학, 법철학, 국제법/역사철학) 각각에서 자신에게 제기된 비판을 논박하는데 그중 두 번째 논의

---

[9] Kant, *Kritik der reinen Vernunft*, B 780; Immanuel Kant, *Die Religion innerhalb der Grenzen der bloßen Vernunft*, p. 98, Anmerkung.
[10] 칸트, 『법론』, pp. 62-64, §41-§42 참조.
[11] 텍스트의 제목은 다음과 같다. *Über den Gemeinspruch: Das mag in der Theorie richtig sein, taugt aber nicht für die Praxis*.

가 홉스와 관련된 것이다. 칸트는 이 논의에 '홉스에 반대하여(gegen Hobbes)'라는 소제목을 명시적으로 붙였으며 앞의 두 텍스트에서와 달리 홉스를 단순히 언급하는 것이 아니라 적극적으로 논박한다.¹²

그런데 소제목에서 우리가 기대할 수 있는 것과는 달리 칸트는 20여 쪽 중 대부분을 자신의 입장을 전개하는 데 사용하며, 홉스에 대한 논박과 언급('귀결Folgerung')은 불과 두 쪽에 불과하다. 이 작은 논의는 그러나 홉스와 칸트 사이의 유사성과 상이성을 확인하기 위해 필수적인, 거의 유일한 텍스트이다. 가장 중요한 부분은 아래와 같다.

> 홉스에 따르면 [사회]계약은 국민에 대한 의무를 국가수반에게 부여하지 않으며 [따라서] (국가수반이 시민을 제멋대로 대하는 경우에도) 그가 시민에게 불법을 행하는 일은 일어날 수 없다 — 만약 그 불법이라는 것이 … [강제법의 규제를 받는 동료 시민이] 피해자에게 [입히는] 침해를 의미한다면 이 명제는 전적으로 옳을 것이다. 그러나 일반적으로 보면 이 명제는 끔찍하다.[13]

이곳에서 칸트가 주목하고 있는 것은 정치권력을 가진 지배자('국가수반')와 그것을 갖지 못한 피지배자('국민/시민') 사이에 성립하는 법적 관계이다. 홉스에 따르면 이러한 법적 관계에는 일반적 법적 관계와 달리 권리-의무의 상응이 성립하지 않으며 따라서 지배자에

---

12 Immanuel Kant, *Über den Gemeinspruch*, pp. 289-306 참조.
13 Kant, *Über den Gemeinspruch*, pp. 303f. 본문에는 홉스의 텍스트(홉스, 『시민론』, 7장, §14)가 표기되어 있다.

의한 피지배자의 권리침해(불법Unrecht)가 일어날 가능성이 없다.[14]

이러한 홉스의 입장은 정치철학에서 가장 "폭발력 있는(brisant) 물음"에[15] 대한 대답, 즉 저항권의 정당성 문제에 관한 것이다. 홉스는 저항권의 가능성을 부인했는데, 왜냐하면 저항권을 정당화할 수 있는 유일한 근거인 군주의 불법행위 자체가 존재할 수 없기 때문이다.

저항권 문제와 관련해서 칸트는 홉스의 입장을 공유한다("이 명제는 전적으로 옳을 것이다"). 다만 홉스와 달리 칸트는 '저항권이 강제권으로 생각되는 경우'라는 조건("만약")을 제시한다. 이러한 조건 아래서라면 '강제권으로서의 저항권', 즉 국가수반에게서 국가권력을 강제로 박탈하거나 국가수반에게 특정 행동을 강제할 수 있는 권리는 국민에게 부여되지 않는다. 칸트가 생각하는 이유는 크게 두 가지이다.

첫째, 국가법은 한편으로 시민들 개개인의 권리-의무 관계를 규정하며(사법) 다른 한편으론 국가와 시민의 권리-의무 관계를 규정한다(공법). 국가법에 의해 규정된 의무의 이행은 국가권력에 의해 강제로 시행되며(국가법의 집행) 그런 방식으로 권리는 국가의 강제력에 의해 보장된다. 그런 의미에서 국가법적 권리는 강제권이다. 그런데 강제권으로서의 저항권을 인정하는 것, 즉 국가가 시민에게

---

[14] "국가의 최고 권력(Gewalt)을 가진 사람들은 국가 안에서는 어느 누구에게도 계약에 의거해서 책무를 갖게 되지 않는다. 이로부터 다음이 귀결된다. 그들은 어느 시민에게도 불법을 행할 수가 없다. 왜냐하면 불법이란 곧 계약의 훼손이기 때문이며, 계약이 존재하지 않은 곳에서 불법 역시 등장할 수 없기 때문이다."(홉스, 『시민론』, 7장, §14 참조)

[15] Klemme, "Einleitung", p. XXII.

국가 자신에게 저항할 권리를 강제권으로 부여하는 것은 필연적으로 자기모순에 빠진다. 그것은 국가권력에 대한 복종을 명령하면서 동시에 불복종을 허용하는 것과 다름없기 때문이다.[16]

둘째, 국민이 기존 국가에 저항하는 권리인 저항권의 행사는 법에 의해 정해진 합법적 강제 행위(가령 탄핵)가 아니라 자신의 물리적-정치적 강제력을 행사해서 기존 국가권력을 부인하고 폐기하고자 하는 행위이다. 이러한 저항 행위의 전제는 정치공동체(국가)의 존재이며 그것의 목표이자 귀결은 기존 정치공동체의 파괴 및 소멸이다. 그런데 후자, 즉 법질서를 갖춘 정치공동체로부터 무법 상태(자연상태)로의 회귀는 허용되지 않는데, 기존 법질서가 아무리 열악하고 권력자가 아무리 무능해도 그것이 아예 없는 것보다는 낫기 때문이다.[17]

이상에서 보듯이 국가수반과 국민 사이의 권리-의무 관계에 관하여 홉스와 칸트 사이의 거리는 그리 멀지 않은 듯이 보인다. 칸트의 '조건'을 엄밀히 해석하면 그 거리가 더 멀어지겠지만 지금의 우리처럼 먼 거리에서 두 이론가를 바라보면 그 거리는 거의 눈에 띄지 않을 것이 분명하다.

---

16 Klemme, "Einleitung", pp. XXIII-XXIV; 이충진, 「칸트의 국가론에 관한 예비적 연구」: 15 참조.
17 Klemme, "Einleitung", pp. XXIV-XXV; 이충진, 「칸트의 국가론에 관한 예비적 연구」: 15-19 참조.

4. 저항권 2 — 홉스와 칸트의 상이성 1

국가수반과 국민의 법적 관계, 달리 말해서 저항권 문제와 관련해서 칸트가 홉스의 입장에 동의하기만 한 것은 아니다. 오히려 칸트는 "국가수반이 시민을 제 마음대로 다룬다고 해도" 시민에게 저항권이 허용되지 않는다는 홉스의 생각을 "일반적으로 보면 끔찍한" 것이라고 평가한다. 이제 우리는 칸트가 홉스를 부정적으로 평가한 이유를 찾아봄으로써 홉스와 칸트 사이의 상이성을 확인해 보자.

칸트가 홉스에 동의했을 때, 즉 시민에게 저항권은 허용되지 않는다고 했을 때 칸트가 제시한 조건은 저항권이 강제권이라는 점이었다. 이때의 강제권이란 시민에게 주어진 강제 권한이자 그것의 효과가 국가권력에 의해 보장되는 권한(실정권)을 의미한다. 그러므로 만일 시민에게 허용되는 저항권이 있다면 그것은 그런 것과는 다른 종류의 권리, 즉 국가수반에 대해 행사되는 권리이면서 동시에 국가권력에 의해 보장되지 않는 그와 같은 종류의 권리임이 분명하다. 칸트는 이와 같은 저항권을 "국가수반을 향한, 상실 불가능한 권리"라고[18] 표현했다.

상실 불가능한 권리란 — 소극적으로 표현하면 — 인간이 자신의 법적 행동에 의해 획득한 권리가 아닌 권리를 지칭하며 — 적극적으로 표현하면 — 인간이 아무런 권리 획득 행위 없이도 그가 인간이란 이유만으로 가지는 권리를 지칭한다. 인간이 자신의 자연 본

---

[18] Kant, *Über den Gemeinspruch*, p. 303.

성에 근거하여 자연적으로 가지게 되는 이러한 권리를 우리는 자연권 또는 생득권이라고 부른다. 칸트에 따르면 모든 시민은 자연권으로서의 저항권을 생득적으로, 즉 그가 인간이란 이유만으로 가진다. 홉스와 달리 칸트는 생득권으로서의 저항권을 인정했다.[19]

다만 칸트가 생각하는 자연권으로서의 저항권은 오직 하나뿐이다. 국가수반의 생각 및 행동과 관련해서 자신의 생각을 국가수반을 향하여 표명하는 권리가 그것이다. 오늘날의 언어로 표현하자면 그것은 공적 사안에 관하여 공적-공개적으로 자신의 의견을 자유롭게 표현할 권리이다. 칸트는 이러한 자유를 "펜의 자유"라고[20] 불렀다. 공적 사안에 대해 자신의 의견을 공개적으로 표명하는 공적-정치적 행위를 할 수 있는 권리, 그것이 자연권으로서의 저항권이다.

이와 같은 저항권(펜의 자유)을 시민에게 부여하지 않았던 홉스와 달리 칸트는 "이러한 자유를 시민에게 금지시키려고 하는 것은 최고 명령권자와 관련해서 [갖게 되는] 권리에 대한 요구를 시민에게서 모두 빼앗는 것과 다름없"다고[21] 생각했다. 이렇듯 펜의 자유가 박탈된 시민과 그것을 박탈하는 국가수반 사이에 성립하게 되는 법적 관계는 칸트의 눈에 "끔찍하게" 보일 수밖에 없었다. 이 경우 시민은 자신의 권리주체의 자격을 군주의 처분에 맡길 수밖에 없기 때문이며, 심지어 국가 안에서 인간은 더 이상 권리주체가 아니라

---

19 Klemme, "Einleitung", pp. XXVIII-XXIX 참조.
20 Kant, *Über den Gemeinspruch*, p. 304. 칸트가 말하는 "펜의 자유"는 오늘날 이야기되는 언론 자유권에 비해 범위가 좁은 권리이다. 그것은 사적 사안을 공개적으로 말할 권리를 포함하지 않는다.
21 Kant, *Über den Gemeinspruch*, p. 304.

군주가 "마음대로 다루어도" 괜찮은 사물에 불과하게 될 것이기 때문이다. 이 점에서 칸트는 홉스에 결코 동의할 수 없었다.

자연권으로서의 저항권의 문제와 관련해서 칸트가 홉스에게 동의하지 않는 또 다른 이유도 있었다. 시민에게 펜의 자유를 허용하지 않으면 국가수반은 국민이 원하는 것이 무엇인지를 알 수 없게 되며 그 결과 자신의 정치적 성공을 위한 기회를 잃게 된다. 다시 말해서 시민에게 펜의 자유를 금지시키는 것은 곧 "최고 명령권자에게서 만약 그가 알았다면 스스로 수정할 사안에 관한 지식을 모두 빼앗음으로써 그를 어쩔 줄 모르는 상태에 빠뜨리는 것과 다름없다."[22] 그뿐만 아니다. 국민에게 펜의 자유를 금지시키면, 즉 의견 표명을 통해 권력자에 '저항할' 기회를 박탈해버리면 국민에게 남는 것은 물리적 저항뿐이며, 그것은 오히려 군주의 권력을 위험에 빠트리게 될 것이다. 이와 같은 현실 정치적인 이유에서도 칸트는 홉스에 반대하여 펜을 통한 저항의 권리를 인정했다.[23]

이상에서 보듯이 저항권의 이해에서 홉스와 칸트는 다르다. 그리고 이러한 상이성은 우리를 또 다른 상이성에로 이끌어간다.

첫째, 저항권의 문제를 보는 시각이 서로 다르다. 홉스는 국민으로 하여금 공적 사안에 관하여 특정한 견해를 갖도록 만드는 것 자체를 국가의 정치적 과제이자 권한이라고 생각했다.[24] 반면에 칸트는 여론은 시민의 자유로운 의견 표명을 통해서 만들어지는 것이라

---

[22] Kant, *Über den Gemeinspruch*, p. 304. '만약 그가 알았다면 스스로 수정할 사안에 관한 지식'이란 '자신의 정치 행위에 필요했던 지식'을 의미한다.
[23] 이충진, 「공공성에 관한 철학적 연구 ― 칸트 정치철학의 현대적 함의」: 7-12.
[24] 케스팅, 『홉스』, 203-205쪽.

고 생각했다. 여론(공적 의견)이라는 사안을 볼 때 홉스는 '위에서 아래로'의 방식으로 접근했지만 칸트는 '아래에서 위로'의 방식으로 접근했던 것이다.

둘째, 진정한 의미의 저항권 문제와 관련해서 홉스와 칸트는 서로 다르다. 실정법적으로는 아예 처음부터 존재하지 않지만(이 점에서 홉스와 칸트는 같다) 초실정법적으로 시민에게 부여되는 (홉스는 부인하고 칸트는 인정하는) 언론 자유권이 국가권력에 의해 실질적으로 완벽하게 통제되는 경우 국민은 국가권력에 '저항'해도 되는가? 간단히 말해서 독재적인 국가권력에 대한 물리적 저항은 국민에게 규범적으로 허용되는가?

이에 대한 칸트의 입장은 분명하다. 그와 같은 정치적 압박에 국민은 폭력으로 대항해서는 안 되며 단지 그것을 견뎌내는 수밖에 없다. 국민이 할 수 있는 일은 ― 비유하자면 ― 그러한 "딱딱한 껍질 밑으로부터 자연이 가장 조심스럽게 보호하는 싹이, 곧 자유사상에의 성향과 소명이 계발"되기를 [25] 희망하고 기다리는 것이 전부이다. 현실 국가의 유지와 발전을 위해 허용되는 것은 점진적 개혁이지 극단적 혁명은 아니기 때문이다. 반면에 홉스에게선 이러한 상황을 상정하는 것 자체가 가능하지 않다. 홉스에게 국가는 무엇보다도 힘의 독점자이므로 그것에 저항하는 물리적-사회적 힘의 등장을 떠올리기 어렵고 따라서 두 힘 사이의 규범적-법적 관계 역시 주목하기 어렵기 때문이다.[26]

---

25 Immanuel Kant, "Beantwortung der Frage: Was ist Aufklärung?", p. 41.
26 케스팅, 『홉스』, 178-179, 183-184쪽 참조.

또 다른 상이성도 있다. 저항권과 관련해서 칸트가 언급하는 부분은 홉스의 『시민론』 §7-§14인데, 그곳에서 홉스는 다음과 같이 말하고 있다.

> 만일 시민이 최고 국가권력에 복종하지 않는다면 그는 엄밀한 의미에서 하나의 불법을 저지르는 것이다. 그는 자신의 동료 시민에게 불법을 저지르는 것인데 … 각인이 그와 같은 복종을 다른 모든 사람과 약속했기 때문이다.[27]

앞서 국가수반은 국민에게 불법을 저지를 수 없다고 말한 홉스는 국가수반을 향한 시민의 불법행위를 동료 시민을 향한 불법행위로 이해하며, 이러한 불법성의 근거로 자연상태에서 체결된 시민들 사이의 계약(국가 창출의 계약)을 제시한다. 이와는 달리 칸트는 국가수반을 향한 시민 행위의 불법 여부를 판단할 때 일종의 역사철학적 기준을 채택한다. 즉 칸트에 따르면 그러한 행위는 그것이 초래할 결과가 인류 역사의 진보에 해당되는 경우에만 허용된다.[28] 이렇듯 동일한 문제 앞에서 홉스의 시선은 과거로 향하는 반면에 칸트의 시선은 미래로 향하며, 홉스는 과거와 현재의 관계에 주목하는 반면에 칸트는 현재와 미래의 관계에 주목한다.

---

27 인용문에서 생략된 부분은 다음과 같다. "또 그는 최고 지배자에게 불법을 저지르는 것인데, 그가 최고 지배자에게 위임했던 권리를 그의 동의를 구하지도 않은 채 되돌려 가져왔기 때문이다." 이러한 의미의 저항권 문제는 이미 앞에서 논의했기 때문에 이곳에서 다시 반복하지 않았다.

28 달리 말해서 현재 국가보다 더 발전된 국가의 창출을 초래하는 국민의 저항은 불법이 아니다. 이충진, 「정치와 역사 — 칸트의 경우」: 6-8 참조.

저항권을 중심으로 홉스와 칸트를 비교해보면 우리는 두 자유주의자 사이에 적지 않은 상이성이 있음을 발견하게 된다. 이러한 상이성은 아마도 정치철학의 가장 핵심적인 부분들(자유권, 사회계약, 국가 등)과 관련해서 홉스와 칸트가 상이한 생각을 가지고 있기 때문일 것이다. 이 부분을 논의하기 전에 우리는 국제법과 관련되어 등장하는 상이성에 먼저 주목해보도록 하자.

5. 국제법 — 홉스와 칸트의 상이성 2

국가에 대한 이해에서 그렇듯이 국가 사이의 관계에 대한 이해에서도 홉스와 칸트는 같고도 다르다. 유사성은 분명하다. 두 사람 모두 개인의 자유에서 출발해서 국가의 창출과 유지를 이해했고 그것의 연장선 위에서 국제 문제를 이해했던 자유주의자라는 점이 그것이다. 상이성도 금방 눈에 띄인다. 대충만 보아도 두 사람은 논의의 양과 관심의 강도가 다르다. 『속설』, 『영구평화론』, 『법론』 등 적지 않은 텍스트를 남겨놓은 칸트와 달리 홉스는 후대의 연구자들이 "흔히 간과할"[29] 정도로 국제법에 관한 논의가 적다.

홉스는 국제 문제를 별도로 논의해야 할 필요성을 발견하지 못한 듯이 보인다. 달리 말하면 그는 "상이한 주권국가들 사이의 상호 의무에 대해서 아무것도 언급할 필요"를 느끼지 못한 듯하다. 홉스는 "국가 간의 상황도 자연상태를 전형으로 이해될 수 있으며 국가 상

---

[29] 케스팅, 『홉스』, 207쪽.

호 간의 관계에도 자연상태에서의 사람들 사이의 상호관계에 해당되는 것과 똑같은 논리가 적용된다"고 생각했기 때문이다. 홉스에게는 "국제법과 자연법은 동일한 것이며" "인간을 구속하는 법과 똑같은 법이 국가에 대해서도 구속력을 가지는 것으로 인정될 수 있었다."[30]

국제법을 자연법과 동일시한다는 것은 국가들의 상호관계가 자연상태의 인간들의 그것과 동일하다는 것, 달리 말해서 국가들의 상태는 자연상태라는 점을 함축한다. 이러한 이해의 귀결을 케스팅은 다음과 같이 말한다.

> 자연상태에서의 개인의 자기보존 관심이 이성 규범의 지배를 받는 것처럼 군주[개별 국가]의 자기보존 관심은 국제법의 지배를 받는다. 자연상태에서 합법적 폭력 사용과 불법적 폭력 사용을 구분하는 것이 거의 불가능했던 것처럼 불가피한 분쟁 상황에 있는 국가 간 입장에서 정당한 전쟁과 부당한 전쟁을 구분하는 것도 불가능하다. 개인과 국가의 태생적 의무에 대한 이론을 포기하면서 홉스는 정당한 전쟁 및 부당한 전쟁에 대한 [전근대적] 이론도 포기했다.[31]

---

30 케스팅, 『홉스』, 208쪽. 일부는 홉스의 『리바이어던』의 것을 재인용함. 홉스는 "국가 간에 존재하는 자연상태는 극복될 수 없"으며 "메가-리바이어던은 리바이어던의 내적 논리로부터 가능하지도 않다"고 생각했다(케스팅, 『홉스』, 208-209쪽 참조).
31 케스팅, 『홉스』, 210쪽.

이러한 홉스 이론의 도착점에 대해서도 칸트는 분명 '끔찍함'을 느꼈을 것이다. 홉스와 달리 칸트는 국가관계를 규범적으로 규제해야 한다는 생각을 포기할 수 없었으며, 그에게 전쟁이라는 국가 행위는 규범적-이성적 규제의 대상이었기 때문이다. 홉스와 달리 칸트는 전쟁의 시작과 진행 그리고 종식을 규제하는 국제적 규범을 만들고자 했으며 그것도 순수이성의 규범을 만들고자 했다.[32]

그뿐만이 아니다. 이 문제를 보는 칸트의 현실주의적 시각은 홉스와의 상이성을 더욱 두드러지게 만든다. 칸트에게서 국가법과 국제법은 같은 선상에서 출발하지 않는다. 국가법의 논의에서 칸트는 — 홉스처럼 — 국가 창출 이전의 인간 사회(자연상태)라는 가상적 공간과 그 안에서 일어나는 자연적 (인간 본성에 상응하는) 인간관계에서 출발하지만 반면에 국제법의 논의에서 칸트는 — 홉스와 달리 — 현존하는 다수 국가의 병존 상태에서 출발한다. 이러한 현실주의적 출발점은 칸트를 국가법적 논의에서와는 전혀 다른 귀결점으로 이끌어간다.

국가들이 전쟁을 포함하는 무법천지 속에서 벗어날 수 있는 유일하게 이성적인 출구는 전 세계의 국가를 포함하는 국제 국가를 만드는 것이다. … 그런데 [현실의] 국가들은 그것을 결코 원하지 않는다. 따라서 이론적으로는 옳은 것이 실천에서는 거부된다. 그러므로 [유일한 출구는] 세계공화국이라는 적극적인 이념 대신에 소극적인 대안으로서 [국가] 연맹을 구성하는 것이

---

32 칸트, 『법론』, 199-209쪽.

다. 물론 이런 연맹도 적대감이 표출되는 부단한 위협 속에 있기는 하겠지만 전쟁을 싫어하는 연맹이 점차 확산됨으로써 법을 혐오하는 호전적인 흐름이 차단되게 될 것이다.[33]

국제기구로서 국제 국가가 아니라 국제 연맹을 제안한 것은 국가 관계를 보는 현실주의적 시각에 기인한다. 칸트에게 규범이론적 접근은 국제법의 논의를 위해 필수적이었지만 충분하지는 않았던 것이다.[34]

---

[33] Immanuel Kant, *Zum ewigen Frieden. Ein philosophischer Entwurf*, p. 357.

[34] 국가들 사이의 관계와 관련해서 홉스와 칸트의 상이성과 유사성을 모두 확인할 수 있는 흥미로운 연구가 최근에 등장했다(김학재, 『판문점 체제의 기원』). 이 연구에 따르면 한국전쟁의 전개와 휴전 체제의 구축 과정에서 단일국가 중심의 홉스적 사유와 국제 평화를 중시한 칸트적 사유가 각기 다른 모습으로 영향을 미쳤다. 후자는 "전쟁을 시작한 교전국에 대한 처벌, 즉 전쟁 위법화를 지향하는" 기획이었던 반면에 전자는 "[그것을] 도덕주의, 사법주의라고 비판하며 국익을 추구하는 국가들 간의 권력균형 체제"를 지향하는 기획이었다(김학재, 『판문점 체제의 기원』, 527-529쪽 참조). 이러한 상이성 외에도 이 연구는 홉스와 칸트 사이의 유사성 역시 드러낸다. 그것은 다음과 같다. 자유주의 이론은 개인의 자유에서 출발하여 국가법과 국제법을 논의하는 이론인데, 이렇게 이해된 국가법과 국제법은 반드시 보편적 규범일 수밖에 없다. 개인은 개념상 모든 특수한 규범으로부터 벗어나 있는 행위자이며 따라서 개인을 규제하는 규범은 필연적으로 '모든' 개인에게 적용되는 규범이기 때문이다. 그런데 보편 규범은 그것이 현실화되는 과정에서 현실의 특수자(구체적인 개인, 현실 국가)와 충돌하기 마련이다. 바로 이것이 자유에서 출발한 홉스 이론과 칸트 이론이 현실의 어느 지점에서 '폭력적으로' 등장하는 이유이기도 하다. 이것은 자유주의 이론이라면 피해 갈 수 없는 한계이자 위험이며, 이 점에서 홉스와 칸트 사이에는 차이가 없다.

6. 국가법과 자유권 — 홉스와 칸트의 상이성 3

저항권 및 국제 평화와 관련해서 홉스와 칸트는 많은 부분에서 다른 입장을 가지고 있다. 아마도 우리가 이론의 세세한 부분으로 접근해 들어갈수록 그 차이는 더욱 커질 듯하다. 분명한 것은 두 경우 모두 차이의 배경에 무엇보다도 국가에 관한 상이한 이해가 놓여 있다는 사실이다. 즉 국가의 모습이 다르기 때문에 국가와 시민의 관계가 다르며 국가 사이의 관계가 다른 것이다.

홉스의 국가와 칸트의 국가는 여러 부분에서 상이한데 이 점을 가장 쉽게 확인할 수 있는 곳은 앞서 우리가 보았던 『속설』이다. 이곳에서 칸트가 제시한 국가는 이성이 우리에게 오직 법 원리에 의거해서만 제시하는 모습의 권리 국가(Rechtsstaat)이다. 반면에 홉스의 국가는 인간의 자연적 본성인 생명 보존에 토대한 국가이며 국민의 행복을 목적으로 가진 행복 국가(Wohlfahrtsstaat)이다.[35]

국가의 상이한 이해는 — 모든 사회계약론에서 그러하듯이 — 국가 이전의 인간 사회, 즉 자연상태에 대한 상이한 이해에 기인한다. 자연상태는 자연적 상태, 즉 국가라고 하는 비자연적-인위적 사회가 등장하기 이전의 사회이며 인간의 자연 본성에 상응하여 형성된 사회이다. 달리 말하면 자연상태는 인간이 자신의 자연 본성을 잃지 않고 타인과 함께 살아가고 있는 사회이다.

이러한 자연상태를 홉스는 만인의 투쟁의 상태로 이해했다. 홉스

---

[35] Kant, *Über den Gemeinspruch*, p. 290 참조. 칸트는 행복 국가를 "최대의 전제정치[국가]"라고 표현했다.

에게 자연상태는 모든 인간이 이리가 되어 서로를 향해 으르렁거릴 수밖에 없는 그런 사회이다. 인간의 자연 본성은 생명 보존이며 타인의 공격으로부터 자신의 생명을 보호할 수 있는 수단은 자신의 힘뿐이기 때문이다. 하지만 칸트의 생각은 달랐다. 생명 보존이 인간의 자연 본성인 것은 분명하지만 그것이 전부는 아니며 가장 중요한 것도 아니다. 인간에게는 또 다른 자연 본성인 실천이성이 있으며, 이 능력을 이용해서 인간은 자연적 사회를 이성적 사회로 만들 수 있다. 따라서 칸트에게 만인의 투쟁은 필연적인 것도 아니고 인간이 꼭 이리가 되어야 하는 것도 아니다.

자연상태와 인간 본성에 대한 이해가 다르므로 자연상태 이탈의 이유와 창출될 국가의 모습 역시 다를 수밖에 없다. 홉스에게서 자연상태의 인간이 자신의 자연적 자유를 포기하고 국가권력의 지배 아래에 들어오는 것은 오직 자신의 생명을 보존하기 위해서이다. 따라서 개인에게 국가는 자신의 생명을 보호하기 위한 수단이며, 이러한 국가는 나의 생명을 다른 모든 사람의 폭력에서 보호할 수 있는 힘을 가진 자, 즉 권력의 독점자여야만 한다.

반면에 칸트에게 국가는 '그 이상'의 것이어야 했다. 자연상태에서도 인간은 여전히 이성적 존재이고 이성 규범의 규제를 받는 존재이다. 이성은 인간에게 자신의 자연 본성(권리주체)을 잃지 말 것을 단적으로 명령하며 이러한 자연 본성의 상실을 초래하는 행위(타인 권리의 침해)를 단적으로 금지한다. 그리고 이러한 이성의 지시를 따르기 위해 불가피하다면 비자연적-인위적 상태(국가)를 창출할 것을 자연상태의 인간에게 명령한다.[36] 결국 칸트에게 국가는 인간의 인간다움을 위한 필수조건이며, 우리가 국가권력에 복종하는 이유는 우리의 인간다움을 유지하기 위함이다.

국가의 모습과 국가권력의 정당성의 상이성은 다시 인간에 대한 이해의 상이성에 기인한다. 홉스와 칸트 모두 자유, 자연권, 이성 등 사회계약 이론가들의 개념을 사용했지만, 그것의 실질적 내용은 전혀 달랐다. 홉스에게 자유권은 생명 보존을 위해 필요한 모든 것을 할 수 있는 권한으로 이해되었다. 이러한 자유권은 자신이 원하는 것을 마음껏(자유롭게) 할 수 있는 권한과 다름없는데, 인간은 필연적으로(본성상) 자신의 생명 보존을 원하기 때문이며 생명 보존에 필수적인 것 역시 원하지 않을 수 없기 때문이다. 홉스의 인간은 사실상 권리주체라기보다는 이익 추구자였다.[37] 반면에 칸트에게 자유권은 자신을 자유로운 존재자로 만드는 권한이었으며 자유로운 존재자의 자격을 획득-유지하기 위해 요구되는 행위, 즉 올바른(recht) 행위를 할 수 있는 권리(Recht)였다. 칸트에게 인간은 욕망의 주체이기 이전에 사유의 주체이며, 타인과 만날 때 자신의 좋음을 좇는 행위자가 아니라 객관적 옳음을 구현하는 행위자였다.[38]

---

36 울피아누스의 공식(公式)을 참조할 것. "1. 법적 인간이 되어야 한다. 2. 어느 누구에게도 법적으로 올바르지 않은 일을 행하지 마라. 3. 만일 후자를 피할 수 없다면 … 각자가 자신의 것[권리]을 모든 타인으로부터 보호받을 수 있는 그와 같은 상태[국가]로 진입하라."(칸트, 『법론』, 62-63쪽)
37 "사람은 모든 것을 할 수 있는 권리를, 이미 그것의 개념상, 가질 수 없다. … 홉스가 말하는 주관적 권리는 의무 개념과 결부되어 있지 않"기 때문이다(케스팅, 『홉스』, 154-156쪽 참조).
38 "[칸트가] 생명 개념을 도외시한 것은 놀라운 일인데, 칸트 이전의 법철학에서는 인간의 자기 유지가 논의의 출발점이었기 때문이다. … 가령 홉스에게서 권리의 토대를 형성하는 것은 각자의 생명이었다."(Reinhard Brandt, *Eigentumstheorien von Grotius bis Kant*, p. 181)

요약하자면 홉스와 칸트는 정치철학의 모든 중요한 지점에서 상이했다. 인간다움을 욕망과 이성 중 어느 것으로 볼 것인가? 사회의 구성원리는 무엇인가? 사회 구성에 임하는 인간의 이성은 규범적인가 도구적인가? 창출해야 될 사회(국가)는 어떤 모습을 가져야 하는가? 왜 우리는 국가권력에 복종해야 하는가? 이 모든 물음에서 홉스와 칸트는 전혀 다른 대답을 내놓았던 것이다.

7. 나가는 말

근대 실천철학에서 칸트의 위상을 나타내는 '저수지와 정수기'라는 표현은 홉스와 칸트의 관계에도 그대로 적용될 수 있을 듯하다. 먼저 칸트철학은 홉스철학의 '저수지'인데, 홉스의 정치철학이 칸트에게로 흘러 들어와 칸트적인 정치철학의 핵심을 이루었으며 몇몇의 핵심 주제와 관련해서 홉스와 칸트는 동일한 모습을 가지고 있기 때문이다. 또 칸트철학은 홉스철학의 '정수기'이기도 한데, 홉스의 생각 중 몇몇을 칸트는 자신의 이론 안에 받아들이지 않았으며 그 결과 홉스와는 전혀 다른 모습의 정치철학에 도달했기 때문이다.

오늘날 정치철학의 지형은 자유주의와 반자유주의로 양분되어 있으며 현대 이론가들은 홉스와 칸트를 자유주의 정치철학의 원조로 받아들인다. 서두의 각주에서 말했듯이 2019년은 홉스 서거 340주년이고 홉스와 칸트 사이에 대략 150년의 간격이 있으므로 자유주의는 그 정도의 긴 역사를 가지고 있는 셈이다.[39] 그런데 홉스는 과연 칸트를 자신의 후계자로 여겼을까? 아마도 그랬을 것 같지는 않다. 그의 눈에 보이는 칸트는 많은 부분에서 자신과 너무도 달랐을 것이기 때문이다.[40] 만일 그렇다면 우리는 칸트를 자유주의자로 평가하는 것이 과연 합당한지에 대해서 다시 생각해보아야 할 것이다. 자유주의를 세분화하여 홉스적 자유주의와 칸트적 자유주의로 구분한다고 해도 사정은 크게 다르지 않다. 그러므로 어쩌면 지금 우리가 가지고 있는 칸트의 모습, 즉 '자유주의자로서의 칸트'라는 도식화된 모습 때문에 우리는 얻는 것보다 잃는 것이 더 많을지도 모른다. 루소의 찬양자이자 후계자, 즉 '반자유주의자로서의 칸트'라는 도식화된 모습 역시 마찬가지이다. 그렇게 어느 한쪽 진영으로 귀속시키기에 칸트의 정치철학은 너무 넓고 너무 깊다.[41]

[39] "현재 정치철학의 지형"은 20세기 후반 이후 주로 미국을 중심으로 형성된 이론 지형을 지칭하며 "반자유주의"는 '공동체주의'를 지칭한다. 현대의 자유주의 논쟁에서 홉스가 주목되지 않는 것은 매우 특이한 일인데, 욕망 주체로서의 인간 이해 및 자연법에서 자연권에로의 전환 등 진정으로 근대적인 것들이 홉스에 의해 처음으로 이론화되었기 때문이다. 1960년대 독일의 '실천철학의 부흥기'에 등장한 관련 논의와 비교하면 그러한 특이함은 더욱 두드러진다.

[40] 리델은 홉스와 칸트를 각각 경험주의 정치철학자와 이성주의 정치철학자로 구분한 바 있다(만프레드 리델, 『헤겔의 사회철학』, 133-143쪽). 이러한 구분이 두 '자유주의자'를 올바로 평가하는 방식으로 보인다.

[41] 유사한 사례가 칸트 법철학의 수용과정에 등장한다. 19세기 독일 법철학계는 '자연권 대 실정권'으로 양분되어 있었는데, 두 진영 모두 칸트를 자신의 진영에 속한 이론가로 생각했다. 이충진, 「칸트 법철학·정치철학 연구 200년」: 8-14 참조.

3장
루소와 칸트 — 시민 종교와 공론장

1. 처음에

홉스에서 시작된 근대 정치철학을 우리는 '사회계약론'이란 이름으로 부른다. 이것을 지칭하는 또 다른 이름도 있는데, 그것은 '자연권 이론'이다. 이 이론의 전제는 '인간은 자연적 권리, 즉 타인에 의해 부여받거나 아니면 그것의 보유를 위해 특정한 조건이 필요하지 않은 권리를 가지고 있다'는 것이다. 이 이론이 자신에게 부과한 이론적 과제는 '왜 인간은 자신의 자연적 권리를 제한하는 인위적 공동체(정치공동체, 국가)를 창출해야만 하는가 또는 창출하고자 하는가?'라는 물음에 대답하는 것이다. 이 물음을 우리는 '사회계약의 규범적 필연성에 관한 물음'이라고 부른다. 이에 대한 대답은 생존권 보장의 효용성에서 인간다움의 필수조건에 이르기까지 다양했다.

근대 정치철학은 '사회계약 이후'의 문제, 즉 국가 운영의 문제 역시 간과하지 않았다. 사회계약을 통해 창출된 국가를 어떻게 운영할 것인가? 이 물음에 대해 가령 국가를 권력 독점자로 이해한 홉스는 '국가권력의 독점이 유지-강화되도록'이라는 대답을, 반면에 대의제와 삼권분립을 국가의 필수 제도로 본 칸트는 '권력들의 견제와 협업이 가능하도록'이라는 대답을 제시할 것이다. 이 대답들은 ― 그것들의 내용이 다름에도 불구하고 ― 모두 창출될 국가의 구체적인 모습으로부터 원리적으로 도출된다.

그런데 경험적-현실적 차원에서도 '사회계약 이후'의 문제는 등장한다. 이것은 '이미 존재하는 현실의 국가를 어떻게 운영할 것인가?'의 문제이며, 우리가 정치라고 부르는 것의 대부분이 이에 해당된다. 이 경우 '어떻게'의 문제는 경험적 문제이며 그것의 해결책도 마찬가지이다. 예를 들어 현실의 권력자가 자신의 권력을 강화하기를 원하는 경우를 생각해보자. 자신의 목적을 위해 그는 물리력을 동원하여 국민을 억압하거나 아니면 국민을 설득하여 그들의 자발적 복종을 끌어낼 수 있는데, 이것 중 어느 것을 선택할 것인가에 대한 대답은 오직 현실 상황에 의해서만 결정될 수 있다. 현실의 정치가는 국가의 운영을 위해 국가 창출의 필연성이나 국가의 본질적 모습 이상의 것, 즉 구체적 정치 현실에 주목해야만 하는 것이다.

'사회계약 이후'의 문제 중의 하나는 현실 국가의 안전이다. 국가의 현존은 정치 행위의 전제이므로 국가의 안전이 위험에 처하는 경우 국가의 유지-보호는 필연적으로 가장 중요한 정치적 과제가 된다. 아니 그 이상이다. 즉 그 경우 국가의 안전은 정치의 유일한 과제가 된다. 이 점은 국가의 안전의 문제에서만 등장하는, 그런 점에서 일종의 특수성이다. '사회계약 이후'에 등장하는 정치적 문제 중 오직 국가의 안전만이 이러한 특수성을 가진다.[1] 이와 같은 특수한 문제에 대하여 루소와 칸트는 서로 다른 해결책을 남겨놓았다.

루소와 칸트는 홉스에서 시작된 근대 정치철학의 자장(磁場) 안에서 활동한 사람이므로 우리는 국가의 안전의 문제와 관련해서 두 이론가 사이에 공유되는 부분이 많을 것임을 예상할 수 있다. 특히 "루소가 칸트에게 영향을 끼친 결정적인 시기"의 칸트에게 루소는 "감정의 주창자가 아니"라 "인간성의 권리에 대한 주창자였다"라는 사실은, 즉 "칸트는 루소를 『고백록』의 저자가 아니라 『인간 불평등 기원론』, 『사회계약론』, 『신엘로이즈』의 저자로서 보았다"는[2] 사실은 우리의 예상을 뒷받침하기에 충분하다. 그러나 동시에 루소는 '계몽주의의 이단아'였으나[3] 칸트는 '계몽주의의 완성자'라는 사실은 둘 사이의 유사함보다는 상이함이 더 클 것이라는 점을 예상하게도 한다. 이러한 상이함을 강조하는 표현 중의 하나는 '감정 대 이성'인데, 두 철학자의 성품을 반영한 이 표현은 현실 국가의 안전이라는 주제에 관한 이론적 차이를 드러내기에도 적합하다. 이 글은 그 차이를 확인하기 위한 작업이다.

---

[1] '국가의 안전'은 '국가 시민의 안전'과는 전혀 다른 것인데, 국가는 국가 시민에게 안전(권리의 보장)을 제공하는 주체라는 점에서 그렇다. 후자와 관련해서 등장하는 개념은 '국가의 안전'이 아니라 '안전한 국가'이다. 또 정치공동체로서의 국가는 현존하는 행정부를 해체하고 다른 행정부를 수립할 수 있으므로 '국가의 안전'은 '행정부의 안전'과도 다르다. 이 글에서 논의되는 '국가의 안전'의 대척점에 있는 것은 '국가의 해체', 즉 '현존하는 정치공동체의 소멸'이다. 이 점을 드러내기 위해 나는 '사회계약 이후', '특수성' 등의 표현을 사용했다.
[2] E. 캇시러, 『루소, 칸트, 괴테』, 34, 95쪽.
[3] 平田淸明 편, 『사회사상사』, 11쪽. 번역서에 있는 원래 표현은 '계몽사상 내의 이단아'이다.

2. 루소 — 국가와 시민 종교

1) 종교의 유형

국가의 안전이란 주제를 루소에게서 살펴보려면 우리는 『사회계약론』의 마지막 부분(4부 8장)에 주목해야 한다. "마지막 결론 직전에 다소 뜬금없이 등장"한, "내용적으로나 기록 과정상으로 볼 때 『사회계약론』에서 매우 독특한 부분"인[4] 이 장(章)의 제목은 '시민 종교에 관하여'이다. 이곳에서 루소는 이전까지와는 전혀 다른 방향으로 논의를 진행한다. 즉 루소는 국가 창출의 근거와 방법이라는 전형적인 사회계약론 논의에서 벗어나 사회계약을 통해서 창출된, 따라서 이미 현존하고 있는 국가를 대상으로 삼아 그것의 지속성에 주목한다. '어떻게 국가의 안전을 확보할 것인가?', 이것이 루소의 마지막 물음이었다.

국가의 안전을 위협하는 요인은 다양하지만 가장 강력한 요인 중의 하나는 구성원 사이의 불화이다. 따라서 국가권력자(통치자)의 입장에서 보면 국가의 안전을 위해 가장 중요한 정치적 과제는 국민들의 통합을 확보하는 것이다. 통합된 국민이란 한편으론 다수의 국민들이 자신들의 차이를 넘어서 하나의 동일한 국가의 구성원이 되어 있다는 것을 의미하며, 동시에 다른 한편으론 각각의 국민이 국가에 내적으로 귀속되어 있다는 것을 말한다. 즉 그것은 첫째, 시

---

[4] 공진성, 「루소, 스피노자, 그리고 시민 종교의 문제」, 322-323쪽. 이 장은 크게 세 부분으로 되어 있는데, 우리는 국가와 종교의 관계를 역사적으로 고찰하는 첫 번째 부분(1절-14절)은 다루지 않았다.

민들 사이에 그리고 둘째, 시민과 국가 사이에 내적-유기적 관계가 존재한다는 것을 의미한다. 이러한 관계가 약화되면 국가의 안전은 위험에 처한다.

국가의 안전을 확보하는 것은 그러한 횡적-종적 관계를 강화하는 것과 다르지 않다. 이를 위한 방법에는 여러 가지가 있을 수 있는데, 가령 홉스처럼 권력을 독점한 국가가 강제력을 동원해서 전체 국민 및 개별 시민을 국가에 결합시킬 수 있다. 하지만 이러한 방법은 국가와 개별 시민 사이에 외적 결합을 만들 수는 있지만 내적 결합을 만들어낼 수는 없다. 또 그것은 — 근현대 전체주의국가에서 보듯이 — 구성원들 사이의 결합과 통합 역시 담보하지 못한다. 국가의 안전을 위해선 국가의 물리적 강제력 이상의 것이 더 필요한 셈이다.

'어떻게 국가의 안전을 확보할 것인가?'라는 물음에 대한 루소의 대답은 '시민 종교'이다. 사회계약을 통해서 창출된 국가 및 국가권력의 현존을 전제한 상태에서 국가와 국민을 결합하고 또 국민들을 서로 결합하는 이른바 '사회적 접착제(social cement)'가 루소에게는 시민 종교였다.[5]

루소는 시민 종교가 가지는 구체적인 모습을 간접적으로, 즉 시민 종교의 자격을 갖추지 못한 종교, 그런 의미에서 "결함을 가지고 있"는[6] 종교에 대한 고찰이라는 우회로를 통해서 확보한다. 루소는

---

[5] '사회적 접착제'는 아도르노의 표현이다(강성훈, 「루소 사상에서 정치적 이데올로기로서의 종교」: 4, 주 6에서 재인용). 루소 시대의 특수성을 생각하면 '시민 종교'라는 표현은 일종의 '둥근 삼각형' 같은 인상을 주는데, 근대 계몽주의 시대엔 정치와 종교의 분리가 당연시되었기 때문이다.
[6] 장 자크 루소, 『사회계약론』, 165. 인용은 김영욱의 번역본을 따랐다.

국가와 종교의 관계에 관한 역사적 고찰 이후에 종교를 "사회와의 연관" 속에서 "두 종류로 구분"한다. 구분의 기준은 사회 구성원의 외연이며, 따라서 사회는 모든 인간을 구성원으로 가진 사회와 특정한 수의 인간만을 구성원으로 가진 사회로 구분된다. 이에 상응하여 종교는 모든 인간의 종교와 특정 인간만의 종교로 구분된다. 루소는 전자를 '인간의 종교(religon de l'homme)'로, 후자를 '시민들의 종교(religion du citoyen)'로 불렀다.[7]

시민들의 종교는 특정한 국가의 종교를 지칭한다. 시민들의 종교는 "오직 한 나라에 수용되어 그 나라에 알맞고 그 나라를 후원하는 신과 수호자들을 제공한다." 이 종교는 "초기 인민들의 모든 종교"를 지칭하며, 인류 역사 초기에 등장하는 종교에 해당한다. 반면에 인간의 종교는 "최고신에 대한 순수하게 내적인 숭배와 도덕의 영원한 의무에 국한되어 있는" 종교이며, "순수하고 단순한 복음의 종교이고 참된 유신론"의 종교이다. 이것은 "복음의 종교"로서의 "기독교"이다.[8]

시민들의 종교가 가진 정치적 장점과 단점, 우리의 주제와 연관시켜서 말하자면 국가의 안전과 관련해서 시민들의 종교가 가진 장점과 단점은 분명하다. 시민들의 종교는 "신에 대한 숭배와 [국가]법에 대한 사랑을 결합한다는 점에서, 그리하여 조국을 시민들의 경

---

[7] 루소,『사회계약론』, 164-165쪽 참조. 김영욱은 'religion civile'을 '정치종교'로 옮기고 있지만 나는 '시민 종교'로 옮겼다. 또 이것과의 혼동을 피하기 위한 목적으로 그가 '시민의 종교'로 옮긴 'religion du citoyen'을 나는 '시민들의 종교'로 옮겼다.

[8] 루소,『사회계약론』, 164, 166쪽.

외의 대상으로 만들어 국가에 봉사하는 것이 국가의 수호신을 섬기는 것임을 시민들에게 가르친다는 점에서 좋다." 반면에 시민들의 종교는 "배타적이고 폭정을 행하는 종교가 됨으로써 유혈을 즐기는 불관용적인 인민을 만든다는 점에서 나쁘"며 또 "인민은 다른 모든 인민과의 자연적 전쟁상태에 놓이게 되며, 이런 상태는 그들 자신의 안전에 매우 해롭다"는[9] 점에서 나쁘다. 국가와 국민 그리고 국민들 사이의 일체감을 강화시키지만 동시에 타국가 및 타국민에 대한 적대감 역시 증가시키는 시민들의 종교는 "정치적으로는 유용하지만 오류와 기만에 기반을 두고 있"는,[10] 따라서 종교적으로는 옳지 않은 종교이다.

국가의 안전과 관련해서 인간의 종교가 갖는 장점과 단점 역시 분명하다. 인간의 종교 안에서 "동일한 신의 아이들인 인간은 모두가 서로를 형제로 인정"한다. 이 종교의 신자만으로 구성된 국가에서라면 "각자는 자신의 의무를 다할 것이고, 인민은 법에 종속될 것이며, 지도자들은 정의롭고 온전할 것이고, 행정관들은 청렴하고 부패를 모를 것이며, 병사들은 죽음을 대수롭지 않게 여길 것이고, 그곳에는 허영도 사치도 없을 것이다." 이와 같은 국가는 하늘나라의 국가이며 가장 완전한 국가이다. 그런데 인간의 종교는 "시민들의 마음을 [지상의] 국가에 부착시키기는커녕 국가로부터 그리고 지상의 모든 것으로부터 떼어"내며, 그 결과 이 종교의 신자들에게 "조국은 이 세상에 있지 않"고 따라서 현실 국가의 멸망을 포함하

---

[9]   루소, 『사회계약론』, 165쪽 참조.
[10] 공진성, 「루소, 스피노자, 그리고 시민 종교의 문제」, 330쪽.

여 "이승의 모든 것이 잘되든 잘못되든 그에게는 별로 중요하지 않다."[11] 이와 같은 인간의 종교는 현실 국가의 안전에 무용하거나 심지어 해롭다. 타국가 및 타국민에 대한 친화감을 강화시키지만 국가와 국민 그리고 국민들 사이의 일체감을 약화시키는 인간의 종교는 "종교적으로 옳지만 정치적으로 해"로운[12] 종교이다.

2) 시민 종교와 국가의 안전

시민들의 종교와 인간의 종교가 가지는 공통의 결점을 루소는 "사회적 통일을 깨트리는 것"이라고[13] 말한다. 우리의 언어로 말하자면 그 두 종교는 국민들 사이 및 국가와 국민 사이의 유기적 일체감을 약화시킨다는 결점을 가진다. 루소가 찾는 종교는 그 결점을 갖지 않는 종교여야 한다. 루소는 그것을 '시민 종교(religion civile)'라고 부른다. 이 시민 종교는 시민들의 종교 및 인간의 종교가 가진 장점을 포함하되 단점은 포함하지 않는 종교, 즉 시민들을 상호 결합시키고 또 각 시민을 국가에 결합시키되 그로 인해서 타국가 및

---

11 루소, 『사회계약론』, 167쪽.
12 공진성, 「루소, 스피노자, 그리고 시민 종교의 문제」, 330쪽. 시민들의 종교와 인간의 종교 외에도 루소는 세 번째 종교를 언급한다. 그것은 "두 입법, 두 지도자, 두 조국을 부여함으로써 사람들을 모순적인 의무에 종속시켜, 그들이 독신자인 동시에 시민이 될 수 없도록 막는 … 사제의 종교(religon du Prêtre)"이다(루소, 『사회계약론』, 164쪽). "[이 종교가 가진] 가장 큰 정치적 폐해는 세속 세계의 정치적 통일성을 파괴한다는 것"이 너무도 분명했기 때문에(이용철, 「루소의 종교관」: 204), 루소는 역사적 고찰에서만 언급할 뿐 더 이상 언급하지 않는다.
13 루소, 『사회계약론』, 165쪽.

타국민에 대한 배타성이 초래되지 않는 종교여야 한다.

루소가 말하는 시민 종교의 구체적인 모습은 그것의 교의에서 가장 분명하게 볼 수 있다. 루소에 따르면 "시민 종교의 교의들은 단순해야 하고, 수가 적어야 하며, 설명이나 주석 없이 분명하게 진술되어야 한다." 이 원칙에 따라 루소가 제시한 교의는 "막강하고 현명하고 자비로우며 예견하고 예비하는 신성의 존재, 내세의 삶, 정의로운 자의 행복, 악인의 징벌, 사회계약과 법의 신성함" 및 관용 등 모두 6개이다.[14]

현실 국가의 안전과 관련해서 우리가 주목해야 하는 것은 다섯 번째 교의("사회계약과 법의 신성함")이다. 이 교의는 그것이 지상의 사안과 관련된 것임에도 '신성함'이라는 종교적 언어로 표현되어 있다. 루소는 "신성함의 개념을 그것의 본래 영역[종교]에서 국가라는 영역으로 이전"시켰으며 그와 함께 "신성함의 개념에서 유래하는 감정을 인간이 신에 대해 갖는 죄의 감정이 되"도록 만들었다. 그와 함께 이제 "시민의 의무는 신자의 의무처럼 구속력을 갖게(bindend) 되었으며" 시민은 신에 복종하듯 국가에 복종하게 되었다. 이러한 방식으로 루소는 시민 종교를 "정치적 의무의 토대"로 만들었으며, 그 결과 국가의 안전에 확고한 기반을 제공할 수 있었다.[15]

마지막 여섯 번째 교의(관용) 역시 국가의 안전을 위해 중요한 역

---

14 루소,『사회계약론』, 171쪽 참조. 처음 4개 교의는 물론 기독교의 교의이다.
15 Jean Ferrari and Cristóvão S. Marinheiro, "Über die bürgerliche Religion im politischen Denken Jean-Jacques Rousseaus": 168. "전반부 교의들이 종교적 본성만을 갖고 있기 때문에 후반부 교의들이 전반부 교의에 강하게 의존하는 것이다. 이곳에서 중요한 것은 … [교의들의] 병존이 아니라 정치적 의무의 종교적 토대이다."(같은 곳 참조)

할을 한다. 이 교의는 시민의 의무에 배치되지 않는 교의를 가진 종교는 모두 허용되어야 함을 말한다. 이 교의는 각각의 종교에게 다른 모든 종교에 대한 종교적 관용을 명령하며 그런 방식으로 현실 종교들의 평화공존을 명령한다. 만일 우리가 루소처럼 종교적 관용과 정치적 관용("사회적 불관용과 신학적 불관용")을 서로 "분리될 수 없"는 것으로 전제하면 종교적 관용은 다른 정치공동체에 대한 관용을 의미할 것이며, 그것을 명령하는 교의는 정치체의 공존을 명령하는 것이 된다. 그것의 결과는 물론 사회들의 평화공존이며 각 사회의 안전이다.[16]

무엇보다도 시민 종교를 가지고 있는 국가는 그렇지 않은 국가, 가령 근대 계약론자들이 구상한 국가와는 분명 다르다.[17] 종교가 가지고 있는 사회적 역할 내지는 기능 때문에 그렇다. 루소의 국가에서 종교의 교의는, 만일 그것이 "도덕에 연관되어 있는" 경우 그리고 오직 그런 경우에만, "국가나 국가 구성원들과 관련"되며, 그와 같은 교의는 "단순히 종교의 교의가 아니라[교의에 불과한 것이 아니라] 좋은 시민이나 충직한 신민이 되기 위해 불가결한 사회성의 신조"이다. 이러한 교의의 사회적 성격으로부터 교의를 공개적으로 받아들임, 즉 신앙고백의 사회적 성격이 도출된다. "이러한 신앙고

---

16 루소, 『사회계약론』, 171-172쪽.
17 그 둘 사이의 같은 부분은 — 우리의 주제에 국한해서 말하면 — 다음과 같다. "주권자가 갖게 되는 시민에 대한 권리는 공익의 한계를 넘어설 수 없으며" 따라서 공익과 관련되지 않은 사안에 관해서 주권자는 국민의 권리를 제한할 수 없다. 종교의 자유가 그렇다. 따라서 "모든 사람은 자기 마음에 드는 [종교적] 의견을 가질 수 있으며, 주권자는 그것을 알 자격[권리]이 없다."(루소, 『사회계약론』, 170쪽)

백이 없는 한 우리는 시민이 될 수 없다(Ohne Bekenntnis sind wir keine Bürger)."[18] 교의에 공개적으로 동의하는 것은 일종의 선언, 즉 자신이 좋은 시민임을 선언하는 것이며 국가의 도덕/법을 준수하겠다는 사실을 선언하는 것과 다르지 않다.

이와 같은 시민 종교에 대한 이해를 바탕으로 루소는 국가에 특별한 — 아마도 거의 유일하게 전근대적인 — 권한, 즉 시민에게 신앙고백을 강제하는 권한을 부여한다. 이러한 "시민[으로서]의" 신앙고백을 거부하는 자는 "[자신이] 비사회적인 자이며, 진심으로 법과 정의를 사랑하지 못하고 필요한 경우 의무를 위해 생명을 희생하지 못하는 자"임을 자임하는 자이다. 국가는 그런 시민을 "국가에서 추방할 수 있다."[19] 그런데 국가에 의해 강제된 신앙고백이 장기간 반복되어 언젠가 시민의 마음을 움직인다면, 즉 입으로 하는 신앙고백이 마음의 신앙고백이 된다면 시민은 이제 "진심으로 법과 정의를 사랑"하게 될 것이다. 시민 종교는 시민을 움직여서 "자신의 의무를 사랑하게 만"드는[20] 것이다.

이러한 시민 종교는 국가와 시민 사이의 간극을 사랑이라는 감정으로, 양자 사이의 일체감이라는 감정으로 메꾼다. 바로 이런 방식으로 시민 종교는 국가의 안전에 기여한다. 시민 종교는 국가 안에

---

[18] Reinhard Brandt, "Ohne Bekenntnis sind wir keine Bürger", p. 16.
[19] 루소, 『사회계약론』, 170쪽. 이것이 루소에게 전체주의자의 혐의가 씌워지게 된 이유 중의 하나이다. 심지어 루소는 볼테르에게 보낸 편지에서 "국가는 시민의 심성(종교관)을 들여다볼 권리를 가진다"라고 말하기까지 한다. Ferrari and Marinheiro, "Über die bürgerliche Religion im politischen Denken Jean-Jacques Rousseaus": 175 참조.
[20] 루소, 『사회계약론』, 169쪽.

사회적 불안 요인이 등장할 여지를 감소시키며 외부의 위협에 단결된 힘으로 저항하도록 만들기 때문이다. 루소는 "모든 시민이 종교를 가진다는 것, 즉 그로 하여금 자신의 [시민적-정치적] 의무를 사랑하도록 만드는 그런 종교를 가진다는 것은 국가에게 중요하다"라고 생각했다. 이와 같은 "종교의 사회적[정치적] 유용성"은 루소 정치철학의 전제였으며 "이와 같은 원리의 타당성을 루소는 더 이상 캐묻지 않았다."[21]

루소의 시민 종교는 현대 언어로 말하면 정치적 이데올로기이다. 국가에게는 경제력이나 군사력 외에도 그와 같은 무형의 사회적 자산이 필요하다. 무형이라는 점에서 그것은 이성보다는 감성에 친화적이며 지식과 이론보다는 경험과 예술의 대상에 가깝다. 또 사회적 자산이란 점에서 그것은 구성원에게 전래-전수될 뿐 그것의 정당한 주인을 따지지 않는다. 루소는 국가가 그러한 시민 종교를 만들어 국민에게 전파하는 것이 바람직하다고 생각했다.[22] 현대 국가에서 상상조차 할 수 없는 일이지만 조금만 생각해보면 오늘날에도 국가는 국가의 안전과 국민 통합을 위한 정치 행위를 끊임없이 하는 것이 사실이다. 가령 역사교육이 대표적이며[23] 정기적인 선거

---

21 Ferrari and Marinheiro, "Über die bürgerliche Religion im politischen Denken Jean-Jacques Rousseaus": 165, 167. "루소는 처음부터 연구의 방향을 확정해두었다. … 그는 종교가 사회에 미치는 영향에만 주목했다."(같은 글: 174 참조)
22 "현대의 '시민 종교' 개념이[은] 루소의 '시민 종교' 개념과 다르다…. 두 경우 모두 시민 종교는 시민의 사회 정치적 통합의 조건이지만, 루소의 경우에 그것은 국가가 직접 만들어야 하는 것이고 [현대의 경우에] 그것은 국가가 만들거나 재생산할 수 있는 것이 아니"다(공진성, 「루소, 스피노자, 그리고 시민 종교의 문제」, 321쪽).
23 루소에게서 시민 종교와 가장 가까이 있는 주제는 교육이다. 이와 관련해서

역시 동일한 결과를 초래한다. 그뿐만이 아니다. 시민의 측면에서 보면 비의도적 행위를 통해서 국가 구성원의 정체성을 재확인하며 그 결과 국가의 안전에 기여하기도 한다. 가령 동일 언어의 사용과 동일 문화의 향유가 그것에 해당한다. 결국 루소가 말하는 시민 종교는 오늘날 종교라는 외피를 갖지는 않지만 그렇다고 존재하지 않는 것은 아니다.

3. 칸트 — 정치와 공론장

1) 이성의 공적 사용

루소와 달리 칸트는 현실 국가의 안전이라는 문제에 관하여 별도의 논의를 남겨놓지 않았다. 따라서 우리는 우회적인 방법을 통해서만, 즉 칸트 텍스트를 확대해석함으로써만 칸트의 입장을 만날 수 있다. 가장 중요한 텍스트는 「계몽」이다.[24] 하지만 그곳의 논의를 따라가기 전에 우리는 불명료함을 야기시킬 수 있는 두 지점을 미리 확인해두도록 하자.

첫째, 국민들 사이의 충돌은 국가에 의해 최종적으로 해결되어야

는 특히 다음을 참조. 상성훈, 「루소 사상에서 정치적 이데올로기로서의 종교」: 2-6.

[24] 칸트의 텍스트인 「계몽이란 무엇인가에 대한 답변」을 지칭한다. 이하 같은 방식으로 표기한다. '칸트에 있어서의 정치와 종교'와 관련해서는 다음을 참조. Volker Gerhardt, "Religion unter dem Anspruch politischer Vernunft", pp. 258-263.

하며 해결될 수 있는데, 공적 존재와 사적 존재 사이엔 권한의 위계가 일방적이기 때문이다. 이 점은 모든 사회계약론이 공유하고 있는 부분이다. 둘째, 우리는 국가 창출의 규범적-법적 의무를 가지고 있는데, 국가가 이미 존재하고 있는 경우 그 의무는 현실 국가 유지(국가의 안전을 위협하지 않음)의 의무로 전환된다. 이 점은 칸트 정치철학의 고유성 중 하나이다.[25]

이러한 두 경우를 제외하면 현실 국가의 안전과 관련해서 우리가 주목해야 하는 것은 공적 차원의 충돌이며, 더욱이 그것이 현실 국가의 해체를 초래하지 않는다는 조건 아래서의 공적 충돌뿐이다.[26] 이와 간접적으로나마 관련된 논의는 「계몽」에 등장하는 '이성의 공적 사용'에 관한 칸트의 언급이다.

「계몽」에서 칸트는 이성의 사적 사용과 공적 사용을 명확히 구분한다. 이성을 사적으로 사용한다는 것은 "[어떤 사람이] 그가 맡게 된 특정한 시민적 지위나 직무에서 허용되는 이성 사용"을 지칭한다. 가령 시민이 국가가 부과한 세금을 납부하는 것이나 군인이 상관의 명령에 따라 업무를 수행하는 것이 그에 해당한다. 이 경우 이성의

---

[25] 이충진, 「칸트의 정치철학」: 212-213 참조. 또 다른 고유성은 이른바 '정치와 철학의 역할 분담'이다. 즉 칸트에 따르면 공적 사안과 관련해서 정치가(실천가)와 지식인(이론가)의 역할 분담과 협업은 필수적이다. 플라톤의 철인정치에 대비되는 이러한 입장은 1784년 「계몽」과 1795년 『영구평화론』 모두에서 확인된다. Volker Gerhardt, "Der Thronverzicht der Philosophie", pp. 171-194 참조.

[26] 이 조건은 단지 논의 범위를 제한하기 위한 것이다. 국가의 안전을 위협하는 가장 큰 요인은 물론 물리적-군사적 힘이다. 이것을 어떻게 통제할 것인가? 이에 대한 대답은 루소의 시민 종교나 칸트의 공론장으로는 주어질 수 없다. 그것을 다루기 위해선 전혀 다른 논의가 필요하다.

사용은 사회적-공적 규칙의 틀을 벗어날 수 없다. 칸트식으로 표현하자면 그는 자신의 관심사에 대해 마음껏 생각해보는 것은 가능하지만 최종적으로는 국가의 명령에 복종해야 한다. 설사 그 사안에 대해서 의구심을 가진다고 해도, 가령 세금의 정당함이나 명령의 타당성에 대해 의구심을 가진다고 해도 그는 세금 납부를 거부하거나 명령에 불복종해서는 안 되며 심지어 그 사안에 관한 한 "[공개적으로] 따지는 것은[것조차] 허락되지 않는다."[27] 이성의 사적 사용은 이러한 제한을 가진 사유이며, 제한적 자유만을 가진 사유이다.

이성의 공적 사용은 그러한 제한을 갖지 않는다. 이것을 칸트는 "어떤 사람이 독서계의 전체 대중 앞에서 학자로서 자신의 이성을 사용하는 것"으로 정의한다. 여기서 학자는 시민적 지위와 공직을 갖지 않은 사람이며 특정한 시민적-공적 공동체(국가)에 귀속되지 않은 사람("세계시민사회의 구성원")이다. 그의 이성 사용은 "글을 매개로 본래적 대중과 이야기하는, 즉 글로 세상과 이야기하는" 활동이며 그의 독자는 글을 이해하는 능력을 가진 모든 사람을 지칭한다.[28] 칸트의 개념 정의를 오늘날의 언어로 말하면 이성의 공적 사용은 언어를 통해서 지식을 생산-유통하는 활동에, 학자는 전문 지식인 내지는 오피니언 리더에, 그리고 독자는 보통의 지적 능력을 가진 사람들에 해당된다.

이성이 공적으로 사용되는 범위를 — 칸트와 달리 — 현실의 개별 국가로 한정하면 이성의 공적 사용은 '전문가가 자신의 국가와

---

[27] 임마누엘 칸트, 「계몽」, 41-42쪽 참조. '따진다'는 'raesonieren'의 번역어이다.
[28] 칸트, 「계몽」, 41, 43쪽.

관련된 사안에 관해서 국민에게 자신의 의견을 표명하는 행위'로[29] 정의될 수 있다. 국가와 관련된 사안 중 하나는 국가의 안전이므로 이성의 공적 사용은 — 우리의 주제에 제한해서 말하자면 — '국가의 안전에 관하여 자신의 의견을 모든 국민에게 공개적으로 표명하는 행위'를 지칭한다. 이것은 공적-정치적 의견의 표명이며 그 자체로 정치적 행위이다.

2) 공론장과 국가의 안전

공적-정치적 의견이 등장하고 교환되는 공간을 우리는 '공론장'이라 부른다. 공론장은 공적 의견과 사적 의견을 구분하며 사적 의견을 공론장에서 배제하는 방식으로 작동한다. 공론장에서 활동하는 사람은 공적 존재자이며 더욱이 소극적 관망자가 아니라 적극적 행위자이다. 공론장에서의 활동을 위해 요구되는 능력은 오직 언어능력과 사유능력뿐이다. 이 점에서 그것은 다른 공적 행위와 다르다. 또 그 점은 공론장의 가장 큰 특징, 즉 '언어와 이성의 형태를 갖추지 않은 것은 공론장 안으로 진입할 수 없다'는 사실을 함축하기도 한다. 공론장은 이런 방식으로 물리적 충돌로서의 정치를 이성적-언어적 충돌로 전환시키며 순화시킨다.[30]

29 여기서 전문가는 전문적-특정한 의견을 가진 사람을 지칭하며 전문적 능력을 가진 사람을 지칭하지는 않는다. 전문가와 국민은 그것의 외연에서 일치한다.
30 가령 지고한 애국심이나 종교적 확신이 대표적이다. 그런 것들이 공론장 안으로 진입하여 공적인 것으로 자리매김될 수 있으려면 우선은 언어의 형태를 갖추어야 한다. 칸트의 정치철학 및 역사철학에서 공론장의 의미와 기능에

이와 같이 이해된 공론장은 현실 국가의 안전을 위해 결정적인 중요성을 가진다. 달리 말하면 공론장은 이성적인 요소를 통해서 국민들 사이를 결합시키고 '이성에 기반을 둔 사회적 단결'의 강도를 증대시키며 그렇게 하여 국가의 안전을 증가시킨다. 이 점은 정치가, 국민, 공론장 자체 각각에서 확인된다.

첫째, 국가의 안전은 정치가가 선택할 수 있는 것이 아니라 이미 주어져 있는 정치적 과제이다. 정치가는 이 과제를 해결하기 위한 정책을 발견하고 실행해야 하는데, 이러한 방법의 문제를 해결하기에 공론장은 매우 효과적이다. 국민의 뜻에 어긋나는 정책의 선택은 그것의 실행 과정에서 국민의 배척과 저항을 맞이하게 되며, 결국 정치가는 국가의 안전이라는 목적에 도달하기 어렵게 된다. 정책 실현 이전에 정치가는 자신의 정책이 국민의 뜻과 일치하는지를 미리 확인하는 것이 필요한 것이다. 정치가에게 다수 국민의 뜻을 보여주는 공론장은 국가의 안전을 구현하기 위한 가장 효과적인 도구이다.[31]

둘째, 일반 국민의 입장에서 보면 공론장의 참여는 — 선거를 제외하면 — 그에게 허용된 유일한 정치 행위이다. 국민에게 공론장은 자신이 국가/정치가에게 다가가는 유일한 기회이며 유일한 다리인 셈이다. 이런 공론장이 올바로 기능하지 않는 경우, 비유적으로 말하자면 그 다리가 너무 좁은 경우 국민의 의사는 국가정책에 반

대해서는 다음을 참조. 이충진, 「칸트의 정치철학」: 216-129; 이충진, 「공공성에 관한 철학적 연구」: 12-15.
[31] 이충진, 「공공성에 관한 철학적 연구」: 7-12; 이충진, 「칸트의 정치철학」: 216-219 참조.

영되지 않으며 그에 비례해서 국민이 가지는 국가와의 일체성/귀속성은 줄어들게 된다. 국가를 낯선 타자로 여기는 국민은 국가 해체의 위기에서 국가를 위해 자신을 희생하지 않을 것임은 물론이다. 즉 공론장이 제대로 기능하지 않으면 국가의 안전은 위험에 처한다. 그뿐만이 아니다. 훌륭한 공론장은 국가와 국민 사이의 거리만이 아니라 국민들 사이의 거리 역시 축소시키며 국민들 사이에 일체감 내지는 동료 의식을 증대시킨다. 공론장에의 참여는 각자가 상대를 동료 시민으로 인정함을, 그리고 공론장의 결정이 모든 동료 시민에게 수용될 것임을 필연적으로 전제하기 때문이다. 또 공론장 안에서 국민은 다수의 개별자이지만, 공론장의 외부에선 하나의 통합된 국민으로서 정치가/국가를 만나며, 이 경우 국민들 사이에 아무런 거리도 존재하지 않는다. 이렇듯 공론장은 국민의 상호 일체성을 내적-외적으로 증가시키며, 이것은 국가의 안전을 증가시킨다.[32]

셋째, 국가의 안전을 위협하는 가장 강력한 요소는 국민들 사이의 분열이다. 이 분열은 공론장에서 정치적 의견의 충돌이라는 형태로 등장한다. 공론장은 의견충돌을 상호 합의로 이끄는 방식으로 작동한다. 즉 공론장은 의견들 사이의 충돌을 제거하고 그런 방식으로 소수의견과 다수의견의 차이만을 남기는 방식으로 작동한다.

---

[32] 이충진, 「공공성에 관한 철학적 연구」: 7-12, 12-15 참조. 공론장에 참여하는 사람은 개별 시민으로서 자신의 의견을 자유롭게 표현한다. 그런 한에서 그는 무제한의 자유권을 가진다. 반면에 공론장의 외부에서 공적인 행위를 수행하는 사람(이성을 사적으로 사용하는 사람)은 국가법의 지배 아래 있는 피지배자이며 — 개인이 아니라 — '통합된 국민'의 구성원이다. '실컷 떠들어라. 그러나 복종하라!'라는 칸트의 경구는 그러한 구분에 상응한다.

공론장의 산물은 합의된 의견이며 국민의 일반적 의견(여론)이다. 의견의 충돌이 의견의 일치로 전환됨으로써 정치적 분열은 국가의 분열과 해체로 이어지지 않게 된다. 이렇듯 공론장은 국가의 안전을 담보하는 방식으로 작동한다.[33]

국가의 안전은 국민의 통합에 전적으로 좌우된다. 국민들의 개별 의사가 등장하고 그들의 공동의-보편적 의사가 만들어지는 공간인 공론장은 한편으론 국민의 국가에의 귀속성을, 동시에 다른 한편으론 국민들 사이의 상호적 귀속성을 증가시키며, 그런 방식으로 현실 국가의 안전을 강화한다. 이러한 점은 정치체계가 국민의 의사를 입법-행정으로 실현하는 대의적 체계인 경우 더욱 분명하다.[34] 공론장은 국가의 안전을 위한 주요 바탕이다.

그런데 '공론장의 정치가 국가의 안전을 담보한다'라는 주장은 즉각적인 반론에 직면할 것임이 분명하다. 무엇보다도 우리의 역사적 경험은 그 반대의 경우, 즉 국민 여론에 따른 정치가 국가의 파멸을 초래하는 경우를 여럿 보여주기 때문이다. 히틀러의 독일이 대표적이다. 이 반론이 주장하는 것은 분명하다. 공론장은 다수의 의견을 제공하지만, 다수의 의견이 곧 좋은 의견인 것은 아니며 특

---

[33] Jürgen Habermas, "Publizität als Prinzip der Vermittlung von Politik und Moral(Kant)", pp. 178-179 참조.

[34] "국민이 자신에 대해서조차 결코 내려서는 안 되는 결정을 하물며 군주[정치가]가 국민에 대해서 내려서는 안"되며 "국민에 대해서 법률로 결정될 수 있는 것을 모두 가려내기 위한 시금석은 과연 국민 스스로 그런 법률을 자신에게 부과할 수 있는가"이다(칸트, 「계몽」, 44-45쪽 참조). 이 점은 『영원한 평화를 위하여. 철학적 기획』에서도 확인된다(임마누엘 칸트, 『영구평화론』, 78, 85쪽 참조). 이 텍스트는 『영구평화론』으로 표기한다.

히 국가의 위기 상황에선 더욱 그렇다. 따라서 공론장에만 의존하는 정치는 좋은 정치일 수 없으며 포퓰리즘 정치는 국가의 안전을 확보하지 못하는 정치이다.

하지만 이러한 반론에 대해 칸트를 옹호하는 것은 어렵지 않아 보인다. 무엇보다도 공론장 자체가 가진 특성 때문에 그렇다. 공론장은 언어능력과 사유능력을 갖춘 사람에게 열려 있는 공간이며, 최소한의 지적 능력만 갖추고 있으면 누구든 활동할 수 있는 공간이다. 그것은 가능한 한 최대 다수에게 참여가 허락되는 공간이며 그런 점에서 최대한으로 열려 있는 공간이다. 그러므로 공론장에서 합의된 사안은 가능한 한 최대 다수의 동의를 얻은 것이며, 이 동의에 의거한 정치, 즉 공론장의 정치는 소수 전문가에 의한 최선의 정치가 아니라 최대 다수에 의한 최대 공약치의 정치이다. 이러한 정치가 이루어지는 국가는 비효율적이기는 해도 매우 안정적인 국가이다. 우리가 국가의 안전만을 생각한다면 그것은 최선의 정치이며 최선의 국가이다.[35]

시선을 좀 더 넓혀 칸트의 희망 섞인 전망에 주목하면 우리는 칸트를 옹호할 수 있는 또 다른 가능성을 발견할 수 있다. 칸트에 따르면 국가가 국민에게 자유를 허락하는 것은, 더욱이 "자유라고 일컬을 수 있는 모든 것 가운데 가장 무해한 자유를, 즉 모든 일에서

---

[35] 여기서 말하는 공론장의 정치는 칸트가 말하는 계몽 군주("프리드리히 대제", 칸트, 「계몽」, 46쪽)의 정치와 일치하지 않는다. 이 불일치가 등장하는 것은 우리가 정치의 과제를 — 국가의 발전("개혁")에 주목한 칸트와 달리 — 현존 국가의 안전에 국한시켰기 때문이다. 공론장의 정치는 필연적으로 다수의 정치 내지 민중(demos)의 정치가 될 것이며, 그것을 칸트는 배척했다.

자신의 이성을 공적으로 사용하는 자유를" 허락하는 것은 국가의 안전에 "전혀 위험한 일이 아니다." "자신[국가]의 입법과 관련해서 신민들이 자신들의 이성을 공적으로 사용하도록 허락하는 것" 역시 마찬가지이다. 그뿐만이 아니다. 만일 국가의 안전을 충분히 담보하는 국가권력만 현존한다면 이성을 공적으로 자유롭게 사용하는 것은 "자유로운 사상을 향한 성향과 사명이 자연적으로 … 돋아나게 [만든다]. 그리고 이 싹은 점차 국민의 감각 방식에 영향을 미치고 종국에는 정부의 원칙에까지 영향을 미치게 된다. [그 결과] 정부는 인간을 그의 존엄함에 맞게 대우하는 것이 정부 자신에도 유익한 것임을 깨닫게 [된다]."**36** 한마디로 말하면 정치적 안정이 확보된 국가에선 공론장이 국가의 안전을 위협하는 일은 일어나지 않으며 나아가 국가를 ― 루소의 표현을 빌리자면 ― "좀 더 인간적으로"**37** 만들 것이고 이렇게 계몽된 국가는 자신의 안전을 위한 기반을 국민의 지지 위에 마련할 것이다.

이렇듯 역사적-경험적 사례에 의거한 반론으로부터 칸트를 옹호하는 것은 공론장이 국가의 안전을 증가시킨다는 칸트의 주장을 입증하지는 못해도 그것에 설득력을 부여할 수는 있다.

---

36 칸트, 「계몽」, 41, 47, 48쪽.
37 루소가 제기한 물음은 오직 하나, 즉 "종교는 사회를 좀 더 인간적으로 만드는 데 기여하는가?"라는 물음이었으며, 이에 대한 루소의 대답은 '그렇다'였다."(Ferrari and Marinheiro, "Über die bürgerliche Religion im politischen Denken Jean-Jacques Rousseaus": 174)

4. 끝에

서양의 근대는 정교(政敎)분리의 원칙에서 출발했다. 정치는 지상의 삶을 관할하고 종교는 내세의 삶을 관할하는 것, 또는 달리 말하면 국가권력의 타당성은 국민의 외적 삶에만, 그리고 종교 권력의 타당성은 인간의 내면에만 제한되는 것이 근대의 원리였다. 하지만 수백 년이 지난 지금도 근대 초에 천명되었던 종교와 정치의 분리가 완전히 실현되지는 않았다. 비록 근대가 진행함에 따라 점차 줄어들긴 했어도 종교의 정치적 영향력은 여전히 강력하게 유지되고 있다.[38]

정치가 종교와 만나는 지점은 수없이 다양하다. 대부분의 경우 종교가 정치에 도움이 되는 지점에서 정치는 종교에 손을 내민다. 그것은 종교가 "사회질서를 튼튼히 유지하고 도덕적 타락을 억제하는 긍정적 역할"을 수행하는 경우이다. 정치는 종교에 국민의 도덕적 교화라는 정치적 역할을 부여함으로써 훌륭한 시민의 양성이라는 자신의 정치적 역할을 대행시킨다. 이런 방식으로 정치는 "종교에 적절한 제한이나 변형을 가해 종교를 정치에 편입시키려 시도"한다.[39] 루소의 정치철학은 이 점을 대변한다.

---

[38] "종교와 정치를 아무리 분리시킨다 해도 종교는 그 도덕적 효과를 통해 정치에 간접적으로 그러나 필연적으로 영향을 미칠 수밖에 없다."(이용철, 「루소의 종교관」: 219 참조)

[39] 이용철, 「루소의 종교관」: 196. "일반 도덕의 기초를 이루는 시민 종교"에 대한 현대 이론가들의 관심은 벨라(Bellah, Robert, "Civil Religion in America", in: *Journal of the American Academy of Arts and Sciences*, Vol. 96, No. 1, 1967)에서 시작되었다(이용철, 「루소의 종교관」: 195, 주 1 참조).

그와는 달리 칸트는 정교분리라는 근대의 원리에 좀 더 충실했다. 칸트에게 정치는 규범의 영역이 아니라 규범과 탈/비-규범이 혼합된 영역에, 그런 제한된 의미에서의 현실에 자리하고 있었다. 칸트가 생각하는 근대의 정치 현실은 총칼이 부딪치는 힘들의 장場이 아니라 언어의 전쟁터였으며, 따라서 근대 정치에 필요한 것은 언어, 언어에 담긴 의견, 의견을 만드는 이성 능력 등이었다. 이것은 공론장의 세계에 속한 것이며, 그곳에선 종교 역시 우선은 언어/이성의 형태를 가지고 있어야 했다. 칸트에게 언어/이성의 외부에 존재하는 정치와 종교는 중요하지 않았다.[40]

정치공동체는 그것을 유지하는 힘인 구심력과 그것을 붕괴시키는 힘인 원심력 모두의 영향을 받는다. 구심력이 원심력보다 강하면 국가는 안전하고 구심력이 원심력보다 약하면 국가는 사라진다. 모든 정치는 구심력의 확보를 최고의 과제로 가지는데, 정치공동체의 지속은 정치 자체의 전제이기 때문이다. 이 과제의 해결책으로 종교와 감정은 강력하되 맹목적이어서 위험하고 여론과 이성은 믿을 만하되 추진력이 약하다. 지난 역사나 지금의 현실을 보아도 그러하며 또 이론적으로도 그렇다.

국가의 안전을 어떻게 확보할 것인가? 이 물음에 대한 대답으로 '종교 아니면 공론장'이 아니라 '종교 그리고 공론장'이 가장 훌륭한 것임에는 두말할 필요가 없다. 하지만 그에 선행해야 할 이론적 과제

---

[40] "정치가와 철학자는 자신을 오직 '이성적 존재로만' 이해한다. 그들이 자신을 공적인 언어로 표현하는 경우 또 그들이 최소한 진정성의 외양이라도 갖추려 시도하는 경우 그들은 이미 그렇게 하고 있는 것이다."(Gerhardt, "Der Thronverzicht der Philosophie", p. 187)

가 있는데, 그것은 바로 그 두 선택지를 구분하는 것이다. 내가 아는 한 루소와 칸트는 그 차이를 드러내기 위한 가장 좋은 대상이다.[41]

---

[41] 칸트 전기(傳記)에서 포어랜더는 "칸트는 친구 루프만이 보내준 루소의 초상화만을 텅 빈 그의 공부방에 걸어놓을 정도로 루소에 대한 열정이 대단했다"라고 말한다(칼 포어랜더, 『칸트의 생애와 사상』, 101쪽). 하지만 전비판기 루소와의 만남과 평생에 걸친 루소에 대한 존경이 곧바로 칸트가 루소주의자라는 것을 의미하지는 않는다. 아마도 우리는 '루소와의 만남이 칸트철학 전개에 변곡점을 만든 것은 분명하지만, 그 변곡점 이후 칸트철학의 발전은 루소와 점점 멀어졌거나 아니면 최소한 그 방향이 루소와 무관했다'라고 평가하는 것이 옳을 것이다(캇시러, 『루소, 칸트, 괴테』, 92-97쪽 참조).

4장
헤겔과 칸트 1 — 도덕성과 인륜성

1. 근대 연구의 필요성

근대인들은 자신들의 세계가 이전의 그것과는 전혀 다른 것임을 명시적으로 표시하기 위해 자신의 시대를 '새로운 시대'라고 불렀다. 새로운 세계의 창출을 위한 '근대 프로젝트'는 지난 수백 년 동안 수없이 많은 단계와 변화를 거쳐 오늘에 이르렀다. 그 결과 근대의 새로움은 이제 더 이상 새로울 것이 전혀 없을 정도로 우리의 삶 안에 침투해 들어와 있다. '신 중심의 세계로부터 인간 중심의 세계로의 전환'은 이제 더 이상 새로움을 웅변하고 있지 않으며, 전환을 위해 치러야 했던 근대인들의 절박함 역시 이미 오래전에 잊혀졌다.

지난 과거는 현재의 모습에 자신의 흔적을 남겨놓는 것이 아닐까? 만일 그렇다면 과거를 현재와 다른 것으로 느끼지 못한다는 사실은 곧 그 과거가 현재의 모습을 결정적으로 규정하고 있음을 반영한다. 오늘날 우리가 근대의 새로움에서 낯섦보다는 친숙함을 발견한다면 이는 곧 근대의 새로움이 지금 우리의 삶에 자신의 모습을 각인해놓았기 때문이리라. 만일 그렇다면 근대를 이해하는 것은 지금의 나의 모습을 이해하기 위한 관건인 셈이다. 어쩌면 근대에 대한 올바른 이해는 지금의 내가 가지고 있는 문제들의 해결을 위한 단서를 제공할지도 모른다. 나의 문제들이 근대적 문제이거나 근대의 결과물인 경우라면 그럴 가능성이 더욱 높아진다.

오늘날 우리가 당면하고 있는 문제들 중 몇몇은 분명 근대적 새로움에 자신의 기원을 가지고 있다. 이러한 문제들의 해결을 위해 근대로 눈을 돌리는 것은 현명한 일일 뿐만 아니라 때로는 불가피한 일이기도 하다. 새로운 시대를 처음으로 맞이했던 근대 초의 사상가들은 자신의 마음 안에 어떤 모습의 세계를 가지고 있었을까? 왜 그들은 어떤 특정 문제들을 자신이 해결해야 할 과제로서 받아들였던가? 새로운 세계를 창출하기 위해 그들은 어떤 이론을 제시했던가? 이러한 물음들을 자신에게 제기하고 그것들에 대답하고자 하는 시도는 근대의 한복판에서 자신의 삶을 꾸려가고 있는 이론가들에겐 결코 피할 수 없는 과제였다.

모든 시기의 근대 이론가들은 중요한 문제에 직면할 때면 언제나 근대 초기로까지 거슬러 올라가 문제의 뿌리를 확인하고자 했으며 또한 그것이 근대의 전개 도정에서 어떻게 변화되어왔는가를 추적했다. 그와 같은 작업을 통해 그들은 자신들의 문제를 해결하기 위한 단서를 마련하고자 했던 것이다. 지난 수백 년 동안 계속되어온 그들의 노력은 오늘날 근대 초의 구체적 모습과 그것의 전개 과정에 대한 공통된 이해를 확보할 수 있을 정도의 성과를 축적하였다. 우리는 잠시 그것의 한 자락을 들추어내보도록 하자.

근대 이전에는 신이 세계의 중심에 있었다. 신의 의지는 인간의 삶을 규제하는 모든 규범의 원천이었다. 가령 내가 타인을 살인해서는 안 되는 이유는 살인 행위가 신의 뜻에 어긋나기 때문이었으며, 이웃의 여인을 탐해서는 안 되는 이유는 신이 그것을 금지하기 때문이었다. 살인자는 신의 이름으로 처벌되었고 이웃의 여인을 탐한 자 역시 마찬가지였다. 처벌을 명령하고 집행하는 군주는 교황의 대리인이었고, 교황은 신의 대리인이었다.

근대의 성립과 함께 커다란 변화가 일어났다. 새로운 시대는 교권의 축소와 세속 군주의 권한 증대를 초래했다. 살인 행위가 처벌되는 것은 이전과 다름없었지만 군주는 살인자의 처벌을 위해 교황의 허락을 받을 필요가 없었다. 군주는 살인자가 국가법을 어겼다는 이유로 살인자를 처벌했지 그가 종교법을 어겼다는 이유로 처벌하진 않았다. 하나의 행위를 평가하는 경우 군주는 그 행위 자체만을 평가대상으로 삼았으며, 행위의 내적 동기는 평가될 수 없는 것으로 자신의 권한 밖에 방치하였다. 가령 이웃의 여인을 탐한 자는, 그가 단지 마음속으로만 그러했다면, (여전히 교황의 비난과 처벌을 받았지만) 군주에 의해 처벌되는 일은 없었다. 행위자의 내면(종교적 신념, 개인적 신념, 심지어 선한 목적 등)은 이전처럼 종교가 떠맡았으며, 이제 그것은 종교가 자신의 권한을 행사할 수 있는 유일한 영역이 되어버렸다.

근대의 성립과 함께 교황과 군주, 종교와 국가는 일종의 분업 상태에 들어갔다. 교황은 인간의 내면과 그것의 훌륭함을, 군주는 인간의 외적 행위와 그것의 올바름을 규제하는 권한을 나누어 갖게 되었다. 국가법과 교회법은 분리되었다. 국가권력이 관할하는 영역을 규제하는 법칙들과 교회 권력이 관할하는 영역을 규제하는 법칙들은 분리되었다. 이에 상응하여 각각의 법칙들에 의거하여 규정되는 인간 행위의 특징 역시 분리되었다. 전자는 권리/법(Recht)의 영역이었고 후자는 도덕적 훌륭함, 즉 덕(Tugend)의 영역이었다. 권리/법의 영역과 덕의 영역은 분리되었으며 이것은 중세에는 찾아볼 수 없었던 근대의 새로운 모습이었다.

홉스 이후 등장한 자연권 이론은 교권과 왕권의 분리를 이론적으로 뒷받침하였다. 근대 초의 자연권 이론은 '양날의 칼'이었다. '모든 인간은 그가 인간이라는 이유만으로 누구로부터도 침해될 수 없는 권리를 가진다'는 생각은 한편으론 각각의 모든 인간에게 교황의 권한이 미칠 수 없는 신성불가침의 영역을 부여함으로써 교권 영역의 제한을 야기했다. 다른 한편으론 '그와 같은 권리는 자연적인 것이다'라는 주장은 비자연적-인위적 국가권력에게 자연권의 보호를 국가가 반드시 수행해야 하는 절대적 과제로서 부과하였다. 근대가 전개되어감에 따라 종교적 권한은 인간 삶의 영역에서 점차 영향력을 상실해간 반면 군주의 영향력은 더욱 증대하였으며 그 결과 자연권 이론이 가진 후자의 측면이 더욱 커다란 중요성을 가지게 되었다. 자연권 이론은 군주에게 자연권 보호의 권한을 독점적으로 부여하는 결과를 가져온 것이다. 다음 세대의 자연권 이론가들은 '권력 독점자로서의 국가의 부당한 권력 행사로부터 개인의 자연적 권리를 어떻게 보호할 것인가?'라는 새로운 문제와 싸우지 않을 수 없었는데, 왜냐하면 근대 질서가 공고화되어감에 따라 군주의 독점적 권한은 더욱 증폭되어 개인들 모두의 힘의 크기를 훨씬 뛰어넘는 위협적 존재가 되었기 때문이다. 국가와 개인 사이의 긴장 관계는 자연권 개념에서 출발하여 국가의 문제를 이해한 근대 자연권 이론으로선 피할 수 없는 운명이었으며 자연권 이론의 핵심에는 언제나 '자연적 권리를 가지고 있는 개인과 강제력을 독점하고 있는 국가, 이 양자의 관계를 어떻게 설정할 것인가?'의 문제가 놓여 있었다.[1]

근대 자연권 이론에 대한 비판 역시 그것의 성립과 함께 시작되었다. 실제의 행위로 옮기지 않는 한 누구나 이웃의 여인을 탐하는 마음을 가져도 된다는 생각은 상식적 불합리를 넘어서 인간의 도덕적 존엄성을 해치는 듯이 보였다. 또한 자신의 아내를 탐하는 이웃을 공동체의 이름으로 제재할 수 없는 한 여인의 남편에게 국가란 더 이상 존재할 이유가 없는 듯이 여겨지기도 했다. 그뿐만 아니라 국가가 실제적 불법행위를 처벌하고 가능적 합법 행위를 보장하는 강제 기제로만 이해되는 한 개인이 국가의 감시에서 벗어나 불법적 행위를 하는 것에 대해 비판할 아무런 이유가 없으며 그것은 오히려 훌륭한 세상살이로 권장될 만한 것으로 여겨지는 불합리 역시 피할 수 없는 귀결인 것처럼 보였다. 특히 공동체의 동질성을 강하게 가지고 있고 또 그것의 중요성을 확신하는 사람들에게는 그와 같은 불합리는 너무나 분명하게 여겨졌고 도저히 받아들일 수 없는 것으로 여겨졌다. 나는 국가권력의 감시가 미치지 않는 곳에서도 남의 여인을 마음에 두어서는 안 되었으며, 나의 살인 행위에 대한

---

1 여기서는 자연권 이론이 '자연권 이론 대 권리실증주의'라는 도식에 상응하여 이해되고 있다. 자연권 이론은 경험론적-자연주의적 자연권 이론(홉스, 로크)과 관념론적 자연권 이론(루소, 칸트, 피히테)으로 구분될 수 있다. 리델, 『헤겔의 사회철학』, 142쪽 이하 참조. 여기서는 이러한 세분화된 분류가 이용되지 않았다.

국가의 처벌 역시 단순한 물리적 보복이 아니라 도덕적 주체에 의해 행해지는 도덕적 행위로 받아들여질 수 있어야 했다. 그들은 인간의 내적 훌륭함으로서의 도덕과 인간 삶의 외적 영역을 규제하는 법/권리의 분리 및 권력 행사자로서의 공동체와 권리 담지자로서의 개인의 강제적 관계 등을 근대적 병리현상으로 받아들였다. 국가권력의 규제 아래에 있는 권리와 그렇지 않은 도덕적 훌륭함 사이의 분리는 철폐되어야 했고, 국가와 개인의 관계는 단순한 강제 관계가 아닌 보다 내적으로 긴밀한 유기적 관계로서 재건되어야 했다.

근대를 관통하고 있는 또 한 부류의 이론가들은 자연권 이론과는 구분되는 새로운 이론을 제시하고자 했다. 물론 그렇다고 해서 그들이 자연권 이전의 시대로 되돌아갈 수는 없었다. 근대의 성과인 자연권 개념을 함축하면서도 자연권 이론을 대체할 만한 구체적 이론이 새로운 대안으로 제시되기까지 많은 시간이 필요했다. "프랑스혁명이 소위 하룻밤 사이에 추상법[자연권 이론을 지칭함]에 실정적 효력을 부여"[2]한 후에도 몇 년의 시간이 더 지나야 했다. 그리고 이러한 새로운 이론에는 언제나 그것의 창시자로서든 아니면 그것의 완성자로서든 헤겔이란 이름이 함께 붙어다녔다.[3]

나는 이 글에서 '도덕성과 인륜성'의 문제를 논의하고자 한다. 모든 논의가 그렇듯이 '도덕성과 인륜성' 역시 자신만의 고유한 역사

---

2   위르겐 하버마스, 「정치에 있어서의 이론과 실천」; 平田淸明 편, 『사회사상사』, 190쪽에서 재인용.
3   제2차 세계대전 이후 자연권 이론의 부활은 19세기 말에서 20세기 초의 시대적 흐름이 반자연권 이론의 시기였음을 반증한다. 법실증주의 논쟁이 그 시기를 대표하는 징표였다면, 자유주의 논쟁은 오늘날의 이론적 상황을 대변하는 징표다.

를 가지고 있다. 논의의 단서는 헤겔의 칸트 비판을 통해 처음으로 마련되었다. 리터는 1969년 자신의 논문 「도덕성과 인륜성 — 칸트 윤리학에 대한 헤겔의 논박」에서 헤겔의 입장을 설득력 있게 재구성했을 뿐만 아니라 헤겔의 아리스토텔레스로의 복귀를 제시하는 데 성공했다. 1967년에 리델은 「헤겔의 자연법 비판」에서 이 주제에 관한 헤겔 사상의 발전사를 보여주었으며 나아가 어떤 점에서 헤겔 법철학이 다른 사상가들과 다른지를 보여주었다. 1981년의 헤겔학회는 '칸트인가 아니면 헤겔인가?(Kant oder Hegel?)'라는 이분법적 표현을 내세움으로써 당시의 연구 수준이 두 철학자의 단순 비교의 단계를 지났음을 천명했다. 또한 1986년 쿨만이 편집한 『도덕성과 인륜성』은 하버마스, 아펠 등 당대를 대표하는 이론가들이 이 논의에 참여하고 있음을 보여준다.[4] 최근에 국내에서 발표된 연구 성과로는 임홍빈의 「칸트의 도덕성 개념에 대한 헤겔의 비판은 과연 정당한가?」(1991)와 정미라의 「도덕성과 인륜성 — 헤겔의 법철학에 나타난 도덕성의 인륜성으로의 지양 문제」(1999) 등이 있다. 이와 같은 연구 성과를 토대로 하여 판단하건대 '도덕성과 인륜성'은 오늘날 칸트의 실천철학과 헤겔의 실천철학의 차이점을 나타내는 대표적 징표로 자리잡은 듯이 보인다.[5]

나는 이 글에서 '도덕성과 인륜성'을 제한적 방식으로 논의하고자 한다. 나는 헤겔의 칸트 비판의 구체적 내용들을 '실천철학에서

---

[4] Dieter Henrich (hrsg.), *Kant oder Hegel?*; Wolfgang Kuhlmann (hrsg.), *Moralität und Sittlichkeit* 참조.

[5] 임홍빈, 「칸트의 도덕성 개념에 대한 헤겔의 비판은 과연 정당한가?」: 164 참조.

의 인간에 대한 이해' 및 '실천적 공동체로서의 국가에 대한 이해'라는 두 측면에서 재구성한 후(2절, 3절), 헤겔 비판의 올바름 여부를 칸트 입장에서 재검토할 것이다(4절). 마지막의 논의는 개요적 차원에 머물게 되겠지만, 만일 그것이 긍정적 성과를 가진다면, '도덕성과 인륜성' 논의를 현시점에서 다시 제기하는 것이 어떤 의의를 가지는지가 제시될 것이며, 보다 발전된 논의를 위한 토대를 마련할 수 있게 될 것이다.

2. 도덕적 주체와 인륜적 주체

실천철학은 실천적 주체의 성격 규정에서 출발해야 한다. 사유하고 인식하는 존재자로서가 아니라 행위하고 의욕하는[6] 존재자로서의 인간을 우리는 실천적 주체라고 부를 수 있다. 그렇다면 우리는 실천적 주체라는 표상 아래에서 구체적으로 무엇을 이해하고 있는가? 실천적 주체는 일반적으로 말하자면 두 개의 핵심적 측면을 가지고 있는데, 의지와 이성이 그것이다. 가령 '갑이 A를 의욕한다'는 사실은 'A는 실천적으로 좋은 것이라고 갑은 생각한다'는 사실을 함축한다. 역으로 말해서 갑이 A를 좋은 것으로 생각하는 경우에만 갑은 A를 의욕하며, A의 좋음에 대한 지식이 선행하지 않는 한 갑이 A를 의욕한다는 (내적-실천적) 행위는 성립하지 않는다. 실천적

---

6 '의욕하다'는 '(I) will'의 번역어이다. 적당한 번역어를 찾지 못하여 우리말 어법에는 맞지 않지만 이 책에서는 '의욕하다'로 표기한다.

주체는 의지와 이성의 두 능력을 가지고 있으며 그의 의지와 지식 사이엔 이와 같은 상호연계성이 반드시 존재한다.[7]

실천적 존재자로서의 인간의 모습을 우리는 편의상 칸트의 경우엔 '도덕적 주체(moralisches Subjekt)'로 표현하고 반면에 헤겔의 경우엔 '인륜적 주체(sittliches Subjekt)'로 표현하도록 하자. '실천적 주체(praktisches Subjekt)'는 칸트와 헤겔 어느 쪽도 지시하지 않는 중립적 표현이다.

칸트가 이해하고 있는 도덕적 주체는 어떤 모습을 가지고 있을까? 칸트는 도덕으로부터 모든 경험적 요소를 제거하였으며 인간의 의지로부터 모든 외적, 경험적 요인을 제거하였다. 그렇게 하여 칸트는 자신의 규정을 위해 이성 이외에 아무것도 필요로 하지 않는 의지의 개념을 도출하였고 그러한 의지에 순수한 의지라는 이름을 부여했다. 순수이성에 의해 규정되고 또 규정될 수 있는 의지, 그것이 가지는 또 다른 이름이 자유의지였으며, 자유란 이때 자기 입법의 능력, 즉 자율을 의미했다. 도덕적 주체는 곧 자율적 주체였다. 도덕적 주체를 위한 최상의 규칙은 "순수 실천이성의 근본 법칙"이며, 이 법칙은 '행위자의 주관적 행위 규칙은 객관적 보편 법칙에 합치해야 한다'는 일반화 가능성을 자신의 유일한 내용으로 가지고 있다.[8] 이 도덕법칙은 앞서 우리가 '의지-지식-연계성'이라고 부른 것이 도덕적 주체의 행위 원리임을 보여준다. 도덕적 주체는 하나의 행위 A가 나에게 좋은 행위, 즉 주관적으로 선한 행위임을 확인

---

[7] 아리스토텔레스, 『니코마코스 윤리학』, 제1권 제1장 1094a; Georg Hegel, *Jener Systementwurf III*, 214f.; 정미라, 「도덕성과 인륜성」: 56 참조.

[8] 칸트, 『실천이성비판』, 33쪽 참조.

하는 것에 머무르지 않고 A가 모든 사람에게 좋은 행위, 즉 객관적으로도 선한 행위임을 확인하고자 한다. 즉 도덕적 주체는 A의 보편성 역시 의욕하며 A의 보편성에 대한 지식을 확보하고자 하는 것이다.

헤겔이 칸트의 도덕적-자율적 주체 개념을 높이 평가한 것에는 의심의 여지가 없지만[9] 그러나 헤겔은 칸트의 도덕적 주체 개념에서 그것의 일면성을 발견했다. 칸트는 실질적 경험 연관을 전적으로 배제한 후 도덕적 주체 개념을 확보했으나, 헤겔은 그것을 "인간의 상호주관성에 대한 철저한 반성을 결여"[10]한 공허한 개념으로만 여겼다. 헤겔에게 도덕적 주체가 가지는 한계는 분명했다. 도덕적 주체가 이해하는 도덕적 선은 "… 당위적 의무 이외의 다른 어떤 규정도 함유하고 있지 않으며 의무 또한 어떠한 구체적인 내용도 지니고 있지 않은 공허하고 추상적인 것일 뿐"[11]이어서 그것은 실질적 행위 연관 안에 있는 실천적 주체에게 아무런 도움도 되지 않는 무력한 것일 뿐이다. 또한 도덕적 주체가 의욕하는 것, 즉 자신

---

9 근대 사상가들에게 도덕적-자율적 주체 개념은 "근대를 전근대로부터 구분 짓는 핵심적 이념"이며, 행위자의 자유의지는 도덕의 지평이 열릴 수 있는 최초의 단계며 동시에 최후의 보루였다. 자율적 주체의 개념은 "칸트의 실천철학에서 이론적인 완결을 이룬다고 할 수 있는 개별자의 절대적 자유에 근거한 도덕성의 이념"과 다름없다. 칸트의 도덕적 주체 개념은 칸트 이후 모든 철학자에게 그러했듯이 헤겔에게도 역시 긍정적으로 받아들여졌다. 헤겔은 "의지의 자기규정" 내지는 "주관적, 도덕적 자유"를 근대의 위대한 발견으로 간주했으며, 이 발견물을 포함하지 않는 도덕철학은 더 이상 가능하지 않다고 확신했다(정미라, 「도덕성과 인륜성」: 55; Georg Hegel, *Rechtsphilosophie*, §107; Georg Hegel, *Enzyklodaedie*, §503).
10 임홍빈, 「칸트의 도덕성 개념에 대한 헤겔의 비판은 과연 정당한가?」: 175.
11 정미라, 「도덕성과 인륜성」: 59.

의 주관적 선 개념이 객관적 타당성을 가질 수 있기를 의욕하는 것 역시 단순히 "자기 자신에 대한 무한한 형식적 확실성"[12]에 머물 뿐이어서 타자와의 연관성으로까지 확장될 가능성을 가질 수 없었고 그 결과 그것의 실현 가능성은 전적으로 우연에 맡겨지게 될 뿐이다. 헤겔은 칸트가 자신의 실천철학 전체를 실천적 주체에 관한 잘못된 개념 위에 세웠다고 생각했으며[13] 따라서 그는 "살아 있는 전인적인 인간을 고려하지 않고 오히려 인간의 참된 삶을 윤리학으로부터 배제해버린 채 삶을 소외된[낯선] 계율에 예속"[14]시켜버린 칸트의 실천철학을 결코 받아들일 수 없었다.

"… 행위와 삶에 관련된 조건들을 모두 실천철학의 체계 안에 반영하고 포함시킴으로써 행위규범들의 구체적 현실성을 중시하는 이론적 태도"[15]를 가지고 있던 헤겔로서는 삶의 구체적 연관으로부터 유리된 인간은 더 이상 실천적 주체의 자격을 가지지 못하는 것으로 생각할 수밖에 없었다. 왜냐하면 헤겔은 '실천적 주체는 그가 행위자인 한 자신의 행위에 의해 어떤 형태로든 타자와 관련을 맺게 되며 이러한 타자 연관성이 행위자를 진정한 의미에서 실천적 존재자로 만드는 요소'라고 생각했기 때문이다. 결국 헤겔이 이해한 실천적 주체는 칸트의 도덕적 주체와는 전혀 다른 모습을 가지게 되었다.

---

[12] Hegel, *Rechtsphilosophie*, §137.
[13] 임홍빈, 「칸트의 도덕성 개념에 대한 헤겔의 비판은 과연 정당한가?」: 165, 171-173 참조.
[14] G. 루카치, 『청년 헤겔 1』, 233쪽.
[15] 임홍빈, 「칸트의 도덕성 개념에 대한 헤겔의 비판은 과연 정당한가?」: 165.

헤겔이 제시하고 있는 인륜적 주체는 상호주관적 행위 연관 안에서 이해된 실천적 주체이며, 그것의 구체적 모습은 의지-지식-연계성의 측면에서 어려움 없이 확인될 수 있다. 하나의 행위를 결정할 때 그리고 하나의 행위를 좋은 행위로 판정할 때 인륜적 주체는 타자의 의지와 타인의 선에 대한 지식으로 향(向)하며, 타인의 의지와 타인의 지식을 자신의 행위와 지식 형성의 전제조건으로 받아들인다. 인륜적 주체는 'A는 좋은 것이다'라는 자신의 판단과 의욕이 타자에 의해 받아들여지는지를 알고자 하며 받아들여지기를 의욕한다. 인륜적 주체로서의 갑이 'A는 좋은 행위다'라고 생각하고 A를 의욕하는 경우, 갑의 판단과 의욕은 이미 타자의 A에 대한 생각과 의욕에 대한 고려를 함축하고 있으며, 자신과 타자 모두에 공통되는 '의욕과 지식', 즉 그들 사이에 보편적인 것으로 받아들여지는 '의욕과 지식'에 대한 고려가 이미 함축되어 있다. 그러므로 인륜적 주체는 타자와의 관계 안에 '언제나 이미' 존재하며 그리고 오직 그런 것으로서만 자신을 발견하는 주체, 즉 상호주관적 주체다.[16]

이러한 상호주관적-인륜적 주체는 비(非)상호주관적-도덕적 주

---

[16] "··· 헤겔의 칸트에 대한 비판의 핵심은 칸트의 도덕철학이 인간의 상호주관성에 대한 철저한 반성을 결여하고 있다는 데 놓여 있다." "··· 헤겔의 경우 자아의식은 철저하게 타자와의 관계에 의해 매개된 자기 관계"이다(임홍빈, 「칸트의 도덕성 개념에 대한 헤겔의 비판은 과연 정당한가?」: 175 참조). 만일 우리가 인륜적 주체를 '자신을 타자와의 관계 안에서 발견하는 상호주관적 주체'로만 이해한다면 우리는 분명 헤겔의 의도에 부합하지 못하게 될 것이다. 상호주관성은 인륜적 주체가 존재하는 장소(topos)를 지칭할 뿐만 아니라 행위자의 적극적 측면, 즉 '행위를 통해 매 순간 타자와의 관계를 창출한다'는 측면을 지시한다. 이것이 인륜적 주체의 참모습일 것이지만, 이 점은 이 글에서 다루어지지 않았다. Hegel, *Jener Systementwurf III*, 214f. 참조.

체와는 분명 다르다. 만일 갑이 자신이 생각하는 좋음과 다른 모든 사람이 생각하는 좋음이 일치하지 않는다고 생각하면서도 여전히 A를 좋다고 생각하고 행위한다면, 갑은 상호주관적 행위자, 즉 인륜적 주체가 아닐 것이다. 갑이 진정한 의미의 인륜적 주체로서 행위하는 한 행위자의 선한 행위와 선의 개념은 타인들의 그것과 일치할 수 있을 뿐만 아니라, 원칙적으로 말하자면 반드시 일치하게 된다. 즉 인륜적 주체인 갑이 'A는 좋은 것이다'라고 생각하고 행위한다는 사실은 다른 모든 타자 역시 'A는 좋은 것이다'라고 생각하고 행위한다는 사실을 함축한다. 그러므로 도덕적 주체가 자신에 의해 좋은 행위로 의욕되고 인식된 행위가 다른 모든 사람에 의해서도 역시 좋은 행위로 의욕되고 인식되기를 의욕 내지는 기대하고 또 그러한 주관적 의욕과 기대에 그칠 수밖에 없는 반면에, 인륜적 주체는 그와 같은 인식과 의욕의 보편성을 자신 안에 이미 확보하고 있다. 인륜적 주체는 주관적-개별적 선이 객관적-보편적 선과 합치하기를 단지 의욕하기만 할 뿐 자신의 의욕을 현실화시키는 능력을 갖지 못한 무력한 존재가 아닌 것이다.

도덕적 주체 개념과 인륜적 주체 개념의 차이는 '도덕성과 인륜성'의 대비적 표현의 한 부분이지만, 이러한 차이가 하나의 도덕철학적 개념에 대한 두 철학자의 상이한 견해를 표현하고 있는 것만은 아니다. 오히려 '도덕성과 인륜성'은 도덕철학에 대한 칸트와 헤겔의 기본 입장의 상이성을 지시하고 있다. 즉 "칸트와는 대조적으로 헤겔은 이성적인 주체들의 상호작용으로서의 현실상의 행위의 차원에 주목한다. 즉 [주관적] 자기의식과 행위의 객관성이 분리된 순수한 실천이성이 아닌, 행위에 의해서 구현되는 자유의지가 …

보다 상위의 도덕적인 관점을 대변한다는 것이다."[17] 도덕의 문제를 논의할 때 처음으로 제기되는 도덕적 주체의 개념 규정 문제는 그 자체 도덕철학적 입장의 선택에 의해 조건 지어져 있는 셈이며, '도덕성과 인륜성'은 칸트와 헤겔이 실천철학의 출발점에서부터 서로 전혀 다르다는 사실을 표시하고 있는 것이다.

3. 도덕적 국가와 인륜적 국가

실천적 주체가 인륜적 주체로 이해되는 경우 주체들 사이의 관계를 규제하는 실천적 규범 역시 그에 상응하여 특징지어질 것이다. 칸트는 "… 구체적인 행위와 관련된 경험적 조건들이나 삶의 형식, 제도 등에 대한 고려를 일차적인 사유의 대상에서 일단 제외"시키는 방법적 접근을 통해 최상의 실천적 규범을 확보했지만 이와 같은 방향의 이론적 입장은 헤겔에겐 처음부터 가능하지 않았다. 왜냐하면 헤겔의 인륜적 주체는 "삶의 인륜적인 조건들"[18]에서 유리됨과 동시에 더 이상 실천적 주체로서 존재하지 않기 때문이다. 헤겔에게는 실천적 주체들의 규범들 역시 '인륜적' 규범이어야 했으며, 인륜적 주체가 존재하는 장인 상호주관적 관계 안에서 찾아져

---

[17] 임홍빈, 「칸트의 도덕성 개념에 대한 헤겔의 비판은 과연 정당한가?」: 175. 인용문은 다음과 같이 계속된다. "[칸트적인 의미에서의] 절대적인 선은 객관성이 결여될 경우 당위성으로 머무른다는 그의 견해는 결국 도덕성에 대한 단순한 부정이 아니라, 도덕성을 실현해야 한다는 당위성이 도덕성의 근거를 구성하는 자유의지와 자율성의 구조에 내재한다는 것이다."

[18] 임홍빈, 「칸트의 도덕성 개념에 대한 헤겔의 비판은 과연 정당한가?」: 165.

야 했다.

앞서 보았듯이 만일 좋음에 관한 자신의 판단과 의욕을 타자로부터 인정받고자 하는 것이 인륜적 주체의 참된 모습이라면, 인륜적 주체들 사이의 상호적 관계는 통상적 의미의 권리주체들(Rechtssubjekt) 사이의 상호적 관계의 모습을 가지게 되며, 인륜적 주체는 통상적 의미의 권리주체의 모습을 가지게 될 것이다. 왜냐하면 권리란 개념은 상호주관적 관계를 떠나서는 성립하지 않으며 또한 권리주체란 칸트의 도덕적 주체가 때로 의무 이행자의 모습을 가지는 것과는 달리 언제나 무엇인가를 의욕하며 타자에 대해 무엇인가를 요구하고 자신의 욕구가 타자에 의해 받아들여지기를, 즉 인정되기를 의욕하는 모습을 가지기 때문이다. 이에 상응하여 인륜적 주체들의 상호적 관계를 규제하는 규범은 우선적으로 권리관계를 규제하는 규범일 것이며, 인륜적 주체는 우선적으로 그와 같은 법칙의 규제 아래 있는 주체, 즉 권리주체로서 등장할 것이다.[19]

권리주체들 사이의 관계를 규제하는 규범을 우리는 권리 법칙(Rechtsgesetz)이라고 부르는데, 이것은 윤리적 법칙과는 본질적으로 구분되는 차이점을 가지고 있다. 부당하게 사람을 죽인 자에게 우리는 윤리적 비난뿐만 아니라 공동체의 이름으로 강제적 처벌을 가할 수

---

[19] 헤겔의 객관적 정신은 '법 → 도덕성 → 인륜성'의 순서로 등장한다. 이 순서에 따르면 실천적 주체는 '권리주체 → 도덕적 주체 → 인륜적 주체' 등의 순서로 자신을 전개해갈 것이다. 권리주체가 객관적 정신의 최초 단계라는 사실은 실천적 주체의 본성을 '지식'과 '의지'로 이해하기 때문인 것으로 보이며, 인륜적 주체가 상호 인정의 주체/객체라는 사실 역시 같은 이유 때문인 것으로 보인다. 반면에 칸트에게서 실천적 주체는 먼저 '도덕적 주체'로, 그다음에 '권리주체'로 나타난다.

있지만, 이와는 달리 이웃의 여인을 탐하는 마음을 가진 사람에게 윤리적 비난을 넘어서 그 이상의 것을 가할 수 있는지의 여부는 분명하지 않다. 과연 그의 행위가 여인의 남편의 권리를 침해한 것인지는 논란의 여지가 있기 때문이다. 이러한 논란의 여지, 즉 권리 규정상의 불일치의 예방/제거를 위해선 반드시 어떤 행위가 타인의 권리를 침해했는지 아닌지의 여부, 그리하여 그 행위가 공동체에 의해 처벌되어야 하는 행위인지 아닌지의 여부가 언제나 관련 당사자들 모두가 접근할 수 있는 방식으로 규정되어 있어야 하며 모든 사람이 합의할 수 있는 방식으로 규정되어 있어야 한다. 즉 권리 법칙은 윤리 법칙과는 달리 반드시 공적으로(öffentlich) 규정되어야 한다.

일반적으로 말하자면 공적 법칙으로서의 권리 법칙을 이해하는 방식으로는 두 가지 상이한 가능성이 있다.[20] 첫째는 경험론적 자연권 이론가들이 가지고 있는 전진적(progressiv) 이해 방식이다. 이들에 따르면 권리 공동체를 규제하는 규범들은 권리주체들이 상호 합의하여 만들어낸 산물이며, 권리 법칙들의 존재와 타당성은 오직 상호적 합의에 기초할 뿐이다. 둘째는 관념론적 자연권 이론가들이 가지고 있는 후진적-소급적(regressiv) 이해 방식이다. 이들은 권리 법칙을 각인이 권리주체로 자격화되기 위한 전제조건(칸트적 표현을 따르자면 가능성의 조건들)으로 이해하며, 권리 법칙이란 사람들의 상호관계를 권리관계라고 하는 특수한 관계로 특정화시키는 조건들로 생각한다.[21]

---

20 리델, 『헤겔의 사회철학』, 107-143쪽 참조.
21 후자를 행위자의 관점에서 다시 표현하자면 강제 법칙이란 한 행위자가 타자에 의해 권리주체로 인정되기 위해 지켜야 하는 규범들이며 타자로부터의 인

경험론적 자연권 이론가들의 입장에 따르면 국가 법칙은 개체들이 공동으로 원하는 것을 공동으로 규정하고 있는 명제이며, 국가권력은 규정된 사항을 공동으로 실현하는 강제적 물리력이며, 국가는 개별적-단독적 개체들이 상호 합의를 통해 공동으로 만들어낸 산물이다. 국가권력에 복종하고 국가 법칙을 준수하는 것은 자신이 동의한 사항을 준수하는 것, 즉 계약이행 의무를 수행하는 것이다. 이와 같은 입장에선 국가가 다음과 같이 이해될 가능성이 존재한다. 가령 계약에 어긋나게 행위하는 자, 즉 국가 법칙을 위반하고 합의 사항에 어긋나는 방식으로 자신의 이익을 도모하고자 하는 자에게 국가는 자신이 원하는 것을 하지 못하도록 강제하고 자신의 행위를 강제로 처벌하는 강제 기제(Zwangsmechanism)와 다름없다. 계약에 상응하게 행위하는 자, 즉 국가 법칙에 따라 행위하는 자 역시 국가를 자신의 목적 도달을 효과적으로 또는 최소한 안정적으로 수행하기 위해 필요한 한갓 수단(Mittel) 정도로 여길 뿐이다.[22]

관념론적 자연권 이론가들의 입장에 따르면 국가 안에서의 상호관계는 국가 이전 상태(자연상태)에서의 상호관계와 본질적으로 다를 바 없으며, 국가법은 자연상태에서의 규범을 공적-제도적으로 명시화한 것에 불과하며, 국가는 자연적 상호관계의 총체를 하나의

정을 의욕하는 사람에 의해 충족되어야 하는 전제조건들이다. 그러므로 이러한 인정 획득의 조건들은 그것의 본성상 반드시 관계 당사자 모두에게 알려져 있어야 하며 그들 모두에게 타당한 것으로서 기능하고 있어야 한다. 그것들은 상호주관적 특성, 즉 공공성과 효력성을 모두 가지고 있어야 한다.

[22] 홉스는 자연권을 생존 수단의 사용 권한으로 생각하였으며, 권리주체를 자유 존재가 아닌 자연적 본성을 가진 존재로 이해하였다. 따라서 홉스의 국가는 강제 기제이거나 욕구 충족의 수단 이상의 특성을 가질 수 없었다.

단일성의 형태로 표시한 것과 다름없다. 권리주체는 국가 안에서나 국가 이전에서나 타자와의 연관 속에 존재하며, 그의 상호주관적 존재 방식은 조금도 변화하지 않는다. 국가 법칙은 나와 타자 사이의 관계 방식, 따라서 나의 입장에서 보면 내가 권리주체로서 존재하기 위해 반드시 준수해야 한다고 생각/인정한 규범일 뿐이다. 따라서 만일 내가 국가법을 준수하는 경우 나는 내가 나 자신에게 부과한 규범을 준수하는 것이며, 국가 법칙을 위반한 나에게 행해지는 국가의 강제력은 나에 의해 권리주체로 인정된 타자의 강제력을 대행하는 것일 뿐만 아니라 그것은 나에 의해 인정된 강제력, 즉 나의 자기 강제인 것이다.

권리 법칙이 국가법을 지시하는 경우,[23] 권리 법칙에 의해 규제되는 권리 공동체란 곧 국가와 다름없다. 국가와 권리주체의 관계는 전체와 부분의 관계에 비유될 수 있는데, 전체로서의 국가와 부분으로서의 개인 사이의 관계를 어떻게 이해하는가의 문제에서 다시 '도덕성과 인륜성'의 대비적 입장이 등장한다.

단순화의 위험을 무릅쓰고 말하자면 헤겔은 관념론적 자연권 이론가에 속한다. 헤겔에게는 국가가 단지 강제 장치 내지는 권력 독점자의 위치만을 가질 수는 없었으며, 국가 공동체와 공동체의 구성원은 강제력을 매개로 상호관계를 맺어서는 안 되었다. 권리주체

---

[23] 국가권력이 존재하지 않는 곳에서도 인간은 권리주체의 자격을 가지는가? 자연상태에서도 권리 법칙은 '법칙으로서' 존재하는가? 이러한 문제들이 법실증주의 논쟁의 핵심에 있었다. 자연권 이론가들은 긍정적 답변을, 권리실증주의자들은 부정적 답변을 제시했다. 이곳의 논의에서는 그와 같은 입장 차이를 고려하지 않았다.

로서의 개인들은 국가 공동체에게, 루소의 표현을 빌려 말하자면, "자신의 모든 권리와 함께 자기 자신을 공동체 전체에 양도"하되, 권력 독점자로서의 국가 공동체는 구성원들로 하여금 "자기가 상실한[양도한] 모든 것과 동등한 가치의 것을 얻을 수 있도록"[24] 해주어야 했다. 인륜적 국가는 권리주체들을 자신의 부분들로 가질 뿐만 아니라 각 부분들과 유기적 관계를 가져야 하며, 설사 국가가 강제 기제로 작용하는 경우라 할지라도 그것은 개별자의 자유에 의거한 강제, 즉 자유로운 자기 강제여야 하며 국가는 오직 자유의 체계로서만 자신의 참모습을 가질 수 있었다.[25]

인륜적 국가 안에서의 인륜적 주체는 권리주체로서의 모습, 즉 개체로서의 자유와 상호주관적 의존성(상호인정)을 모두 가지고 있어야 한다. 인륜적 주체에게 국가 법칙은 자신이 스스로에게 부과한 법칙일 뿐만 아니라 (이 점에선 자연권 이론가도 마찬가지다) 타자와의 관계를 맺는 방식으로서 자신이 선택/인정한 규범이다. 인륜적 주체가 가령 자신의 불법적 이익 추구를 포기하고 이익 손실을 감내하면서도 국가법을 준수하는 경우 그러한 행위는 인륜적 주체가 인륜적 주체로 살아가는 하나의 방식인 것이지 외적 (타자에서 유래하는) 강제력에의 비자발적 복종인 것이 아니다. 자신의 이익을 희생하면서까지 합리적-객관적 규범을 따르는 행위를 우리는 실천적 의미의

---

24 루소, 『사회계약론』, 26쪽.
25 리델, 『헤겔의 사회철학』, 140 쪽 참조. "헤겔에게서 … 개인의 존재와의 관계에서 국가의 현존재가 지니는 필연성은 개별자가 국가 안에 살아야 하는 것이 본성의 법칙이라는 것을 뜻하지 않는다. 오히려 국가의 필연성은 자유가 갖는 법칙에 근거하고 있다."

훌륭함(덕)이라고 부르는데, 이러한 인륜적 주체의 유덕한 행위는 그 것의 외연에서 국가권력의 규제를 받는 행위와 달라야 할 이유가 없다. 가령 이웃의 여인을 탐하는 마음을 가지는 것 자체가 부덕한 행위로 간주되고 공동체에 의해 처벌되어야 하는 행위로 간주되는 그와 같은 국가 안에서 살고 있는 사람은, 그가 인륜적 주체인 한, 그러한 마음을 가지지 않는 자신을 도덕적으로 훌륭한 사람으로 여기며 국가의 감시가 없는 곳에서도 마음을 깨끗하게 갖고자 할 뿐만 아니라 그러한 마음을 가진 사람을 국가가 처벌하는 것에 전적으로 동의할 것이다. 반면에 이웃의 여인을 탐하는 것은 비록 그 자체로 부덕한 것이기는 하되 그것이 실제적 행동으로 나타나지 않는 한 국가에 의해 처벌될 수 없다고 생각하는 사람들로 구성된 공동체에서 살고 있는 사람은 그가 인륜적 주체인 한 어느 곳에서라도 탐심을 갖지 않고자 노력할 것이며, 나아가 국가가 탐욕을 가진 사람을 처벌하는 것에 이의를 제기할 것이다. 간단히 말해서 인륜적 국가가 관할해야 할 삶의 영역과 인륜적 주체가 몸담고 있어야 할 삶의 영역은 일치하며 국가 강제력에 의해 규제되는 권리의 영역과 개인의 자발성에 의해 유지되는 덕의 영역은 분리되지 않는다.[26]

칸트는, 헤겔이 이해한 것에 국한하여 말하자면, 경험론적 자연권 이론가에 속한다. 칸트에게선 국가는 강제를 행사하는 주체로만 이해되며 국가의 강제는 권리주체의 [불법적] 행위를 제한하는 외적-낯선 힘으로만 이해된다. 공동체와 구성원은 단지 강제력에 의해서

---

26 Joachim Ritter, "Moralitaet und Sittlichkeit", p. 309 참조. "윤리학과 정치학을 다함께 포괄하는 실천철학을 받아들임과 함께 헤겔은 덕과 법의 칸트적 분리를 철회시켜버렸다."

만 연결되며 공동체 구성원들 사이 역시 마찬가지다.[27] 도덕적 주체가 상호주관성의 맥락을 가지고 있지 않듯이 칸트에게선, 헤겔이 이해한 것에 따르면, 국가 공동체의 구성원으로서의 권리주체 역시 타자와의 관계가 추상된 상태로 살아간다. 도덕적 주체가 자신의 행위가 도덕적 행위인가를 스스로 결정하고 행위해야만 하는 "고독하고 개별적이며 특수한 주체"[28]였듯이 칸트의 권리주체는 자신의 행위의 합법성 여부를 스스로의 판단에 의지하여 결정한다. 도덕적 주체가 자신의 도덕적 행위를 "의무가 명하는 것을 혐오감을 가지고"[29] 행하는 것처럼 칸트가 생각하는 권리주체는 공동체가 명령하는 의무를 억지로 강제적으로 행할 뿐이다. 국가의 강제가 미치지 않는 곳에서도 여전히 권리주체로 살아갈 것인가의 여부는 전적으로 각인의 자의적, 우연적 선택에 달려 있을 뿐이며, 아마도 국가 구성원들은 국가의 강제력이 사라짐과 함께 모래알처럼 흩어지거나 아니면 이리가 되어 서로 물어뜯을 것이다.

칸트에게선 헤겔이 이해한 것에 따르면 국가가 규제하는 합법성의 행위 영역과 개인의 판정에 배타적으로 맡겨지는 도덕적 행위의 영역이 서로 일치하지 않는다. 이웃의 여인에게 사랑을 고백하는

27 헤겔의 '추상법 비판'이 칸트의 국가 이론을 염두에 두고 있는지는 확인되지 않는다. 아마도 추측하건대 그렇지 않을 것이다. 하지만 '인륜성 개념에 의거하여 도덕성 개념을 비판하는' 논의의 연장선 위에서 칸트의 국가를 이해한다면 칸트는 분명 경험론적 자연권 이론가의 계열에 속할 것이다. 칸트의 법철학을 헤겔은 충분히 검토하지 않았으며, 칸트의 국가가 루소의 국가를 모델로 하여 설계되었음을 헤겔은 올바로 깨닫지 못했다.
28 정미라, 「도덕성과 인륜성」: 61.
29 Hegel, *Rechtsphilosophie*, §124, Anmerkung.

하나의 동일한 행위에 대해 국가는 남편의 권리를 침해한 불법적 행위로 판정하지만, 그 남편은 그 행위를 인간의 자연적 감정으로 받아들여 법적으로는 물론이고 윤리적으로조차 비난할 수 없다고 생각할 수 있다. 또는 반대로 남편이 국가에게 그의 행위를 처벌 내지는 금지시켜줄 것을 요구하는 경우 국가는 그의 행위는 국가권력에 의해 규제되어야 하는 것이 아니라는 이유로 남편의 요구를 무시할 수도 있다. 아마도 후자의 경우가 칸트가 생각하는 국가의 모습에 가까울 것이다. 이웃의 여인에게 향하는 마음을 억제하고 그녀에게 자신의 마음을 내비치지 않는다면 그는 자신의 감정적 충동을 누르고 이성에 따라 행위하는 유덕한 사람이지만, 설사 그가 사랑을 고백하는 부덕한 행위를 했다고 할지라도, 국가가 그의 행위의 합법성 여부를 판정할 이유는 없는 것이다. 왜냐하면 국가는 인간 삶의 영역에서 지극히 작은 일부분만을 규제하며 국가의 강제는 공적으로 판정할 수 없는 요소들, 가령 행위의 내적 동기 등에까지는 미칠 수 없기 때문이다. 칸트에 따르면 권리주체가 살고 있는 세계와 도덕적 주체가 살고 있는 세계는, 지극히 작은 일부를 제외하면, 서로 겹치는 부분을 갖지 않는 전혀 다른 두 개의 세계이며, 국가는 그중 하나만을 규제하고 나머지 하나는 자신의 규제 영역 밖에 있는 것으로 간주한다. 칸트의 국가는 각인이 국가권력이 미치지 않는 곳에서도 유덕한 존재자, 즉 도덕적 주체로 살아갈 것인가의 여부를 전적으로 각인의 선택에 위임한다. 국가는 자신의 시민에게 합법적 존재자이기를 강제할 수 있지만 도덕적 존재자이기를 강제할 수는 없다.

헤겔이 보기에 칸트적 국가는 더 이상 자유 공동체가 아니며, 칸트적 권리주체는 더 이상 자유 존재자가 아니다. 헤겔이 보기에 칸트의 도덕적 주체는 칸트의 국가 안에선 더 이상 도덕적 주체로서 살아갈 수 있는 가능성을 가지지 못했다. 헤겔은 칸트의 도덕성 개념의 비판을 통해 칸트적 국가를 명시적으로 비판하고 새로운 대안을 제시했다. 헤겔의 인륜적 국가는 칸트의 도덕적 국가와는 전혀 다른 모습을 가지고 있으며, 인륜적 국가의 구성원과 도덕적 국가의 구성원은 전혀 다른 모습을 가지고 있다. 그러므로 '도덕성과 인륜성'은 실천적 주체들의 공동적 삶의 모습에 대한 전혀 상이한 두 가지 이론적 입장을 대변하고 있는 셈이다.

4. 실천철학의 세분화된 접근방식의 필요성

지난 이론들에 대한 재검토가 이론가들의 지적 유희에 불과한 것은 물론 아니다. '도덕성과 인륜성'에 대한 비판적 검토 역시 마찬가지다. 지난 수십 년 동안 많은 이론가가 헤겔의 칸트 비판에 다시 주의를 기울이고 있는 것은 오늘날 우리가 풀어야 할 문제들에 대한 대답의 실마리가 그곳에서 발견될 수 있으리라는 기대 때문이다. 실천적 주체로서의 인간을 어떻게 이해해야 하는가? 인간들 사이의 상호관계를 규제하는 규범을 어떻게 이해해야 하는가? 인간 삶의 한 장(場)으로 자리잡은 국가를 어떻게 이해해야 하는가? 근대 초의 사상가들이 제기했던 이러한 물음들은 근대적 질서가 발전되어오면서 끊임없이 대두되어왔으며 오늘날에도 여전히 우리의 대답을 요구하고 있다. 그러한 대답을 찾고자 하는 시도 중의 하나가

'도덕성과 인륜성'에 대한 비판적 접근일 것이다.

정미라는 1999년의 논문에서 '도덕성과 인륜성'을 "헤겔 법철학에 나타난 도덕성의 인륜성으로의 지양 문제"[30]라는 명확한 시각에서 접근함으로써 이 논의에 포함되어 있는 의의를 분명하게 드러내는 데 성공하고 있다. "… 인륜적인 것은 인륜적인 제도와 법규들이 인간에게 단순히 외면적인 것이 아니라 자유로운 존재로서의 인간의 개념에 내재해 있다는 것을 의미한다. 자연법학자들이 일반적으로 주장하는 것처럼 인륜적 제도들이 개별자들의 계약을 통해 인위적으로 만들어진 것이 아니라 그것들은 사회적 존재, 즉 공동체적 존재인 인간의 본성에 내재해 있는 것이다. 헤겔에 의하면 이러한 제도들은 인간이 지니고 있는 보편성의 능력이 외화된 것에 지나지 않는다." "따라서 [헤겔이 칸트의] 도덕성의 서술을 통해 비판하고자 한 것은 도덕성의 전 영역이 아닌, 무엇보다도 자신의 내면성 속에서 자신을 절대적으로 이해하는 추상적 주체에 근거함으로써 객관성을 결여할 수밖에 없는 도덕성에 근본적으로 내재한 주관주의다. … 도덕적 주체의 이러한 주관주의는 자신이 절대적인 것으로 정립됨을 통해 자신의 자유의 실현 자체를 불가능하게 만든다. 헤겔의 도덕성의 인륜성으로의 지양은 따라서 도덕성이 근거하고 있는 주관적인 자유에 객관성을 부여함으로써 이러한 자유가 진정으로 현실성을 갖게 한 것이며 그런 한에서 헤겔은 여전히 계몽의 전통에 속해 있는 철학자인 것이다."[31]

30 정미라, 「도덕성과 인륜성」: 53, 제목.
31 정미라, 「도덕성과 인륜성」: 66-67, 69-70. "… 한 개인이 다른 개인들과 공동체를 형성하는 것은 개인의 참된 자유에 대한 제한이 아니라 오히려 자유의

헤겔을 '계몽의 전통에 속해 있는 철학자'로 이해하는 것은 '도덕성과 인륜성' 내지는 '칸트와 헤겔'을 하나의 연속성 위에서 파악하고자 하는 시도며 이러한 시도는 비록 명시적으로는 아닐지 모르지만 전자로부터 후자로의 발전이라는 평가를 함축하는 듯한 인상을 보여주고 있다. 이러한 평가는 임홍빈의 1991년 논문에서도 볼 수 있다. "… 그[헤겔]는 칸트가 자기의식의 자율성을 실천이성의 원칙으로 설정한 것은 근세철학사의 발전에서 중요한 계기가 되었다고 인정한다. 그럼에도 불구하고 이 도덕성의 규정들로 간주되는 개인의 양심, 자기반성, 의무 등의 개념들은 거시적이며 제도적으로 형성된 삶의 질서와 실체들에 의해서 비로소 실현된다는 것이다. 그러므로 개인적인 도덕성의 목표인 '선'과 같은 추상적인 개념은 인륜적인 실체에 의해 구체적인 객관성으로 구현될 때 의미를 확보한다는 [것이 헤겔의] 주장이다." "… 헤겔의 인륜성의 개념과 도덕성의 인륜성으로의 지양은 … 계몽주의의 일면성, 주관적인 이성의 지배적인 위상에 대한 반성에서 출발함을 알 수 있다. 도덕성의 인륜성으로의 지양은 결국 도덕성의 위상을 사회적이며 정치 경제적인 연관 구조하에서 파악하려는 그의 체계적이며 관계론적인 사유에 근거한다." '체계적이며 관계론적 사유'를 통해서 '도덕성과 인륜성'의 문제, 특히 국가와 개인의 문제를 이해하면 "… [개인의] 자유의 실현은 … 도덕성의 주체가 새로운 인륜성의 단계에서 자기 자신을 발견하고, 보편자로서의 국가의 이해나 이익이 개인적인 개별성 및 특수성에 의해서 그 권리가 인정될 때 가능"하며, "… 도덕적인 주

확충"이다(임홍빈, 「칸트의 도덕성 개념에 대한 헤겔의 비판은 과연 정당한가?」: 172).

관성이나 양심이 인륜성의 한 계기임을 스스로 파악함과 동시에 후자를 자기실현의 필연적 계기로 인식할 때 인륜성은 도덕성보다 더 구체적인 도덕적인 일반성으로 간주"[32]되는 것이다.

헤겔은 칸트를 발전시키거나 아니면 최소한 보완하고 있는가? 누구도 이에 대해 이의를 제기하지는 못할 것이다. 이러한 평가는 의심의 여지없이 정당하다. 하지만 이러한 입장에서 재구성된 '도덕성과 인륜성' 논의가 그곳에 함축되어 있는 함의들을 충분히 드러냈다고는 보이지 않는다. '도덕성과 인륜성' 논의의 비판적 재검토는 앞서 우리가 시도했듯이 두 입장의 차이성에 주목하는 방식으로, 그리고 헤겔의 칸트 이해의 올바름 여부를 검토하는 방식으로 접근함으로써 또 다른 측면을 이끌어낼 수 있다.

국가와 국가 구성원의 관계 문제와 관련해서 등장하는 헤겔의 칸트 비판은 사실상 홉스, 로크 등의 경험적 자연권 이론가들의 국가 개념에 대한 비판이지 칸트의 국가 개념에 대한 비판이라고는 볼 수 없다. 칸트는 임의적 합의에 의해 비로소 창출되는 그와 같은 것으로서의 국가에 대하여 전혀 관심을 갖지 않았다. 칸트가 제시하고자 했던 것은 사람들이 국가를 창출하기를 원하는(wollen) 이유가 아니라 사람들이 국가를 창출해야만(sollen) 하는 이유였다. 사회계약 체결의 당사자로서의 실천적 주체는 국가 창출 의무의 이행자이지 국가 창출의 결과적 이익을 계산하는 장사꾼이 아니며, 국가 창출의 이성적 정언명령에 따라 행동하는 자이지 가언명령에 따라 행

---

[32] 임홍빈, 「칸트의 도덕성 개념에 대한 헤겔의 비판은 과연 정당한가?」: 175-176, 177-179.

동하는 자가 아니다. 더욱이 국가 안에서의 인간, 즉 국가 구성원으로서의 권리주체는 칸트가 이해하고 있는 것에 따르면 억지로가 아니라 기꺼이 국가 법칙에 따라 행위하는데, 왜냐하면 국가 법칙이란 다른 모든 권리주체와의 평화공존을 가능하게 만드는 조건들이며, 보편적 평화공존은 경험적 존재자에겐 도덕적-법적 의무로서 부과되지만 권리주체, 즉 이성적 존재자에겐 자신이 원하는 것으로 나타나기 때문이다. 국가 법칙은 권리주체가 진정한 의미의 권리주체가 되기 위해 갖추어야만 하는 행위 방식을 규정, 제시하고 있는 것이다.[33] 국가 법칙이 규정한 의무를 '혐오를 갖고' 행하는 자는 더 이상 칸트가 생각하는 권리주체가 아니며 칸트가 생각하는 국가 구성원이 아니다. 이 문제와 관련되어 행해지고 있는 헤겔의 칸트 비판은 일종의 허수아비 공격인 듯이 보인다.

권리와 덕의 분리 문제를 어떻게 보아야 하는가? 이 문제에 대한 칸트의 입장과 헤겔의 입장은 상이한 두 개의 가능성으로 보아야지, 헤겔처럼 어느 한쪽의 우선성을 말하는 것은 어려울 듯이 보인다. 이웃 여인을 탐하는 것이 나쁘기 때문에 오직 그 이유만으로 이웃 여인을 탐하지 않는 자만이 칸트가 이해한 참된 의미에서 도덕적으로 훌륭한 사람이다. 그런데 만일 이웃 여인을 탐하는 마음 역시 국가가 처벌해야 한다면 아마도 국가는 인간의 내면까지 감독 판정할 수 있는 능력을 가지고 있어야 할 것이되, 그러한 초인간적 능력은 신이 사라진 세계에서는 더 이상 가능하지 않다. 오늘날 사람을 죽인 자를 국가가 처벌하는 경우조차 우리가 행위자의 마음가

---

[33] 이충진, 『이성과 권리』, 100-102, 139-166쪽 참조.

짐, 즉 살인의 내적 동기보다 사실 행위의 위법성을 더 중요시하는 것은 바로 그런 이유 때문이다. 오늘날 일반적으로 받아들여지고 있는 생각에 따르면 국가가 물리적 강제력을 가지고 규제하는 영역은 명확하게 제한되어 있어야 하며 가령 종교적 신념 등의 내면의 영역은 각인의 자의적 선택에 위임되어야 하는 것이다. 칸트는 그러한 입장을 따르며 그렇기 때문에 덕의 영역과 법의 영역을 명확하게 분리한다. 하지만 권리와 덕의 분리 및 국가권력의 전자로의 제한은 분명 나름대로의 문제점을 가지고 있으며 그런 점에서 헤겔의 비판은 충분한 설득력을 가진다. 그럼에도 불구하고 '국가의 강제력에 의한 상호적 평화공존의 확보는 인간의 도덕적 능력의 함양을 위한 최소 조건이다'라는 칸트의 생각은 커다란 설득력을 가지고 있다.34 국가권력의 권한 영역을 상호 공존의 가능 조건들의 창출 및 유지로 제한하고 진정한 의미의 자율적-실천적 주체로서의 자격을 갖추어가는 것은 각자에게 위임하라고 하는 칸트적 생각 역시 합리적인 듯이 보인다. 만일 그렇다면 헤겔의 칸트 비판은 거짓 양자택일의 오류를 범하고 있는 셈이다.

실천적 주체는 칸트에게서처럼 도덕적 주체로 이해되어야 하는가 아니면 헤겔에게서처럼 인륜적 주체로 이해되어야 하는가? 실천적 주체의 본성을 이해할 때 우리는 상호주관성의 지평을 우선적으로 고려해야 하는가 그 반대인가? 이러한 문제제기는 양자를 상호보완적 관계로 보아야 한다는 답변으로 대답될 수 있는 것이 아니다.35

---

34 임마누엘 칸트, 「세계시민적 관점에서 본 보편사의 이념」, 33-37쪽.
35 임홍빈은 이런 입장을 취하고 있는 듯이 보인다. 임홍빈, 「칸트의 도덕성 개념에 대한 헤겔의 비판은 과연 정당한가?」: 176, 185 이하 참조.

이 물음은 실천철학의 원리에 관한 문제며 따라서 양자택일을 요구하는 물음이다. 과연 어느 것이 더 바람직할까? 실천적 주체를 인륜적 주체로 이해한다 함은 상호주관성, 즉 타자와의 관계 맺음이 실천적 주체의 본질적 규정/징표임을 함축한다. 이 경우 나는 타자와 관계 맺음을 통해 비로소 실천적 주체로 자격화되는 것이지, 실천적 주체의 자격을 이미 가진 채 타자와 관계 맺는 것은 아니다. 그러므로 인륜적 주체에게 타자는 자신이 실천적 주체의 자격을 가지기 위해 선행적으로 존재해야 하는 전제조건이다. 반면에 도덕적 주체는 그와 같은 전제조건을 가지고 있지 않은데, 왜냐하면 그는 관계 맺는 '타자'를 자기 자신 안에 가지고 있기 때문이다. 도덕적 주체는 자신 안의 '타자'와 대화할 수 있는 능력만 가지고 있으면 충분하다. 이 경우 자신의 행위를 반성하는 능력은 내가 실천적 주체로 자격화되기 위한 유일한 전제조건이다. 이 점과 관련해서 도덕적 주체와 인륜적 주체의 차이는 분명하다. 도덕적 주체는 스스로의 힘만으로도 실천적 주체가 될 수 있지만 인륜적 주체는 그렇지 못하다. 개인 하나하나를 실천적 주체로 전제하고 난 후 그들 사이의 관계 및 공동체의 규범을 논의해가는 이론적 접근방식이 상호의존관계상에 있는 인간에서 시작하여 각자의 내적 능력 내지는 자격으로서의 도덕성을 이해하고 다시 이 둘의 합으로서의 공동체를 이해하는 접근방식보다 훨씬 바람직한 듯이 보인다. 왜냐하면 후자에서 등장하는 인륜적 주체의 모습은 자율적 주체라는 근대인의 자기 이해와 상충할 뿐만 아니라, 그것이 언제나 상호의존적 사람들의 관계 전체라는 표상을 수반하며, 이러한 표상은 다시금 나쁜 의미의 전체주의적 공동체 표상을 야기하기 때문이다.

헤겔의 칸트 비판은 상당 부분 오해와 성급함에서 기인하는 듯이 보인다. 물론 이 점을 밝히기 위해 '도덕성과 인륜성' 논의를 현시점에서 비판적으로 다시 검토한 것은 아니다. 임홍빈은 논의의 재구성을 통해 실천철학에서의 "반성적인 판단력의 역할"에 대한 중요성을 환기시키고 또한 "윤리의식의 역사적인 진화에 관한 경험적인 이론"의 불가피함을 제시하는 데로 나아가고 있으며,[36] 우리의 논의 역시 그와 같은 긍정적이고 생산적인 결과들을 기대할 수 있을 것이다. '헤겔의 성급함'이란 그가 칸트의 실천철학의 전 체계를 고려하고 있지 않다는 것을 의미하는데, 가령 우리는 헤겔이 홉스의 국가와 칸트의 국가를 구분하지 못할 정도로 칸트 법철학에 대한 충분한 이해를 결여하고 있음을 확인할 수 있다. 이와 같은 헤겔의 성급함은 실천철학의 문제를 접근함에 있어 보다 세심한 발걸음을 가져야 함을 우리에게 반어적으로 보여주고 있다. 하나의 인간이 이론적 주체와 실천적 주체의 양면을 가지듯, 하나의 동일한 실천적 주체는 권리주체와 도덕적 주체의 양면을 가진다. 동일한 권리주체라도 그가 국가권력의 규제하에 있는가의 여부에 따라 잠정적 권리주체인가 아니면 확정적 권리주체인가라는 전혀 다른 모습을 가지며, 또한 동일한 도덕적 주체라도 그가 단지 의무만을 염두에 두고 행동하면 되는가 아니면 '동시에 목적이기도 한 의무'까지도 염두에 두고 행동해야 하는가에 따라 그가 가져야 할 규범의 모습이 달라진다. 경험 연관적 차원에서 보이는 실천적 인간은 개념

---

36 임홍빈, 「칸트의 도덕성 개념에 대한 헤겔의 비판은 과연 정당한가?」: 183, 185.

적 규정이 불가능할 정도로 많은 모습을 가지고 있다. 실천적 주체로서의 인간은 이토록 다양한 모습을 가지고 있는 것이다. 실천적 주체의 각기 다른 모습은 각각에 상응하는 차별화된 이론적 접근을 요구한다. 이와 같은 세분화된 접근방식은[37] 실천철학에서는 특히 중요한데, 실천적 존재로서의 인간만큼 다양하고 상이한 모습을 가지는 탐구 대상은 달리 없기 때문이다. '도덕성과 인륜성' 논의는 칸트의 실천철학이 단순화된 도식 안에서 운위되는 경우 어떤 오해를 가져오게 되는지를 보여주며, 이를 통해서 실천적 존재로서의 인간에겐 마땅히 그의 본성에 상응하는 탐구 자세를 가져야 한다는 필요성을 제시한다. '도덕성과 인륜성' 논의에 대한 비판적 검토는 칸트가 그와 같은 실천철학적 논의의 세분화의 필요성을 누구보다도 명확하게 의식하고 있었으며 또한 다른 누구보다도 조심스러운 발걸음의 흔적을 남겨놓았을 것임을 예상하게 만든다.[38]

---

[37] 북친은 "가장 일반적인 공식을 아주 세분화된 특수함에 적용시키려는" 이론적 태도를 "환원주의 오류"라고 정의한다. '세분화된 접근방식'이란 바로 그것과 정반대되는 이론적 태도를 의미한다. 머레이 북친, 『사회생태론의 철학』, 153쪽 참조.

[38] 나는 이 글에서 임홍빈 및 정미라와의 적극적 논쟁을 전개하지 않았다. 이유는 간단하다. 나는 정미라의 논의 재구성에도 또 임홍빈의 문제제기에도 전적으로 동감하기 때문이다. 나의 생각으로는 이 방향에서의 논의는 좀 더 구체적인 모습을 가져야 한다. '도덕성과 인륜성'의 논의가 앞으로 생산적 논의가 될 수 있으려면 보다 세밀한 논의 시각과 보다 세분화된 문제의식이 요구된다. 이 점을 나는 4절의 마지막 단락에서 선언적으로 그리고 개요적으로 제시하였다.

5장
헤겔과 칸트 2 — 연속성과 상이성

개별 학문의 연구자와는 달리 철학자는 스스로에게 '철학이란 무엇인가?'라는 물음을 던지곤 한다. 철학사에서 우리가 만나게 되는 대부분의 철학자가 그와 같은 물음에 나름의 대답을 제시하고 있는 것을 보면, 아마도 그것은 철학 자체의 본성에 연유하는 물음인 듯이 보인다. 이 물음에 대한 대답 중 그 어느 것도 다수가 동의할 수 있는 모범 답안의 자격을 획득하지 못했다는 사실 역시 아마도 철학 자체의 본성 때문일 것이다. 하지만 비록 철학자의 수(數)만큼 철학의 개념이 존재한다고 해도 그중 어느 것이 다른 것들에 비해 더욱 눈에 띄는 것 역시 부인할 수 없는 사실이다.[1] 가령 자신의 철학을 모든 철학의 완성으로 천명했던 헤겔이나 하나의 유일한 철학만이 존재할 수 있다고 확언하는 칸트에게서 우리는 철학자들의 사유 내지는 철학적 사유의 극단성을 쉽게 볼 수 있는데, 몇몇 철학

---

1   이와 같은 문제의식을 나는 힐쉬베르거에게서 배웠다. 요한네스 힐쉬베르거, 『서양철학사 상』, 37-42쪽.

자는 그와 같은 철학의 극단적 모습에 마음이 끌리기도 한다. 이러한 사실을 목도하면서 우리는 다음과 같은 또 다른 물음을 갖게 된다. '지금 여기'의 철학자가 '과거의 특정' 철학 체계에 우선적으로 관심을 갖게 되는 이유는 무엇일까? 그것 역시 철학 자체의 본성에 연유하는 것이어서 그 이유를 밝히는 것은 '철학이란 무엇인가?'에 대한 답변을 위한 하나의 실마리가 되지는 않을까? ― 이 글은 이러한 물음에 답하기 위한 일련의 시도들 중의 하나이다. 이 글은 그 첫 번째 발걸음으로 '칸트철학과 헤겔철학에 대한 지난 200여 년 동안의 연구들'에 주목한다. 철학 연구의 역사를 관찰자의 입장에서 들여다봄으로써 철학 체계의 성격과 철학(연구)자들 사이의 친화성을 찾아보는 것이 이 글의 목표이다. 이러한 친화성이 발견된다면 우리는 바로 그곳에서 출발하여 그다음의 발걸음을, 즉 '지금 여기'의 철학자의 자기반성을 통해서 특정 철학의 모습 및 철학 자체의 모습을 찾기 위한 발걸음을 내딛을 수 있게 될 것이기 때문이다. 글의 목표와 방법에 상응해서 이 글은 주장의 입증(Argumentation)이라기보다는 그를 위해 필요한 사전(事前) 연구로서 사실의 보고(Bericht)라는 형태를 갖게 될 것이다.

1. 철학의 혁신

"칸트 및 독일관념론과 더불어 철학의 혁신이 시작된다."[2] 힐쉬

---

2   힐쉬베르거, 『서양철학사 하』, 392쪽.

베르거는 칸트철학과 관념주의 철학을 자신의 철학사에서 이렇게 평가하고 있다. '혁신'의 시기는 대략 칸트의 『순수이성비판』이 출판된 1781년부터 헤겔이 갑작스러운 죽음을 맞게 된 1831년까지의 50년을 말한다.[3] 바로 이 시기에 — 힐쉬베르거에 따르면 — 2500년 전에 희랍에서 완성되었던 플라톤·아리스토텔레스의 고전철학에 버금가는 또 하나의 거대한 철학 체계가 등장했다.

크로너는 1921년 자신의 저서에 '칸트에서 헤겔까지(Von Kant bis Hegel)'라는 제목을 붙임으로써 이 시기의 철학 체계들에 대한 자신의 견해를 명확하게 표현하고 있다.[4] 즉 크로너는 — 이러한 제목 자체가 보여주고 있듯이 — 칸트에서 헤겔까지의 50여 년의 시기를 '하나의' 시기로 이해하고 있으며, 이 시기의 철학적·정신사적 흐름이 '하나의' 흐름으로 규정되기에 충분할 정도로 일관되고 통일적인 모습을 가지고 있다고 생각한다. 우리는 이러한 입장을 연속성 테제라고 표현할 수 있는데, 연속성 테제는 — 단순화시켜 말하자면 — 다음과 같이 표현될 수 있다. 칸트철학은 이후 관념론자들에 의해 계승 발전되었으며, 헤겔철학은 칸트철학의 극복이자 완성이다.

이러한 이해에 정면으로 상충하는 입장도 있다. 1981년 독일에서는 『순수이성비판』 발간 200주년 및 헤겔 서거 150주년을 기념하는 대규모 학회가 열렸는데, 당시 학회의 주제는 '칸트인가 아니면 헤

---

[3] 이러한 '시기'의 규정은 물론 사람마다 다를 수 있다. 하르트만, 『독일관념론 철학 I』, 17쪽; 백종현, 『칸트와 헤겔의 철학』, 21-22쪽.
[4] Richard Kroner, *Von Kant bis Hegel*을 지칭함.

겔인가?(Kant oder Hegel?)'였다.⁵ 이와 같은 양자택일적 주제 설정은 당시 연구자들의 의도, 즉 칸트철학과 헤겔철학의 상이성에 주목하고자 하는 학문적 의도를 반영하고 있다. 이러한 의도는 물론 '지난 200년 동안의 연구는 한쪽 방향으로 편향되어 있으며, 그 결과 우리가 두 철학자로부터 얻을 수 있는 많은 학문적 유산이 방치되고 있다'라는 문제의식에 토대하고 있다. 우리는 이와 같은 입장을 상이성 테제라고 표현할 수 있는데, 상이성 테제는 ― 단순화시켜 말하자면 ― 다음과 같이 표현될 수 있다. 칸트철학과 헤겔철학은 철학 체계의 핵심적 부분에서 서로 전혀 다르다.

200년 전의 '철학의 혁신'은 한편으론 창의적 사유의 보고로서 동시에 다른 한편으론 극복해야 할 학문적 과제로서 연구자들 앞에 놓여 있다. 과제의 이행은 '철학의 혁신'의 시기를 열었던 칸트철학과 그 시기의 마지막에 위치한 헤겔철학에 대한 철저한 연구일 것이다. '연속성과 상이성'은 그러한 연구를 위한 하나의 관점을 나타내는데, 이 관점 아래서 우리는 두 철학 체계 각각이 아니라 그것들의 '관계'에 우선적으로 주목하게 된다. 지난 200여 년 동안 이루어진 '철학의 혁신'에 대한 수많은 연구 중 일부는 바로 그와 같은 관점에서 이루어졌다.⁶

---

5   Henrich (hrsg.), *Kant oder Hegel?* 참조.
6   이러한 과제의 구체적 모습에 관하여 나종석은 다음과 같이 말하고 있다. "칸트와 헤겔의 관계에 대한 물음은 독일관념론을 이해하는 데 아주 중요한 주제의 하나이다. 여기에서 칸트와 헤겔철학의 관계를 어떻게 이해하고 설정할 것인가 하는 문제가 중요한 역할을 한다. 과연 헤겔철학은 칸트의 비판철학의 원리를 발전적으로 계승하여 완성한 것인지, 아니면 칸트철학을 오해하여 잘못된 길로 이끈 반면교사에 지나지 않는 것인지가 문제다. 또한 헤겔철학

이러한 연구는 — 연구 방법의 특성 때문에 — 각 철학 체계에 대한 기존의 연구 성과들을 전제한다. 우리의 논의에 상응하여 표현하자면 '철학의 혁신'에 관한 지금의 연구는 '연속성 테제'와 '상이성 테제'에 대한 최소한의 공통적 인식을 전제한다. 이것이 확보되지 않고는 한 걸음도 앞으로 나아갈 수 없기 때문이다.[7]

2. 칸트에서 헤겔로

연속성 테제는 '칸트철학과 헤겔철학은 그것의 핵심에서 서로 같다'라는 주장이다. 이러한 주장은 '칸트철학은 관념주의 철학을 하나의 맹아(萌芽)의 형태로 가지고 있으며 헤겔철학은 그것의 완성태이다'라는 평가를 함축한다. 이와 같은 연속성 테제를 지지하는 주요 근거들은 대략 다음과 같다.

먼저 칸트철학을 대표하는 『순수이성비판』은 — 연속성 테제에 따르면 — '하나의 유일한 원리로부터 필연적 방법을 가지고 철학의 전체 체계를 도출'하고자 하는 관념주의 철학의 기본 입장을 명

은 칸트철학의 계승자가 아니면서도 칸트철학의 비판자로서 독자적인 가치를 가지는 것인지 하는 따위의 질문이 바로 칸트와 헤겔의 관계를 둘러싸고 제기되는 문제들이다."(나종석, 『차이와 연대』, 215쪽)

[7] 연구의 목표는 물론 — 비록 우회적으로나마 — 칸트철학과 헤겔철학에 대한 기존의 연구를 심화·확장시키는 것이다. 두 철학 체계를 올바로 이해하는 것은 '지금 여기'의 철학 연구자들에게도 매우 중요한 학문적 과제인데, 그것들이 "한국 사회에 서양철학 사상이 유입된 이래 최대의 연구 대상이었고 그만큼 현대 한국의 사회문화 형성에 지대한 영향을 미쳤다"(백종현, 『칸트와 헤겔의 철학』, 5쪽)는 사실만으로도 그러하다.

확하게 포함하고 있다. 이 점은 칸트 스스로 "가장 많은 노고를 기울인 논의"라고[8] 부른 '순수오성개념의 선험적 연역' 논의에서 확인된다. 이 논의는 '주관의 사유 규정들이 어떻게 객관적 타당성을 가질 수 있는가?'라는 물음에 대한 대답이었으며, 논의의 결론은 '통각 내지는 자기의식이 모든 사유 및 존재의 가능 조건이다'라는 것이었다. 이러한 결론은 사유와 존재의 종합 내지는 자유와 필연성의 종합으로 특징지어지는 관념주의 철학의 기본 목표와 다를 바 없었다.[9]

또한 최근 들어 활발하게 연구되고 있는 칸트의 『유작(opus postmum)』 역시 연속성 테제를 지지하는 중요한 근거로 간주된다. 왜냐하면 1790년대 후반에 작성된 이 『유작』의 핵심 주제는 '자기동일성을 유지하면서 자신과의 차이를 스스로 창출해내는 자기의식'의 문제였는데, 이것은 절대적 관념론자로서 헤겔이 평생 싸웠던 문제와 정확하게 일치하기 때문이다. 이러한 사실은 후기의 칸트와 초기의 헤겔이 단지 동일한 시기만을 공유했던 것이 아니라 동일한 철학적 문제의식을 공유하고 있음을 의미한다.[10]

그뿐만 아니라 1790-1830년대의 학문적 상황은 연속성을 지지하는 또 다른 종류의 근거를 제공한다. 초기의 관념론자들은 ―『순수이성비판』의 칸트에게 격찬을 보내면서도 ― '학문적 인식은 현상세계의 범위 안에서만 가능하다'라는 칸트의 제한조건을 철폐하고

---

[8] 칸트, 『순수이성비판』, B X; B 116-169 참조.
[9] 칸트, 『순수이성비판』, B 116-169 참조.
[10] 칸트의 *opus postum*에 관한 국내 연구로는 다음을 참조. 김재호, 「초월적 관념론의 과거와 현재, 그리고 미래」: 117-125.

자 하였으며, 철학적 탐구를 현상세계를 너머서 물자체의 영역에로까지 확장시키고자 했다.[11] 바로 그와 같은 '칸트를 넘어가고자' 하는 시도는 — 지난 수십 년 동안의 발생사적 연구가 보여주고 있듯이 — 관념주의 철학의 출발점이며 동시에 헤겔철학으로까지 이어진 철학적 발전의 기본 방향 또한 규정하였다. 그러므로 칸트 이후 헤겔까지는 하나의 연속적 흐름이, 바로 칸트 자신에게서 시작되는 것이 분명한 하나의 흐름이 존재한다고 볼 수 있다.

당시의 학문적 상황에 토대하여 '칸트철학과 헤겔철학 사이의 연속성'을 이해하는 입장은 하르트만에게서 가장 명확하게 표현되고 있다. 자신의 저서 『독일관념론철학』에서 하르트만은 "독일관념론 사상가들이 … 하나의 무리로 통일될 수 있는" 이유로 그들에게서 발견되는 하나의 "공통적인 문제 상황"을 들고 있는데, 그것은 다름 아닌 칸트철학과의 연관성이다. 즉 "그들[관념주의 철학자들]은 모두 칸트철학을 출발점으로 삼고 있었으며 … 각기 칸트철학을 면밀하게 검토하고 이 철학이 지닌 현실적 또는 개연적 결함을 극복하려 하고 이 철학의 잔여 문제들을 해결하려 하고 또 착수된 그 과제들을 충족시키고자 했다."[12] 이러한 이해에 따르면 헤겔에서 종료되는 하나의 철학적 흐름이 바로 칸트에서 시작되었으며, 시작과 끝 사이의 연속성은 누구도 부인할 수 없는 사실인 것이다.

만일 우리가 헤겔의 관점을 취한다면 연속성 테제는 더욱 강력한 지지를 얻게 될 것이다. 왜냐하면 철학 체계는 — 헤겔에 따르면 —

---

11 이와 관련된 헤겔 텍스트 중에서 가장 좋은 것은 아마도 『피히테와 셸링 철학 체계의 차이』일 것이다. 특히 제1장 참조.
12 하르트만, 『독일관념론철학 I』, 17-18쪽.

자기 완결적 전체로서 드러나야 할 뿐만 아니라 시간상에서 변화·발전되어가는 것으로 드러나야 하며,[13] 이와 같이 철학 체계를 철학의 역사로 전환하여 이해하는 경우, 우리는 칸트에서 헤겔로 진행하는 정신사적 흐름을 '하나의' 일관된 흐름으로 이해할 수 있기 때문이다. 이러한 사실들 외에도 우리는 아마도 헤겔이 자신의 철학을 절대적 관념론이라 지칭하고 있다는 것, 칸트 역시 자신의 철학을 관념론이라고 부르고 있다는 것 등을 연속성 테제를 지지하는 근거들로 간주할 수 있을 것이다.

3. 칸트인가 헤겔인가

상이성 테제는 '칸트철학과 헤겔철학은 그것의 핵심에서 서로 다르다'라는 주장이다. 이러한 주장에 따르면 두 철학 체계는 철학의 개념, 철학의 방법, 자유와 자연에 대한 이해, 신의 문제 등에 관해서 전혀 다른 입장을 가지고 있다. 상이성 테제를 주장하는 사람들은 두 철학 체계의 차이에 주목하는 것이 칸트철학을 칸트철학답게 이해하고 헤겔철학을 헤겔철학답게 이해하는 올바른 길이라고 생각한다. 이와 같은 상이성 테제 역시 몇 개의 근거를 갖고 있다.

상이성 테제는 먼저 칸트와 헤겔의 정신사적 배경에 주목한다. 상이성 테제를 주장하는 사람들에 따르면 라이프니츠·볼프 이론을

---

[13] 전자는 대략 『논리학』과 『엔치클로페디』에서, 후자는 『정신현상학』과 『역사철학강의』에서 발견되는 헤겔의 입장이다.

배우면서 철학을 시작한 칸트는 스콜라철학의 영향을 많이 받았지만, 신학을 공부하다 철학으로 자리바꿈을 한 헤겔은 이러한 지적 전통으로부터 상대적으로 자유로웠다. 초기의 칸트가 자연철학에 관한 주제들에 관심을 집중시켰던 반면에 초기 헤겔의 관심은 종교철학적 문제들 및 실천철학적 문제들에 집중되어 있었던 것은 바로 그러한 상이한 정신사적 배경을 드러내는 하나의 지점이다.[14] 이 점에 의해 보건대 '칸트는 계몽주의 철학자이고 헤겔은 낭만주의 철학자이다'라는 일반적 평가는 근거 없는 것이 아니며, 이러한 점은 두 철학 체계의 상이성을 드러내는 철학 외적 징표로 간주될 수 있다.

상이성 테제를 위해 보다 중요한 것은 물론 칸트철학과 헤겔철학 사이의 이론적 입장의 차이이다. 상이성 테제를 주장하는 사람들은 철학의 방법, 철학의 개념 등과 관련하여 칸트와 헤겔 사이에 현저한 차이가 존재한다고 생각한다. 가령 칸트의 경우 이성의 자기비판은 철학 체계의 구축에 선행되어야 할 필수불가결한 조건이며, 철학 체계는 이와 같은 이성비판 이후에나 비로소 가능하다. 이성비판은 — 비록 그것이 철학 체계의 실질적 내용을 상당 부분 선취(先取)하는 것이 사실일지라도 — 단지 철학 체계의 형식적·외적 테두리를 규정할 뿐 체계 자체를 제공하진 않는다. 반면에 헤겔의 경우 이성의 자기반성이라는 철학의 방법과 실질적·철학적 인식 체계는 그것의 내용과 범위에서 본질적으로 상이하지 않다. 헤겔의

---

[14] Immanuel Kant, *Gedanken von der wahren Schätzung der lebendigen Kräfte*; Georg Wilhelm Friedrich Hegel, *Die theologischen Jugendschiften* 등이 대표적이다.

언어로 다시 말하자면 정신의 '현상학'과 정신의 '형이상학'은 동일한 진리를 각기 다른 관점에서 파악·표현한 것에 불과할 뿐 그것들의 본질에서 서로 상이한 것은 아니다. 사유의 영역이든 존재의 영역이든 그것의 형식과 질료는 서로 구분되는 두 개의 무엇이 아니라 하나의 동일한 무엇의 두 측면일 뿐이기 때문이다.[15]

철학 체계에 대한 상이한 이해는 철학적 탐구의 대상으로서의 자연에 대한 상이한 이해로 나아간다. 칸트가 이해하고 있는 자연은 공간, 시간, 인과성 등을 자신의 규정으로 가지고 있는 세계이며 철저한 법칙성(Gesetzlichkeit)의 세계이다. 칸트에게 자연은 공간상에 펼쳐져 있는 사물들 및 그들의 상호적 관계들의 총체이며, 자연의 세계는 그것의 타자, 즉 자유와는 전혀 다른 본성과 모습을 가진 세계이다. 반면에 자연을 언제나 그리고 오직 '인간과의 관계하에서' 또는 '초자연적인 존재와의 관계하에서'만 주제화하고 있는 헤겔에게선 자연의 모습이 ― 그가 정신이라고 명명했던 ― 형이상학적 보편자의 변양태로서만 등장할 뿐이다. 자연은 그것의 본질에 있어서 자연이 아닌 것으로서의 인간 정신 및 자연의 근원으로서의 정신과 다를 바 없으며, 가령 자연의 법칙성은 본질적으로 정신의 법칙성과 다름없는 것이다.[16]

칸트와 헤겔의 차이는 자유의 문제, 즉 실천적 존재자로서의 인

---

15 게오르크 빌헬름 프리드리히 헤겔, 『대논리학 I』, 22-24, 35-37쪽 참조.
16 칸트가 자연철학의 전개를 위해 자연에만 고유한 특수한 개념(운동)을 필요로 했던 반면에, 헤겔은 그렇지 않았다. 헤겔에게 자연(철학)은 언제나 일반 형이상학 내지는 정신(철학)과의 연관성 속에서만 연구되었다. 이에 관한 국내 연구로는 이동희, 『헤겔과 자연』 참조.

간에 대한 이해의 문제에서도 확인된다. 칸트는 '인간이 자유로운 존재자이기 위해 갖추어야 할 조건은 이성, 즉 사유능력 이외에 다른 아무것도 없다'라고 생각했다. 다시 말해서 칸트는 '사유능력 자체가 인간의 의지 능력(자유)을 위한 충분조건이다'라고 생각했으며, '자유로운 존재자로서의 인간은 행위의 근거를 사유할 수 있는 능력(자기반성 능력)을 가진 사람과 다름없다'라고 생각했다. 반면에 실천적 자유의 문제를 언제나 상호주관성의 지평에서 이해하는 헤겔에게서는 사정이 전혀 달랐다. 헤겔에게서처럼 타자와의 관계 맺음이 실천적 인간의 본질적 존재 상황으로 이해되는 한 나는 타인을 '나의 실천적 존재자로서의 자기동일성(자유로운 존재자)을 위한 불가피한 전제조건'으로 갖게 된다. 이렇듯 헤겔에게서 인간은 이성 능력만으로는 아직 실천적 존재자의 자격을 갖지 못하며, 인간의 이성 능력은 칸트에게서와는 달리 단지 필수조건일 뿐 충분조건일 수 없었다.[17]

그 외에도 신에 관한 이해, 역사에 대한 이해 등도 두 철학 체계의 상이성을 확인하는 근거로 받아들여질 수 있다.[18]

---

[17] 이충진, 「칸트의 도덕성과 헤겔의 인륜성」, 294-299쪽 참조.
[18] 칸트에게서 신의 문제는 도덕철학의 '두 번째 부분'일 뿐이다. 즉 그것은 도덕성의 근거 지음 '이후에' 제기되는 문제라는 의미에서 두 번째 문제일 뿐이며 그런 의미에서 단지 주변적 위상만을 가질 뿐이다. 반면에 헤겔에게서 신의 문제는 모든 철학적 논의의 출발점이자 종착점이다. 그러므로 절대자, 즉 신의 문제에 대한 두 철학자의 입장의 차이는 분명해서 양자의 상이성을 지적하는 데 아무런 어려움이 없다.

4. 신칸트학파와 신헤겔학파

독일철학계에선 이미 오랫동안 '연속성과 상이성'과 관련된 첨예한 대립이 있어왔다. 그러한 대립은 이미 칸트 생존 당시부터 존재했는데, 연속성을 대표하는 사람으로는 초기 피히테를, 상이성을 대표하는 사람으로는 쇼펜하우어를 들 수 있다. 피히테는 칸트에 대한 절대적 신뢰 속에서 자신의 철학을 구축해갔으며, 자신의 철학이 칸트철학의 계승·발전임을 자임했다. 『종교철학비판』 출판과 관련된 해프닝에서 볼 수 있듯이 '칸트에서 피히테로의 연속성'은 피히테 자신만이 아니라 당시 대부분의 사람들이 가지고 있었던 생각이었다.[19] 반면에 '친칸트 반헤겔'의 입장을 공언했던 쇼펜하우어는 ― 비록 철학의 내용에서 그랬던 것은 아니지만 ― 두 철학 체계의 상이성을 확신하고 있었다. "칸트에 부분적으로는 찬동하면서 또 부분적으로는 반대"했던[20] 그는 대부분의 동료 철학자와는 다른 길을 걸어갔는데, '칸트에 반대하며' 걸어갔던 길조차 헤겔 관념론의 그것과는 전혀 다를 정도였다. 그에게선 칸트와 헤겔은 전혀 다른 두 개의 철학 체계였던 것이다.

헤겔 이후 200년 동안의 철학사를 돌아보면 '연속성과 상이성'과 관련된 대립들 중 가장 두드러진 것은 아마도 20세기 시작 전후에

---

19 하르트만, 『독일관념론철학 I』, 70쪽. 초기의 피히테만을 염두에 둔다면 당시 사람들의 눈에 칸트철학과 관념주의 철학은 '연속성'의 수준을 넘어 '동일성'을 갖고 있는 것으로 보였던 셈이다.
20 힐쉬베르거, 『서양철학사 하』, 650쪽. 당시에 칸트를 "반대한 사람들"과 "따르는 사람들"에 대해선 힐쉬베르거, 『서양철학사 하』, 513-517쪽; 하르트만, 『독일관념론철학 I』, 25-64쪽 참조.

등장한 신칸트학파와 20세기 초반/중반에 등장한 신헤겔주의일 것이다. 신칸트주의는 '칸트에게로 돌아가라!'라는 모토와 함께 철학사에 등장했는데, 우리는 신칸트주의를 상이성을 대표하는 입장으로 이해할 수 있다. 무엇보다도 그들의 "인식론적인 근본 태도",[21] 즉 칸트의 이성비판만이 철학의 유일하게 올바른 방법이라고 생각하는 방법론적 입장 때문에 그러하다. 이들의 눈으로 보면 "칸트 이후의 독일관념론의 전개는 커다란 혼란"일 뿐이며 "칸트 이후의 독일 관념주의 철학은 올바른 관점에서의 심각한 일탈"일 뿐이다. 이러한 생각은 "칸트와 헤겔을 배타적인 것으로 파악하려는 시도"이며[22] '칸트철학과 헤겔철학의 상이성'에 주목하는 시도이다.

반면에 신헤겔주의는 '연속성'의 입장을 대변한다. "칸트와 헤겔의 배타적인 대립을 극복"하고자 노력한 "신헤겔주의의 기본 테제"는 다름 아닌 "칸트와 헤겔의 통일"(루카치) 내지는 ― 우리의 언어로 말하자면 ― '칸트로부터 헤겔로 이르는 연속성'이다. 이들에 따르면 칸트에서 헤겔로의 발전은 "내적이고, 실재적이며 논리적인 필연성"(크로너)을 가진 발전이며,[23] 발전 도상에 있던 모든 철학자는 "공통적인 문제 상황"과 "체계를 만들고자 하는 충동"을 가지고 있었다는 점에서 동일했다. 그들의 눈에 칸트철학과 헤겔철학은 모두 "통일적인 철학 체계"였던 것이다.[24]

---

21 힐쉬베르거, 『서양철학사 하』, 756쪽.
22 나종석, 『차이와 연대』, 216쪽.
23 나종석, 『차이와 연대』, 215쪽. 크로너와 루카치의 언급은 나종석, 『차이와 연대』, 215-216쪽에서 재인용한 것임.
24 하르트만, 『독일관념론철학 I』, 18쪽.

칸트 당시를 기준으로 보면 '철학의 혁신'은 '칸트를 반대한 사람들과 따르는 사람들'(힐쉬베르거의 표현)이라는 구도로 시작되었다. 반면에 헤겔의 사망을 계기로 관념주의 철학이 "붕괴"된[25] 이후엔 그와 같은 이분법적 구도는 더 이상 '철학의 혁신'을 나타내기에 충분하지 않았다. 헤겔 이후 우리는 '칸트학도와 반칸트학도'(하르트만의 표현) 중 어느 편에 설 것인가의 문제만이 아니라 '헤겔학도와 반헤겔학도' 중 어느 편에 설 것인가의 문제에도 직면해 있었기 때문이다. 신칸트학파가 생각하듯 헤겔학도는 칸트학도와 전혀 다른 진영에 속하는 것인지, 아니면 신헤겔학파가 생각하듯 칸트학도와 헤겔학도는 동일한 진영에 속하는 것인지, 그것은 칸트의 동시대인들은 물론이고 헤겔의 동시대인들 역시 충분히 알지 못했던 새로운 물음이었다. 이러한 물음, 즉 '연속성인가 아니면 상이성인가'라는 물음은 근대를 대표하는 두 철학 체계가 자신의 생명을 지속하는 한 우리의 눈앞에서 사라지지 않을 것이 분명하다.

5. 독일의 민족 철학!?

'연속성인가 아니면 상이성인가'라는 물음에 대한 답변들 중에서 가장 최근의 것은 아마도 1990년의 브란트의 답변일 것이다. 분트는 1924년 『형이상학자로서의 칸트』를 발표하면서 '칸트에서 헤겔

---

[25] 힐쉬베르거, 『서양철학사 하』, 619쪽 참조. "19세기 중엽에 이르러 독일관념론은 붕괴된다. 그것은 글자 그대로 붕괴였고, 갑작스러운 허물어짐이었다."

로의 연속성'을 방대한 전거를 통해 주장했는데, 1983년 이 텍스트의 재발간을 계기로 브란트는 동일한 제목의 논문에서 분트의 입장을 강력하게 비판한다. 분트와 브란트 내지는 '연속성과 상이성'은 크게 세 지점에서 두 철학 체계를 달리 이해한다.

첫 번째 지점은 서양철학사 안에서 가지는 칸트철학의 위상에 관한 문제이다. 분트는 "형이상학에 대한 칸트의 입장이 칸트철학의 가장 중요한 물음이다"라고[26] 생각한다. 분트는 칸트철학이 라이프니츠, 볼프, 크루시우스로 이어지는 독일 형이상학의 전통을 이어받고 있다고 평가한다. 이러한 독일 형이상학은 물론 이후 "피히테, 셸링, 헤겔 등의 독일관념론에서 하나의 새로운 정점"을 맞는 철학 체계를 의미한다. 분트에 따르면 근대 독일 형이상학은 희랍철학과 기독교사상의 전통을 이어받는 적자(適者)이며, 칸트철학은 "희랍-기독교-독일 형이상학"의 전통 안에 정확하게 위치한다.[27] 그런 한에서 칸트와 헤겔 사이의 철학적 흐름은 당연히 연속적이다.

이와 같은 분트의 이해에 브란트는 강력히 반대한다. 브란트는 분트가 말하는 "전형적으로 독일적인 형이상학(die typisch deutsche Metaphysik)"이나 "독일 형이상학의 고유성(Eigentümlichkeit)"[28] 등은 칸트철학과 전혀 무관하다고 생각한다. 이 점은 가령 칸트철학이 헬레니즘철학 및 근대 영국철학에 얼마나 많이 빚지고 있는지를 보면 금방 알 수 있는데, 전자를 위한 대표적인 증거는 칸트 윤리학과 법철학이며 후자를 위한 가장 단순한 사례는 『순수이성비판』이 영

---

[26] Max Wundt, *Kant als Metaphysiker*, p. 4.
[27] Reinhard Brandt, "Kant als Metaphysiker", pp. 61, 59.
[28] Brandt, "Kant als Metaphysiker", p. 62.

국철학자 베이컨에게 헌정되었다는 사실이다. "독일철학의 근본 물음(Grundfrage)"이라[29] 부르는 형이상학적 물음은 칸트에겐 존재하지 않으며, 설사 형이상학적 물음이 있다고 해도 그것은 철저히 근대적인 의미의 물음, 즉 인식론에 의존적인 형이상학적 물음일 뿐이다. 브란트는 이러한 이해에 근거하여 칸트와 헤겔은 동일한 물음을 공유하고 있는 것이 아니며 따라서 독일 형이상학이라 부르는 "그와 같은 민족 철학(Nationalphilosophie)"은[30] 칸트에게선 발견되지 않는다고 단언한다.

두 번째 지점은 형이상학 자체에 대한 이해의 문제이다. 오늘날 우리는 이 주제와 관련해서 대다수가 동의할 수 있을 정도의 일반적인 지식을 확보하고 있다. 가령 다음과 같은 것들이 그러하다. 비록 칸트가 근대 영국 경험주의 철학의 반형이상학적 전통을 이어받고는 있지만 그렇다고 해서 칸트가 모든 형이상학을 거부했던 것은 아니며 오히려 칸트는 이전과는 다른 형이상학, 즉 이성비판에 토대한 새로운 형이상학을 구축하고자 했다. 또한 '형이상학자로서의' 칸트는 — 만일 우리가 칸트의 출판물에만 주목한다면 — 자연의 형이상학과 자유의 형이상학을 두 개의 전혀 다른 체계로 생각했다. 이러한 '형이상학의 이원적 구조'는 영국은 물론 독일을 포함하는 당시의 "전통에서 전혀 새로운"[31] 것이었다. 그런데 관념론자들

[29] Wundt, *Kant als Metaphysiker*, p. 482.
[30] Brandt, "Kant als Metaphysiker", p. 59. 그 외에도 브란트는 분트가 말하는 이른바 "역사의 형이상학적 내실"이란(Wundt, *Kant als Metaphysiker*, p. 65) 개념 역시 칸트와는 무관함을 지적한다.
[31] Brandt, "Kant als Metaphysiker", p. 73. "자연의 형이상학과 인류의 형이상학이라는 이중적 이해(Doppelkonzept)는 칸트가 속해 있던 전통에선 전혀 새로운

은 현상과 물자체, 예지계와 현상계, 필연의 영역과 자유의 영역 등으로 표현되는 이원적 세계 이해 및 그를 대변하는 이원적 형이상학을 받아들이지 않았으며, 그들의 관념주의 철학 체계 안에는 '두 개의 형이상학'을 위한 자리가 존재하지 않았다. 칸트에게서 발견되는 '낯섦'은 그들에겐 처음부터 극복의 대상이었던 것이다.

'형이상학은 어떤 학문인가?'라는 원리적인 물음과 관련해서 분트와 브란트는 다른 이해를 가지고 있다. 먼저 브란트는 상이성의 입장을 대변한다. 그에 따르면 칸트의 이성비판 내지는 "선험철학은 그와 같은 이중의 형이상학(eine duale Metaphysik)을 가능하게 하고 동시에 그것을 강제하며"[32] 반면에 관념주의 철학은 '형이상학은 — 그것이 진정한 형이상학인 한 — 하나의 유일한 것으로서만 존립할 수 있다'라고 생각하기 때문이다. 이와는 달리 분트는 이원적 세계 이해와 이원적 형이상학은 단지 칸트철학의 결함일 뿐이라고 생각한다. 그에 따르면 그 결함은 주관적이고 우연적인 결함, 즉 철학자로서의 칸트가 가지고 있는 한계일 뿐이며 형이상학의 객관적·본질적 본성과 무관하다. 또 분트는 칸트의 이성비판은 이미 하나의 절대적·최종적 형이상학의 개념을 자신 안에 포함하고 있다고 생각했다. 만일 그의 생각이 옳다면 형이상학에 관한 원리적인 물음과 관련해서 칸트철학과 헤겔철학 사이엔 동일성 내지는 연속성이 존재하는 셈이다.

세 번째 지점은 정치에 관한 이해의 문제이다. 지난 200여 년 동

(völlig neu) 것이었다."(Brandt, "Kant als Metaphysiker", p. 73 참조)
[32] Brandt, "Kant als Metaphysiker", pp. 76-77.

안의 연구는 이 주제와 관련해서도 대략 다음과 같은 공통된 인식에 도달했다. 즉 정치는 정치적 공동체를 전제하며 가장 대표적인 정치적 공동체는 국가이다. 칸트가 생각하는 국가는 철저하게 근대적인 의미의 법치국가이며 정치는 법치국가의 창설·유지 그 이상도 이하도 아니다. 칸트에 따르면 정치는 구성원들 사이의 법적·외적 관계를 규제하는 강제 활동일 뿐이므로 구성원의 내적·도덕적 상태에 개입해서는 안 된다. 국민의 행복 및 그를 위해 불가피하게 요구되는 물질적·사회적 조건의 창출 역시 — 만일 그것이 법적 질서의 유지라는 본래적 과제와 충돌한다면 — 정치가 감당해야 할 과제가 아니다. 반면에 헤겔의 국가는 그것에 머물지 않거나 또는 그것과 전혀 다르다. 헤겔은 칸트의 국가가 전제하고 있는 기본 원리, 즉 외적 행위의 합법성과 내적 행위/심성의 도덕성 사이의 분리 자체를 거부한다. 따라서 헤겔의 국가는 칸트에게서처럼 구성원들의 내적·정신적 삶에 무관심할 수 없으며 인간의 총체적·구체적 삶의 유지를 위한 필수조건들(물질적 토대)에도 무관심할 수 없다.[33]

정치 및 국가는 어떤 것인가? 이러한 물음에 대해서 브란트는 '칸트와 헤겔은 전혀 다른 대답을 내어놓았다'라고 주장하는 반면에 분트는 '그렇지 않다'라고 생각한다. 분트에 따르면 헤겔의 국가·정치 이해는 칸트의 그것을 보완·발전시킨 것이며, 따라서 그 둘 사이에 양자택일은 성립하지 않는다. 반면에 브란트에 따르면 칸트의 정치·국가 이해는 스토아주의 전통을 따르고 있는데, 이것은 그전

---

[33] 이충진, 「칸트의 도덕성과 헤겔의 인륜성」; 나종석, 『차이와 연대』, 제5장 참조.

의 희랍과 다르며 그후의 중세와도 다르다. 따라서 정치·국가와 관련해서도 칸트와 헤겔 사이의 차이점은 주변적인 것이 아니라 본질적인 것이다.[34]

6. 무한한 대결

국내 연구자들 역시 '연속성과 상이성'의 문제를 오래전부터 논의해왔다. 예를 들어 최소인은 칸트 후기에 주목함으로써 "칸트에게서 출발하는 독일관념론의 사상이 어떤 의미에서 칸트철학의 계승일 수 있으며, 어떤 의미에서 칸트철학과의 결별이며 혹은 극복으로 파악될 수 있는지"를[35] 제시하고자 한다. 그가 말하는 계승(우리는 이것을 '연속성'이라고 표현했다)은 무엇보다도 두 철학 체계가 공유하고 있던 "동일한 문제"에서 찾을 수 있는데, 그것은 곧 "오성과 감성, 질료와 형식이라는 두 구분지를 하나의 포괄적 활동" 내지는 "자기 정립의 활동"으로 "통일"시키고자 하는 것이었다. 하지만 후기 칸트가 제시했던 해결책, 즉 의식과 사물의 "대립과 통일을 근거 짓는 무제약적 근거로서의 자기의식" 내지는 "근원적인 절대 동일의 의식"은 — 헤겔의 절대정신과는 달리 — 단지 "형식적인 동일성"만을 갖고 있는 것으로 이해되었고 결과적으로 "현실적인 지(知)의 체계[로부터] 배제"되어버렸다. 우리가 알고 있듯이 바로 이 지점

---

34 Wundt, *Kant als Metaphysiker*, pp. 304-305; Brandt, "Kant als Metaphysiker", pp. 85-91, 61-62 참조.
35 최소인, 「칸트『유작』에 나타난 절대 관념론의 맹아」: 447.

에서 초기 관념론자들은 칸트철학과 "결별"하였으며[36] 그들의 철학 체계는 칸트철학과의 '상이성'을 갖게 된 것이다.

2010년과 2011년 한국칸트학회와 한국헤겔학회가 개최한 두 번의 공동 학술대회는 '연속성과 상이성'에 관한 논의의 현재 지점을 낱낱이 보여주고 있다.[37] 최신환은 이 논의의 핵심을 다음과 같이 정확하게 제시하고 있다. "'무한한 대결'로 불릴 수 있을 만큼 늘 평행을 이루는 칸트와 헤겔의 논쟁은 이번에도 양자의 공통분모와 함께 상이한 방향에서 이루어졌다. 그 어떤 경우에도 '이성의 본성'을 포기하지 않고 오로지 이로부터 출발하려는 칸트와, 이성의 본성을 '이성의 현실성'으로 구체화하려는 헤겔의 모습은 모든 논의의 공통점이다."[38]

두 철학 체계 사이의 관계, 즉 '연속성과 상이성'을 논의하기에 좋은 하나의 예는 ― 공동 학술대회의 성과에 국한해서 말하자면 ― 실천철학의 성격과 관련된 논의이다. 그것은 지난 200년 동안 계속되어왔으면서 지금도 역시 "현재 진행형"인 "도덕성'과 '인륜성'의 대립과 화해의 문제"이다.[39] 내적 도덕성의 영역과 외적 합법성

---

[36] 최소인, 「칸트 『유작』에 나타난 절대 관념론의 맹아」: 476, 477, 478 참조. "[칸트의] 후기 관념론이 절대정신의 체계가 아닌 것은 자신의 체계를 교정하고 완성하려던 칸트의 시도가 다시 실패하고 미완으로 남았기 때문이 아니라, 이는 단지 칸트가 걸을 수 있고 걸어야만 했던 칸트 사유의 마지막 도정이었을 뿐이기 때문이다."(최소인, 「칸트 『유작』에 나타난 절대 관념론의 맹아」: 478)
[37] 2010년 10월 30일 학술대회의 주제는 '칸트 또는 헤겔? ― 발전인가 퇴행인가?'였으며, 2011년 10월 01일 학술대회의 주제는 '칸트냐 헤겔이냐? - 실천철학을 중심으로'였다.
[38] 최신환, 「발간사」: 5.
[39] 최신환, 「발간사」: 5.

의 영역을 인간 삶의 이질적인 두 영역으로 분리했던 칸트철학과 이러한 분리를 일종의 근대의 "병리적 현상"으로[40] 이해하고 총체적-인륜적 삶에 대한 실천철학을 구축하고자 했던 헤겔, 두 철학 체계 사이의 관계를 '지금 여기'의 철학자들 중 어떤 이는 연속적인 것으로, 다른 어떤 이는 상충하는 것으로 받아들였다. 대체적으로만 말하자면 '도덕성과 인륜성' 논의와 관련해서 한국의 헤겔 연구자는 독일의 헤겔 연구자의 입장을, 한국의 칸트 연구자는 독일의 칸트 연구자의 입장을 공유하는 듯이 보인다. 즉 헤겔 연구자들에겐 두 철학 체계의 연속성이 부각되어 보이는 반면에, 칸트 연구자들에게는 그것들의 차이점 내지는 칸트철학의 상대적 고유성이 더 중요하게 여겨지는 듯이 보인다.[41]

7. 철학 체계와 철학자

서양의 근대철학은 두 개의 상이한 정신적·철학적 전통을 토대로 발전해왔는데, 하나는 고대 희랍철학의 전통이며 다른 하나는 기독교 정신의 전통이다. 보만의 탁월한 연구에 따르면[42] 희랍적 사유 방식과 히브리적 사유 방식 사이의 차이점은 가령 공간과 시

---

40 나종석,「칸트 윤리학을 넘어 헤겔 인륜성의 철학에로」: 250.
41 이충진,「칸트 윤리학의 옹호」: 11-31; 나종석,「칸트 윤리학을 넘어 헤겔 인륜성의 철학에로」: 33-58 참조.
42 토를라이프 보만,『히브리적 사유와 그리스적 사유의 비교』, 제5부 참조. 다만 이 글에선 히브리적 사유와 중세 기독교적 사유의 차이를 무시했다.

간, 시각과 청각, 논증과 직관, 학문과 예술 등 몇 개의 켤레 개념을 통해서 구체적으로 제시될 수 있다. 근대 서양의 철학은 모두가 이러한 이질적인 요소를 많든 적든 자기 안에 가질 수밖에 없었으며 칸트철학과 헤겔철학 역시 예외가 아니었다.

칸트철학은 — 대략적으로만 말하자면 — 희랍적 사유 방식에 보다 더 가까운 듯이 보인다. 칸트가 진리의 필수 요인으로 보편성과 필연성을 제시하고 있다는 점, 그 결과 진리는 시간적 변화로부터 벗어나 있는 어떤 것, 그런 의미에서 '공간적'이라고 부를 수 있는 어떤 것으로 이해했다는 점, 학문의 가능성에 대한 관심이 문학·예술에 대한 관심보다 월등히 우월했다는 점 등에서 그러하다. 반면에 헤겔철학은 히브리적 사유 방식의 특성을 상대적으로 더 많이 가지고 있는 듯이 보인다. 진리는 운동을 자신의 본성으로 가지고 있다는 점, 논리적 운동이 시간상의 역사적 운동의 모습으로 현현 내지는 구현된다는 점, 개별자로서의 예술작품이 진리의 모습을 가감 없이 드러낼 수 있다는 점 등에서 그러하다. 이렇듯 칸트철학은 희랍적·공간적 사유 방식에, 반면에 헤겔철학은 히브리적·시간적 사유 방식에 보다 더 친화적이다.

그와 같은 친화성은 흥미롭게도 '연속성과 상이성'의 문제, 즉 칸트철학과 헤겔철학의 '관계'에 대한 이해의 문제와 관련해서도 등장한다. 앞서의 논의를 통해 볼 수 있었듯이 칸트철학에 친화적인 철학자들은 두 철학 체계의 관계를 상이성으로 평가·이해하는 경향이 있으며, 반면에 헤겔철학에 친화적인 철학자들은 두 철학 체계의 관계를 연속성으로 평가·이해하는 경향이 있다. 다시 말해서 칸티아너(Kantianer)들에게는 두 철학 체계가 공간적·시각적으로 이해되어 '상호 공간적으로 분리된 것', 따라서 '타자와 관계없이 자체적으로 존립하는 것'의 모습으로 보이지만, 반면에 헤겔리안(Hegelian)들에게는 두 철학 체계가 시간적·청각적으로 이해되어 '하나의 동일한 시간의 연속적 두 계기들'로, 따라서 '시간상에서 상호 연결되어 있는 것'으로 받아들여진다. 만일 우리가 이와 같은 흥미로운 사실을 ― 과감하게 ― 일반화시킨다면, 우리는 다음과 같이 말할 수 있게 된다. 한 연구자의 철학적 성향과 그의 눈에 보이는 철학사적 사실 사이에는 현저한 친화성이 존재한다.[43]

칸트철학/헤겔철학, 칸티아너/헤겔리안, 상이성/연속성 등에서 발견되는 친화성을 우리는 어떻게 받아들여야 하는가? 특히 칸트철학/헤겔철학과 상이성/연속성 사이의 친화성을 어떻게 이해해야 하는 것인가? 가능한 대답 중의 하나를 아마도 우리는 피히테에게서 발견할 수 있을 듯하다. 피히테라면 '그와 같은 친화성은 철학 자체의 본성에 기인한다'라고 말할 것이기 때문이다. 철학이란 ― 피히테의 표현을 빌려 말하자면 ― "마음에 들면 꺼내어 쓰다가 마음에 들지 않으면 치워버릴 수 있는 생명 없는 가사용품과 같은 것이 아니라, 자신을 소유한 사람의 영혼에 의해 [자신의] 영혼을 부여받게 되는 그와 같은 것"이며, 따라서 "'어떤 철학을 선택하는가' 하는 것은 '그가 어떤 사람인가' 하는 점에 달려"[44] 있다. 만일 그렇듯 '어떤

---

[43] 우리의 논의에 상응해서 표현하자면 특정 철학에 대한 개인적-주관적 친화성(칸트 친화적인가 아니면 헤겔 친화적인가)과 특정 사태에 대한 이해(칸트철학과 헤겔철학의 '관계'를 연속성으로 이해하는가 아니면 상이성으로 이해하는가) 사이엔 현저한 친화성이 존재한다.
[44] Johann Gottlieb Fichte, *Versuch einer neuen Darstellung der Wissenschaftslehre*, p. 17.

철학을 선택하느냐'와 '그는 어떤 철학자이냐'가 하나의 동일한 사태의 양면이라면, '과거의 특정 사태를 어떤 것으로 이해하느냐'는 동일한 사태의 '세 번째' 측면이 될 것이 분명하다.

만일 우리가 철학의 체계와 특정 사실의 철학적 해석 사이의 친화성을 인정할 수 있다면, '연속성과 상이성'의 논의는 지난 철학사의 한 자락을 들추어내 보이는 것 이상의 성과를 가진다고 말할 수 있다. '지금 여기의 내'가 과거의 철학들에 대한 이해와 관련해서 '연속성과 상이성' 중 어느 쪽을 택하는지는 '지금 여기의 나'의 철학적 정체성을 확인하는 효과적인 방법이기 때문이다. 그러므로 '연속성과 상이성' 논의의 성과는 겉모습보다 훨씬 적극적이다. '연속성과 상이성'의 논의에 주목함으로써 나는 과거 사안에 대한 평가자가 됨과 동시에 자신의 철학적 정체성에 대한 확인자가 될 수 있다. 이러한 자기 확인은 나로 하여금 자신의 철학적 작업의 현 위치와 지향점을 확인할 수 있도록 만들며 나아가 동시대의 철학적 동료들을 잘못된 "분노감"이나 "경멸감"[45] 없이 만날 수 있도록 만들 것이다. '연속성과 상이성'과 같은 '과거의' 철학에 대한 진지한 연구는 21세기 한국이라는 '지금 여기'에서 더욱 필요할 것이다. 왜냐하면 ― 헤겔의 말을 빌려 표현하자면 ― "피상성과 천박함이 철학에서 위대한 말들을 장악"하고 그와 같은 "피상적인 것들 위를 허영과 자만이 헤

---

[45] "독단론자들[경험주의자들]은 [관념론자들의 공격에 대해] 격정과 분노감을 가지고서 자신들을 방어하며, 관념론자들은 경멸감 속에서 독단론자들을 내려다본다. … 독단론자들은 분노하고 미칠 지경이 되어 할 수만 있다면 [관념론자들을] 박해하고자 하며, 관념론자들은 그러한 독단론자들을 냉정함 속에서 조롱한다."(Fichte, *Versuch einer neuen Darstellung der Wissenschaftslehre*, p. 17 참조)

엄치고" 다니며 그러한 "허영심이 그토록 불손한 태도로 마치 학문의 지배권을 지니고 있는 것처럼 생각하고 행동하는"[46] 그와 같은 철학에 대한 가공할 만한 모욕이 오늘날에는 철학자들 사이에서조차 횡행하고 때문이다.

---

[46] G. W. F. 헤겔, 『교수취임 연설문』, 14-15쪽. 인용은 헤겔의 눈에 비친 당시 독일철학계의 모습을 표현하고 있다. 아마도 헤겔은 '지금 여기의' 한국 철학계에 대해서도 비슷한 말을 할 것으로 생각된다. 철학의 대중화라는 미명 아래 철학자들조차 철학의 고유성과 전문성의 확보를 등한시하고 있는 것처럼 보이기 때문이다.

6장
맑스와 칸트 — 관념론적 사회주의

1. 들어가는 말

맑스는 200년 전 독일에서 태어나 135년 전 영국에서 사망했다. 유럽에서 근대화가 가장 늦은 곳에서 삶을 시작하고 가장 빠른 곳에서 삶을 마감하였으니 그의 일생에 얼마나 우여곡절이 많았을지는 미루어 짐작할 수 있다. 정치가로서든 저술가로서든 그에게 평안과 고요는 잠시도 허용되지 않았다.

2017년은 맑스의 『자본론』이 출간된 지 150주년 되는 해이다. 자본주의가 가장 발달한 영국에서 자본주의에 사망선고를 내리는 책을 저술했으니 참으로 아이러니한 일이 아닐 수 없다. 사람들은 흔히 이 책을 지칭하여 지난 150년 동안 성경 다음으로 많이 읽힌 책이라고 말한다. 제2차 세계대전 이후 지구상에 등장한 사회주의국가들을 생각해보면 과장된 말도 아닌 듯하다.

현실 사회주의가 몰락하고 자본주의가 승리를 구가하는 시대에도 맑스와 맑스주의는 여전히 우리 곁에 머물러 있다. 그가 아니었다면 우리는 '지금 여기'를 상당 부분 이해하지 못했을 것이기 때문이다. 『자본론』 발간 150주년을 기화로 전 세계 사람들이 이미 오래전에 죽은 사상가를 추모하는 것은 바로 그런 이유 때문이다.

맑스만큼 많은 추종자를 가진 사상가는 달리 없을 것이다. 생전에는 주로 유럽에서 그리고 사후에는 전 세계에서 자본주의 비판가로서 맑스의 영향력은 절대적이었다. 이러한 그의 영향력은 1870년대 독일의 작은 도시 마부르크(Marburg)에도 미쳤다. 당시 그곳에서 활동하던 일군의 철학자를 오늘날 우리는 '마부르크 학파'라고 부른다.

2. 마부르크 학파

마부르크 학파는 신칸트학파의 한 부류이다. 신칸트학파는 19세기 후반 독일에서 등장했다. 철학사적으로 보면 관념주의 철학이 붕괴된 채 물러났고, 그 자리를 근대 자연과학에 토대한 유물론이 차지하고 있던 시기였다. 신칸트학파는 한편으론 관념론의 형이상학 체계 구축에 반대했으며 동시에 다른 한편으론 전(前) 학문적-통속적 유물론을 극복하고자 했다. 이를 위해 그들은 칸트철학으로 돌아가야 한다고 생각했다.[1] '칸트로 돌아가자!(zurück zu Kant!)'가

---

[1] 다른 한 부류는 하이델베르크의 서남학파이다. 이 학파는 당시 유물론(자연주의, 실증주의)이 부인했던 비(非)자연적 학문, 즉 정신과학의 가능성을 정초하는 데 주력했다. 사카베 메구미 외, 『칸트사전』, 232-235쪽; https://de.wikipedia.org, 〈Neukantianismus〉 참조.

그들의 모토였다.²

마부르크 학파는 코헨에서 시작되었다. 그는 인식주관에서 독립한, 그런 의미에서 객관적인 지식과 학문이 존재한다는 사실을 입증하려고 시도했다. 엄밀학의 논리적 토대를 연구했던 나토르프는 이런 방향에서 코헨에 가장 근접한 사람이었다. 이들의 학문적 토대는 칸트의 인식 이론이었다. 그런데 이들은 학문 이론의 영역에 머물지 않고 윤리학, 사회철학 등 실천철학 분야로 자신의 연구를 확장했다. 그리고 그 길을 슈탐플러, 슈타우딩어, 포어랜더 등이 뒤쫓았다.³

19세기 후반이라는 시간과 독일이라는 공간 때문에라도 이들 마부르크 철학자들은 맑스를 비켜 갈 수 없었다. 칸트가 그랬듯이⁴ 자신의 시대를 철학하고자(seine Zeit philosophieren) 했던 그들의 눈은 맑스를 향할 수밖에 없었다. 그들의 시대를 그들에 앞서 철학의 눈으로 바라본 사람이 맑스였기 때문이다. 마부르크의 칸트주의자들은 맑스와 칸트, 맑스철학과 칸트철학을 한자리로 불러모았다. 이 '맑스주의적 칸트주의자들(die marxistischen Kantianer)'은 그렇게 관념론적 사회주의를 탄생시켰다.⁵

---

2 '칸트로 돌아가자!'라는 모토는 리프만(Liebmann)에게서 유래한다. 그는 자신의 책(*Kant und die Epigonen- eine kritische Abhandlung*)의 5개 단락 모두를 '그러므로 우리는 칸트로 돌아가야만 한다'라는 말로 끝맺고 있다(https://de.wikipedia.org, 〈Neukantianismus〉 참조).
3 https://de.wikipedia.org, 〈Neukantianismus〉 참조. 슈탐플러와 슈타우딩어에 관해서는 전적으로 포어랜더(Karl Vorländer, *Kant und Marx*, pp. 130-152)의 연구에 의존했다.
4 푸코, 「계몽이란 무엇인가」, 351쪽 참조.
5 '관념론'에 해당하는 독일어는 'Idealismus'인데, 이때의 'Idea'는 '관념(觀念)'

3. 최초의 관념론적 사회주의자 — 코헨

1) 사회주의 창시자로서의 칸트

1896년 코헨(Hermann Cohen, 1842-1918)은 동료였던 랑에(Lange)의 저서에 대한 「비판적 서문」에서 정치와 윤리의 관계에 대한 자신의 입장을 제시했다. 이 글에서 그는 "칸트야말로 독일 사회주의의 진정하고도 실질적인 창시자이다"라고[6] 선언한다. 이러한 선언은 이후 마부르크의 관념론적 사회주의자의 "격언(Diktum)"이[7] 되었다.

맑스에게서 시작된 사회주의의 한 축은 유물론이며, 이러한 유물론의 대척점에 있는 것이 관념론이다. 그런데 코헨의 눈에 유물론은 사회주의 원리와 "심각한 충돌(den unversöhnlichen Widerspruch)"에 빠지게 되며, 따라서 유물론에 근거를 둔 사회주의는 모순에 빠질 수밖에 없는 것으로 보였다. 이런 인식 아래 코헨은 "사회주의는 윤리의 관념론에 자신의 토대를 가지는 한에서만 올바르다. 또 윤리의 관념론이 사회주의에 근거를 제공한다"라고 단언한다.[8]

외에도 '이상(理想)'이란 의미도 가지고 있다. 마부르크의 사회주의자들은 대부분 그 둘을 동의어로 사용한다. 그들처럼 나도 이 글에서는 두 단어를 동의어로 사용할 것이다. 형용사의 경우도 마찬가지이다.

6 Hermann Cohen, "Einleitung mit kritischem Nachtrag zur neunten Auflage", p. 112. 원문은 다음과 같다. "Er[Kant] ist der wahre und wirkliche Urheber des deutschen Sozialismus." 코헨은 「비판적 서문」을 제5판을 위해 처음 작성했다. 이 글에서는 제9판의 쪽수를 표기했다.

7 Harry van der Linden, "Cohen's Socialist Reconstruction of Kant's Ethics", p. 147 참조.

8 Cohen, "Einleitung mit kritischem Nachtrag zur neunten Auflage", pp. 111, 112.

코헨이 말하는 윤리의 관념론은 다름 아닌 칸트 윤리학이다. 좁은 의미의 칸트 윤리학은 인간의 본질을 자기 목적 내지는 존엄성으로 천명하고 어떤 경우에도 인간의 전적인 수단화를 허용하지 않는다. 또 넓은 의미의 칸트 윤리학은 최선의 국가를 최선의 법을 가진 국가로 이해하며 정치 역시 규범적 시각으로 이해한다.[9] 그런데 자연주의 유물론은 인간 존엄성의 개념에 도달할 수 없으며 현실 조건을 초월하는 정치활동에 대한 이해를 제공할 수 없다. 따라서 자연주의 유물론은 "사회주의의 도덕적 권리 주장(die sittlichen Rechtsforderungen)"의[10] 근거를 제공할 수 없다.

이러한 인식에 기반해서 코헨은 사회주의 이론의 구축을 위해 필요한 것들을 구체적으로 제시한다. ① 사회주의의 토대로서 유물론은 철저하게 지양되어야 한다. ② 사회주의라는 건물의 정점에는 선의 힘(Macht des Guten)이 자리해야 한다. ③ 유물론적으로 이해된 사회나 경제공동체 등이 아니라 법과 국가, 자유와 자유 법칙 등이 더 주목되어야 한다. ④ 민족의 이념은 인류의 이념과 결합되어야 한다.[11]

이렇듯 "사회주의의 기초를 마련하기 위해서 칸트 윤리학의 기저에 놓여 있는 의미에 주목했던 최초의 칸트주의자"가[12] 바로 마부르크의 철학자 코헨이었다.

---

[9] 규범적으로 이해된 정치란 "이상-정치"를 말한다(Cohen, "Einleitung mit kritischem Nachtrag zur neunten Auflage", p. 112 참조). 하지만 이것은 칸트적인 생각은 아니다. 칸트는 정치를 일종의 '응용 윤리'로 이해했기 때문이다.
[10] 이것은 포어랜더의 표현이다. Vorländer, *Kant und Marx*, p. 125 참조.
[11] Vorländer, *Kant und Marx*, p. 125 참조.
[12] Vorländer, *Kant und Marx*, p. 122 참조.

2) 칸트 윤리학의 사회주의적 재구성

코헨은 사회주의와 칸트 윤리학의 체계적인 종합을 1904년에 발표한 저서 『순수 의지의 윤리학』에서 제시했다.[13] "사회주의의 관념론적 근거 지음"을 위해 그는 "법학의 논리적 토대로서의 윤리학"에 특히 주목했다.[14] 역으로 말하면 "칸트 윤리학의 사회주의적 재구성"을 위해 그는 법학자의 시각에서 칸트 윤리학의 "교정"을 시도했던 것이다.[15]

법학자의 눈으로 보면 칸트가 말하는 목적의 왕국은 근대인들이 생각했던 이상 국가, 즉 법치국가와 다름없다. 또 그 왕국의 구성원, 즉 자기 목적으로서의 인간은 근대인들이 생각했던 인간다운 인간, 다시 말해서 자유권을 가진 권리주체와 다름없다. 자유-평등한 사람들로 구성된 사회이면서 권력이 아닌 법칙에 의해 지배-통치되는 국가, 그것은 『법론(Rechtslehre)』에서 칸트가 제시했던 국가였으며 맑스가 제시한 사회주의국가이기도 했다.[16]

---

13 Hermann Cohen, *Ethik des reinen Willens*, 1904.
14 Vorländer, *Kant und Marx*, p. 126.
15 Linden, "Cohen's Socialist Reconstruction of Kant's Ethics", pp. 155, 158, 156. "코헨이 칸트 윤리학을 재구성함에 있어서 혁신적인 요소는 법인의 개념이 전체성(Allheit)의 모델로 사용될 수 있을 것이라는 통찰이었다" 참조.
16 칸트의 법치국가와 맑스의 사회주의국가가 동일한 모습이라고는 물론 말할 수 없다. 엄밀히 보면 아마도 유사함보다 차이점이 더 많을 듯하다. 이에 대해서는 별도의 논의가 필요할 것이다. 다만 근대적 국가, 즉 개인의 자유/존엄성에 토대한 국가라는 근대적 생각을 공유하고 있다는 점에서 칸트와 맑스 사이에 ─ 일반적으로 생각하는 것만큼 ─ 그렇게 큰 간격이 있는 것은 아니다.

이렇듯 법학자의 눈으로 해석한 칸트의 목적의 왕국과 그것의 구성원인 자기 목적으로서의 인간은 다름 아닌 법치국가(권리 공동체)와 권리주체이다. 이러한 법치국가와 권리주체는 물론 우리의 머릿속에만 존재하는 이상이자 관념일 뿐이다. 현실에서 그것은 정치공동체(현실 국가)와 정치 주체의 모습으로만 존재한다. 그리고 이와 같은 정치공동체로서의 현실 국가는 다른 공동체와는 다른 고유성을 가지고 있다. 즉 정치공동체는 오직 구성원들(정치 주체들)의 적극적 행위에 의해서만 성립되고 지속될 수 있으며, 시간의 흐름 속에서 자신의 정체성을 유지하거나 변경하는 것도 오직 구성원들의 적극적 행위에 의해서만 가능하다. 정치공동체와 정치 주체 사이에는 그와 같은 내적-필연적 관계가 성립한다.

 그런데 맑스가 제시한 협동 사회(Genossenschaft)와 그것의 구성원(Genosse) 사이에도 정확하게 그와 같은 관계가 성립한다. 첫째, 협동 사회는 구성원들의 상호적-적극적 행위(합의) 없이는 설립-존재할 수 없다. 또 이때 구성원들은 완전하게 자유-평등해야 한다. 둘째, 협동 사회의 모습(규정) 역시 구성원들의 적극적 행위를 통해서만 결정될 수 있으며 그것의 변경과 폐기도 마찬가지이다. 셋째, 협동 사회는 대내적으로는 상이한 구성원들로 구성되어 있지만 대외적으로는 단일한 통일체로 존재-활동하는데, 이러한 단일성 역시 구성원들의 적극적-지속적 활동을 통해서만 성립-지속할 수 있다.[17]

---

[17] 이와 관련된 논의는 대부분 다음에 의존했다. Linden, "Cohen's Socialist Reconstruction of Kant's Ethics", pp. 155-165. 다수의(viele) 구성원 모두가(alle) 하나로(ein) 통합된 것(Einheit)이 협동 사회이다. 이러한 개념에 도달하는 과정에서 코헨이 주목한 것은 물론 칸트의 양(量) 범주이다(Linden, "Cohen's So-

자유-평등한 구성원들의 적극적 활동이 자신의 존재와 모습과 활동을 위한 필수조건이라는 점에서 협동 사회는 자연적 공동체인 가정이나 이익을 매개로 만들어지는 경제공동체와 다르며 정치공동체와 원리적으로 동일하다. 코헨이 칸트의 목적의 왕국과 그 구성원에서 맑스의 협동 사회와 그 구성원의 전형(典型)을 발견하게 된 이유이다.

사회주의를 칸트적-관념주의적 윤리학에 정초시키려는 코헨의 시도를 린덴(Linden)은 다음과 같이 묘사한다. "[칸트의] 도덕법칙은 철저한 민주주의를 위한 제한조건들과 기본 원칙들 역시 제시한다. 인간들의 상호 존중에는 '입법의 가능 조건들은 보호되어야 하며 또 모든 개인에게 최적화되어야 한다'라는 점이 함축되어 있다. 그뿐만 아니라 목적의 왕국이라는 이념은 곧 개인 목적들의 조화로운 일치이므로 그것에도 '각 제도의 (특히 협동 사회의 경우가 [그러하듯]) 궁극 목적은 단순히 개별 구성원이 가진 목적에만 적합해서는 안 되며 모든 개인의 목적에 적합해야만 한다'라는 점이 함축되어 있다."¹⁸

코헨이 걸어간 길, 즉 칸트의 윤리학에서 맑스의 사회주의로 나

---

cialist Reconstruction of Kant's Ethics", pp. 155-159 참조).

18　Linden, "Cohens sozialistische Rekonstruktion der Ethik Kants", p. 158. 칸트의 목적의 왕국 및 그것의 구성원과 코헨의 협동 사회 및 그것의 구성원 사이에는 적지 않은 차이점이 존재한다. 목적의 왕국의 구성원은 고립된(isoliert) 입법자이지만 코헨이 제시한 협동 사회의 구성원은 공동 입법자(Mit-Gesetzgeber)이며, 전자의 법칙은 입법자 자신에게만 적용되는 법칙이지만 후자의 법칙은 공동체 전체에 적용되는 법칙, 즉 공동체를 창출-유지하는 공적 법칙이다. 정치적 권리는 당연히 공동체 구성원으로서의 인간에게만 주어진다. 하지만 칸트에게서 사회주의를 읽어내려 한 코헨에게 이와 같은 차이점은 부차적인 것이었다.

아가는 길은 그런 것이었다. 그 길은 때때로 굴곡은 있어도 단절은 없었다. 그 길의 시작점에 윤리학자로서의 칸트가 있었으니 칸트는 사회주의의 창시자인 셈이다.

4. 자유의지들의 사회 — 슈탐믈러

우리는 칸트와 맑스를 여러 부분에서 비교할 수 있지만 경제에 관해서만은 그렇지 않다. 인간과 국가와 역사 이해의 중심에 경제문제를 두었던 맑스와는 달리 칸트는 경제문제에 대해 학문적으로 접근한 적이 없었기 때문이다. 하지만 19세기 후반의 마부르크 학파는 경제문제를 외면할 수 없었다. 이 과제를 떠맡은 사람이 마부르크의 법철학자인 슈탐믈러(Rudolf Stammler, 1856-1938)이다.[19]

칸트의 출발점은 선험적(transzendental) 물음이었다. 대상에 대한 물음 이전에 (대상의) 인식에 관한 물음, 특히 인식의 가능 조건에 관한 물음이 그것이다. 이에 상응해서 슈탐믈러는 '경제에 관한 학문을 가능하도록 만드는 조건은 무엇인가?'라는 물음을 던지며, 그에 대한 대답으로 사회경제적 삶의 형식들(Formen)을 제시한다. 그리고 그중 하나가 법이었다.[20]

---

[19] Rudolf Stammler, *Wirtschaft und Recht nach der materialistischen Geschichtsauffassung. Eine sozialpolitische Untersuchung* 참조. 코헨 역시 경제에 주목한 칸트주의자인 것은 분명하지만 본격적인 경제 연구는 슈탐믈러에 와서 등장한다. 그는 저서의 제목에 '경제'를 명시적으로 표기한 거의 유일한 신칸트주의자이다.

[20] Vorländer, *Kant und Marx*, pp. 130-131 참조.

슈탐플러는 경제와 법의 관계를 맑스와 정반대로 이해했다. 맑스는 하부구조인 경제가 상부구조인 법(국가)을 규정한다고 생각했지만 슈탐플러는 형식인 법이 질료인 경제를 규정한다고 생각했다. 그에 따르면 인간의 상호적 경제활동은 외적 규범들(법규범)에 의해 규제-규정되며, 거칠게 말하자면 물질은 관념에 의해 규정된다. 이렇게 하여 슈탐플러는 사회적-경제적 삶을 실증적-경험적으로 이해한 유물론적 경제 이해와 결별한다.[21]

슈탐플러는 유물론적 역사 이해 또한 칸트에 의지해서 비판한다. 맑스에 따르면 인류의 역사는 경제활동의 역사와 다름없다. 인간의 경제활동, 그것에 선행하는 물질적-사회적 조건, 그것에 의해 산출되는 결과물 등이 인류 역사의 형태와 발전 단계와 방향을 규정한다. 따라서 역사 이해를 위해 중요한 것은 물질(인간의 구체적 자연, 특수한 모습들)을 관찰하고 분석하는 것이지 비물질(인간의 보편적 본성)을 찾는 것이 아니다. 역사를 이해하기 위해 우리는 — 비유적으로 말하자면 — 인간의 머리가 아니라 몸에, 사유가 아니라 행위에 주목해야 한다.

반면에 슈탐플러에 따르면 역사 이해의 올바른 방법은 칸트에 의해 제시된 목적론이다. 인간의 행위나 사회적 삶은 인과관계(기계적 관계)가 아니라 목적-수단의 관계이며 따라서 그것을 이해하는 올바른 관점은 인과론이 아니라 목적론이다. 개인의 삶처럼 사회적 삶 역시 자신의 궁극목적을 향해 진행하고 그것에 상응해서 형태화(형식화)되기 때문이다. 역사는 인간 전체의 사회적 삶이므로 목적-

---

21 Vorländer, *Kant und Marx*, p. 131 참조.

수단 관계는 역사 진행의 이해에도 그대로 적용된다.²²

슈탐믈러는 역사 진행의 최종 목적지를 "자유롭게 의지 활동하는 인간들의 사회(die Gemeinschaft frei wollender Menschen)" 및 "올바른 법(Das richtige Recht, 正法)"에 의해 지배-통치되는 사회로 표현했다. 이러한 사회란 그 안에는 "올바른(recht) 목적과 올바른 수단"만이 존재하며 "각각의 사람 모두가 타인의 객관적으로[법칙에 의해] 승인된(berechtigten) 목적을 자신의 목적으로 삼는" 것이 가능한 그와 같은 사회이다.²³ 그런데 이러한 사회는 분명 하나의 관념이지 현실이 아니다. 그러므로 인류 역사 진행의 최종 지점 역시 역사 진행의 경험적 분석을 통해서는 결코 발견되지 않으며 오직 목적론에 의해서만 제시될 수 있다. 역사를 올바로 이해할 수 있는 것은 유물론이 아니라 관념론-이상론이다.

사람들은 흔히 '헤겔 관념론을 그대로 뒤집으면 맑스 유물론이 된다'라고 말한다. 엄밀하게 따져보면 그렇지 않겠지만 큰 틀에서 보면 틀린 말도 아닐 듯하다. 그렇다면 마부르크의 칸트주의자인 슈탐믈러 역시 사회주의자라고 말할 수 있겠다. 경제와 법의 관계, 역사 이해의 방법론, 역사철학 등에서 슈탐믈러와 맑스의 관계는 마치 왼손과 오른손의 관계처럼 보이기 때문이다.

---

22 Vorländer, *Kant und Marx*, pp. 131-132 참조.
23 Vorländer, *Kant und Marx*, pp. 131-132 참조.

5. 목적들의 질서 — 나토르프

마부르크 학파의 일원으로서 교육에 관심을 가졌던 유일한 사람이 나토르프(Paul Natorp, 1854-1924)였다. 그는 칸트주의자로서는 칸트의 인식 이론에 충실했지만 교육자로서는 맑스에 더 가까웠다. 사회주의적 교육정책, 무상 국민교육, 평등한 교육 기회 등이 그의 실질적인 주요 관심사였기 때문이다.[24]

나토르프에 따르면 인간 활동의 기본 요소는 '충동(Trieb), 의지, 이성'이다. 이것의 사회적 형태가 '공동의 노동, 공동의 의지 규제, 공동성[체]의 이성적 비판'이며, 이것에 상응하는 인간의 활동이 '경제활동, 규제[정치]활동, 교육활동'이다. 그리고 첫째 및 둘째와 셋째 사이에는 수단-목적 관계가 존재한다. 즉 "경제와 법은 인간교육이라는 최고의 목적을 위한 수단으로 이용"된다.[25]

인간 사회의 발전(역사)에 대한 이해 역시 그와 동일한 구조 및 내용을 가지고 있다. 인류 역사는 자연과의 싸움에서 시작된 후(1단계) 자연과 구분되는 인간 사회를 구축하고(2단계) 자신이 만든 사회를 보다 합리적으로 만들어가는 방향으로 진행했고 진행한다(3단계). 첫째 단계에서는 자연을 이해하고 이용하는 지식과 기술이, 둘째 단계에서는 사회를 만들기 위한 규칙의 제정과 집행이, 셋째 단계에서는 사회의 이성적 합리화가 중요하다.[26]

---

[24] https://de.wikipedia.org, 〈Neukantianismus〉.
[25] Paul Natorp, *Sozialpädagogik*, p. 134; Vorländer, *Kant und Marx*, p. 135 참조.
[26] Natorp, *Sozialpädagogik*, pp. 134-136; Vorländer, *Kant und Marx*, pp. 134-135 참조.

그런데 나토르프가 보기에 유물론은 인류 역사가 셋째 단계로 진행하는 것을 올바로 이해하지 못했다. 사회적 물질(사회경제)과 사회적 형식(법, 제도 등) 사이의 변증법적 관계가 2단계 안에서는 성립하지만, 그와는 달리 2단계에서 3단계로의 진행은 인간의 이성, 즉 현존하는 사회적 질료와 형식에 구속되지 않는 이성 능력에 의해 이루어진다. 이것은 "[1단계의] 자연과학적 인식들과 [2단계의] 사회-기술적 통찰에 질서를 부여하[려]는 의지"에 의해 수행되는 진행이며, 이성에 의해 수행되는 "의식된 비약(das bewußte Aufsteigen)"이다.[27] 그것은 물질적이기보다는 관념적이다.

나토르프에 따르면 인류 역사의 방향성과 최종 목적지 역시 물질적 조건에 의해서가 아니라 그와 무관한 이성에 의해 규정된다. 인류의 역사는 인간 행위의 역사이며 인간 행위는 목적 실현의 행위이므로 역사의 최종 지향점은 모든 사람의 모든 목적의 상호 조화, 달리 말하면 "목적들의 최대로 가능한 질서"일[28] 수밖에 없다. 그런데 이것은 경험에서 도출되는 것이 아니라 이성에 의해 도출되는 것이며, 그런 의미에서 물질적인 것이 아니라 관념적인 것이다. 역사적 흐름들과 사건들에 일정한 질서 내지는 특정한 규칙성을 부여하는 것은 바로 이러한 역사의 최종 목적이라는 관념이다. "인류 역사의 발전 법칙은 자연의 경험법칙이 아니라 이념의 규제적 법칙이다."[29] 이렇게 나토르프는 유물론적 역사 이해를 부인하고 칸트의 관념론적 역사 이해를 수용한다.

[27] Vorländer, *Kant und Marx*, p. 136.
[28] Natorp, *Sozialpädagogik*, p. 135.
[29] Vorländer, *Kant und Marx*, p. 166.

역사 발전의 마지막 지점은 나토르프에게 "목적들의 윤리적-통일적 질서[세계]"였으며, "인간 자신이 가진 근본 능력들이 빈틈없이 조화롭게 연관된 채 인간존재가 모든 면에서 자신을 전개(展開)"하는30 것이 가능한 질서/세계였다. 그가 생각했던 유토피아는 인간의 도덕적 성숙과 자연적 성장이 최대화되면서도 그 둘 사이에 위계가 존재하는 그런 세계였다. 이 점에선 물론 칸트와 맑스 사이에 아무런 차이가 없었다.

6. 도덕적 이상 — 슈타우딩어

마부르크의 칸트주의자 중에서 사회주의에 가장 가까웠던 사람은 슈타우딩어(F. Staudinger, 1849-1921)였다. 그는 자신의 선배와 동료에 비해 "훨씬 더 분명하고 확고하게 사회주의 편에 서 있었다."31

슈타우딩어는 한편으로 맑스의 자본주의에 대한 생각을 그대로 공유했다. 자본주의가 도래하면 인간에 의한 인간의 지배가 자본에 의한 인간의 지배로 대체되며, 따라서 자본주의사회에서 인간은 결코 자유롭지도 서로 평등하지도 않다. 다른 한편 그는 자본주의 이후의 사회(사회주의적 사회), 즉 진정한 의미에서 자유-평등한 사람

---

30 Vorländer, *Kant und Marx*, pp. 175-176 참조. 나토르프에게 교육의 목표는 인간의 내면과 외면 모두의 성장이며 도덕적 능력과 자연적 능력 모두의 극대화이다. 이 점은 (초기) 칸트와 맑스에게서 모두 발견되는 부분이다.
31 Vorländer, *Kant und Marx*, p. 142 참조.

들의 공동체를 칸트의 목적의 왕국에서 발견했으며, 그것을 "도덕적 이상"이라는[32] 지극히 칸트적인 언어로 표현했다.

이러한 도덕적 이상으로 나아가야 하는 것이 현실 사회주의의 과제이다. 이 점에서, 즉 이상과 현실의 관계를 이해함에 있어서 슈타우딩어는 칸트의 사유 방식을 공유하고 있다. 독일 사회를 사회주의로 전환시키는 힘 또는 독일의 현실 사회주의를 진정한 사회주의로 이끌어가는 힘을 슈타우딩어는 "당시의 노동운동에서"[33] 찾았다. 이 점에서 그는 맑스와 유사했다. 그는 이상적 사회주의를 말할 때는 관념론자-칸트주의자였지만 그것에 현실성을 창출하는 조건을 말할 때는 유물론자-맑스주의자였다.

칸트주의자이면서 동시에 사회주의자였던 슈타우딩어에게 중요한 이론적 과제는 칸트 윤리학을 사회주의 윤리학으로 전환시키는 것이었다.[34] 그는 "칸트로부터 사회주의를 쉽게 읽어내는 것은 가능하지 않겠지만 … 칸트의 자유주의적 생각의 귀결들은 사회주의로 귀착될 것"임을[35] 확신했다. 그는 칸트 윤리학에 내재해 있는 공동체 윤리(사회윤리)를 드러냄으로써 칸트의 자유주의 윤리를 맑스의 사회윤리에 연결시키고자 시도했다. 즉 그는 칸트의 정언명령에

---

[32] F. Staudinger, *Ethik und Politik*, p. 66. Vorländer, *Kant und Marx*, p. 143 참조. 이러한 도덕적 이상을 슈타우딩어는 "인식과 목적 질서(Zwecksordnung)와 의지에 있어서 실천적 공동체[적] 삶의 통일성"이라 표현하며 "평등권을 가진 자유인들에 의해 창출"되어야 하는 것으로 생각한다.

[33] Vorländer, *Kant und Marx*, p. 143.

[34] 슈타우딩어의 과제는, 다른 관점에서 보자면, 사회주의 방법론(인과법칙론)의 "부족함(der Mangel)"을 칸트의 방법론(목적론)으로 "보완"하는 것이었다 (Staudinger, *Ethik und Politik*, p. 110).

[35] Vorländer, *Kant und Marx*, p. 147.

6장 맑스와 칸트 — 관념론적 사회주의 157

서 사회윤리를 읽어내고자 시도했다. 그리고 그것을 위해 특히 목적의 정식에 주목했다. 목적의 정식은 타인에 대한 나의 행위를 규제하고 있기 때문이며 그러한 타자 지향적 행위를 규제하는 정언명령은 사회윤리이기도 하기 때문이었다.

"자유로운 인간 세상은 현대 사회주의의 내재적이고 참된 시작점(der wahre innere Ausgangspunkt des heutigen Sozialismus)"이다. 그런데 슈타우딩어는 칸트의 목적의 왕국은 바로 그러한 세상을 정확하게 표현하고 있다고 생각했다. 따라서 칸트의 목적의 왕국에 주목했던 칸트주의자들이 "사회주의자가 된 것은 우연이 아니었다."[36] 슈타우딩어 자신도 그들 중 하나였다.

7. 관념론적 사회주의의 저수지 — 포어랜더

1) 칸트는 사회주의자인가?

코헨에서 시작된 마부르크의 사회주의는 포어랜더(Karl Vorländer, 1860-1928)에서 끝을 맞이한다. "칸트 방법론에 입각하여 관념론적 사회주의의 근거를 마련"하고자[37] 했던 그는 칸트 윤리학과 목적의 왕국에 주목했다. 이 점에서 그는 전형적인 마부르크의 관념론적 사회주의자였다. 하지만 그럼에도 우리가 그에게서만 발견할 수

---

[36] Vorländer, *Kant und Marx*, p. 144.
[37] https://de.wikipedia.org, 〈Neukantianismus〉

있는 고유한 부분(spezificum)도 있는데, 그것은 대략 두 가지 정도이다. (1) 그는 칸트의 역사철학을 "맑스주의와의 연관성에 중점을 두고"³⁸ 연구했으며 (2) 시대적 상황에 대한 칸트의 개인적 견해를 맑스의 그것과 비교했다.

칸트는 사회주의자인가? 이 물음에 대한 대답을 찾기 위해 포어랜더는 먼저 칸트의 역사철학에 눈을 돌린다.[39] 칸트는 인류의 역사를 원시사회에서 문명사회를 거쳐 도덕사회로 발전해가는 것으로 보면서, 이러한 발전의 추동력을 인간 종(種)에 내재한 자연 본성(비사회적 사회성)과 그것에 기인하는 상호 충돌이라고 생각했다. 인류의 역사가 국가의 창출을 거쳐 현실 국가의 개선으로 나아가게 되는 원인도 인간의 도덕적 본성이나 인간에 내재한 "사랑이 아니라" 상호 폭력이나 전쟁 같은 "곤경(Not)"이라고 생각했다. 이렇듯 「세계시민적 견지에서 본 보편사의 이념」에서 발견되는 칸트의 역사 이해는 "엄격하게 인과적인 역사 이해"이며 이곳에서 칸트는 "확신에 가득 찬 역사 유물론자처럼(wie ein überzeugter historischer Materialist)" 인류 역사를 이야기하고 있다. 그런 한에서 칸트는 분명 사회주의자이다.[40]

칸트는 사회주의자인가? 이 물음에 대한 두 번째 대답을 찾기 위해 포어랜더는 역사적-사회적 문제에 대한 칸트의 입장에 주목한다.[41] 가령 「이론상으로는 옳을지 모르지만 실천에는 쓸모없다고

---

38   https://de.wikipedia.org, 〈Neukantianismus〉
39   Vorländer, *Kant und Marx*, pp. 6-18 참조. 1999년에 발표된 우드의 연구는 포어랜더의 연구를 거의 그대로 반복하고 있다. Allen W. Wood, *Kant's Ethical Thought*, pp. 244-249 참조.
40   Vorländer, *Kant und Marx*, pp. 11, 18, 14. Vorländer, *Kant und Marx*, 7-18 참조.
41   이하는 다음을 참조. Vorländer, *Kant und Marx*, pp. 18-34.

하는 속설에 대하여」에서 칸트는 정치적 권리를 사회경제적 자립성을 가진 자에게만 부여한다. 이러한 제한은 자유권과 시민권의 원리적 이해에서 도출된 것이며, 칸트는 이 지점에서 걸음을 멈추었다. 반면에 맑스는 사회경제적 자립성 자체의 가능 조건에 주목했으며 그러한 자립성을 불가능하게 만드는 사회적-정치적 현실을 분석했다. 이와 같은 맑스의 시각과 문제 설정은 칸트에게선 발견되지 않는다. 그러므로 칸트와 맑스는 다르며 그런 한에서 칸트는 사회주의자가 아니다.⁴²

2) 최대의 관념론적 사회주의자

1901년 포어랜더는 자신의 책에서 다음과 같이 말한다. "그 결정적인 세기[19세기]의 마지막은 사회주의의 깃발 아래 있었다. 18세기의 마지막은 개인주의(자유주의)의 깃발 아래 있었다. 두 경우에서 특히 눈에 띄는 것은 철학적 심화와 근거 지음을 위한 노력인데, 이러한 노력은 두 번 모두 임마누엘 칸트라는 이름 및 그의 철학과 연결되어 있었다. 이것은 매우 특이한 일이다."⁴³

---

42 만일 우리가 칸트의 입장을 부정적인 의미에서 '한계'라고 말한다면, 그러한 한계는 칸트가 자신의 시대적 제한 안에서 세계를 이해했다는 사실에 기인한다. 포어랜더의 표현을 빌려 말하자면 "정치사회적 견해와 관련해서 보면 하나의 인간으로서의 칸트 또한 그 시대의 아들이었다. 그의 정치 이론은 … 프랑스대혁명의 독일적 이론이었으나, 모두가 알고 있듯이 이 혁명은 제3계급의 혁명이었지 제4계급의 혁명은 아니었던 것이다."(Vorländer, *Kant und Marx*, p. 33) 사회주의를 위한 사회적-물질적 조건들이 성숙하지 않았던 18세기 독일에서 사회주의자 칸트는 등장할 수 없었던 것이다.

43 Karl Vorländer, *Kant und der Sozialismus unter besonderer Bepücksichtigung der neuesten*

『칸트연구(Kant-Studien)』의 편집자이자 최초의 칸트 연대기를 저술한 칸트주의자 포어랜더를 사회주의로 이끈 것은 그의 스승인 코헨이었다. 정치사회적 현안에 대한 그의 타고난 감수성 역시 이 칸트주의자로 하여금 '그 결정적인 세기'의 독일을 지배했던 현실 사회주의를 비껴갈 수 없게 만들었다. 이렇게 해서 코헨에서 시작된 마부르크의 사회주의는 그의 제자인 포어랜더에게로 이어졌다.

포어랜더는 한평생 '칸트와 맑스'를 연구했다. 「칸트에 토대한 사회철학」(1897), 『칸트와 사회주의』(1901), 「사회주의 안에서 신칸트학파의 운동」(1902), 『맑스와 칸트』(1904), 「맑스인가 칸트인가?」(1909), 『칸트와 맑스 — 사회주의 철학의 예비』(1911) 등 수많은 저술은 그의 연구의 방향성을 웅변한다. 그리고 바로 이 점이 마부르크의 관념론적 사회주의와 관련해서 포어랜더를 이야기할 때 우리가 가장 주목해야 할 부분이다.

코헨과 나토르프는 포어랜더의 "작업 능력과 성실성"을[44] 높이 평가했는데, 이와 같은 그의 장점이 가장 잘 발휘된 것이 바로 관련 연구의 현황에 대한 철저하고도 방대한 보고(Bericht)이다. 자신의 많은 텍스트에서 그는 자기 시대의 관념론적 사회주의자들의 연구를 주기적으로 추적하고 소개한다. 이런 연구의 종합판이라 할 수 있는 『칸트와 맑스』에는 독일, 프랑스, 영국, 이탈리아, 러시아 등 유럽 국가의 이론가들이 20명 넘게 무려 150여 쪽에 걸쳐서 소개되고 있다.[45] 이런 방향의 연구에서 보면 그는   이린 표현이 허락된다면

---

theoretischen Bewegung innerhalb des Marxismus, p. 1.
44 https://de.wikipedia.org, ⟨Vorländer⟩.
45 이 저서는 10년 전 자신의 저서(*Kant und der Sozialismus*, 1901)를 확대한 것이라고

— '최대의' 관념론적 사회주의자라고 할 수 있다.

범위와 내용에서 유례를 찾을 수 없는 포어랜더의 작업이 없었다면 아마도 '지금 여기'의 연구자들은 마부르크 학파의 사회주의 연구에 접근하는 길을 찾을 수 없었을 것이다. 아니 그것을 위한 출발점 자체를 가질 수 없었을 것이다. 그의 작업은 후속 연구자를 위한 지도를 마련한 것과 다름없었으며, 칸트가 그러했듯이 '미래에 등장할 철학'을 위한 "안전한 길"을 46 확보한 것과 다름없었다.

8. 나가는 말

칸트 서거 100주년이 되던 1904년의 한 논문에서 나토르프는 다음과 같이 말하고 있다. "이 비판철학자는 사회철학에서도 우리의 지도자가 되어야 한다. [그러나] 현재의 사회주의는 칸트를 향해 나아가지 않고 있다. 현재의 사회주의는 칸트를 향해 나아가는 것을 — 비록 전적으로 거부하는 것은 아닐지라도 — 하나의 장식품 정도로 간주하고 있는 것처럼 보인다. 언제든 포기해버릴 수 있는 그런 것 말이다."47

평가할 수 있다. 1901년에는 제한된 수의 "사회주의적 칸트주의자와 칸트주의적 사회주의자(sozialistische Kantianer und kantische Sozialisten)"(p. 5)만이 언급되고 있다.

46 칸트, 『순수이성비판』, B VII. '미래에 등장할 철학'은 칸트의 1783년 저서(『프롤레고메나』)의 제목에서 가져온 표현이다.

47 Paul Natorp, "Zum Gedächtnis Kants"(Vorländer, *Kant und Marx*, 139에서 재인용) 참조.

1911년 포어랜더 역시 "신칸트주의자들의 사회주의적(sozialisier-enden) 저서들이 사회주의 내지는 맑스주의 이론가들에게 미치는 영향은 … 매우 미미한(sehr gering) 것으로 보인다"라고[48] 고백하고 있다. 불과 몇 년 전(1904년) "칸트 인식비판에 의해 규정된 학문적 방법을 가지고 있는 현재의 사회철학은 역사적 유물론을 중요한 학문적 진보로 인정해야만 한다"라고[49] 천명한 포어랜더였지만, 그 자신 역시 그에 상응하는 학문적 체계를 제공하진 못했다.

마부르크의 신칸트학파는 철학의 역사에서 오래전에 모습을 감추었으며 그와 함께 관념론적 사회주의 역시 우리의 시야에서 사라졌다. 따라서 1999년 우드(Wood)가 자신의 책 『칸트의 윤리적 사상』의 한 단락에 '칸트의 역사적 유물론'이란 제목을 붙인 것을 보고 리쩌허우가 "매우 놀랄 수밖에 없었던"[50] 것은 결코 이상한 일이 아니었다. 사회주의국가인 중국에 칸트철학을 처음 본격적으로 소개한 당사자임에도 불구하고 말이다. 하지만 그와는 달리 "칸트로부터 맑스를 읽고 맑스로부터 칸트를 읽는 시도"를[51] 감행했던 가라타니 고진이 마부르크의 사회주의자에게 주목하게 된 것은 당연한 귀결이었다.

맑스는 동시대인들이 헤겔을 '죽은 개'로 취급하는 것에 대해 심

---

48 Vorländer, *Kant und der Sozialismus*, p. 153.
49 https://de.wikipedia.org, 〈Vorländer〉
50 리쩌허우, 『비판철학의 비판』, 504쪽; Wood, *Kant's Ethical Thought*, pp. 244-249 참조.
51 가라타니 고진, 『트랜스크리틱』, 9쪽. 하지만 그의 시도는, 스스로 말하고 있듯이, "신칸트학파와는 아무런 [직접적] 관계가 없다."(가라타니 고진, 『트랜스크리틱』, 10쪽)

각한 우려를 표명한 적이 있었다. 만일 '지금 여기'의 이론가들이 맑스를 '죽은 개' 취급한다면 그것은 분명 매우 우려할 만한 일이 될 것이다. 자본주의의 문제점을 간파하지 못하는 사람은 '지금 여기'의 이론가로서는 자격 미달이기 때문이다. 만일 '인간 존엄성에 토대한 공동체'라는 이상(理想)에 우리가 동의한다면 그리고 그것이 한갓된 바람에 머물러서는 안 된다면, 그러한 공동체에 대한 학문적-철학적 접근은 '지금 여기'에서도 반드시 필요할 것이다. 우리는 그러한 연구를 위한 좋은 선례를 눈앞에 가지고 있는데, 마부르크의 관념론적 사회주의가 바로 그것이다.

7장
브란트와 칸트 — '지금 여기'의 칸트철학

1. 칸트 연구자

한국칸트학회가 기획한 칸트전집 번역서의 출간을 계기로 칸트 연구자들 사이에서 작은 논쟁이 일어났을 때 김상봉은 한국의 칸트 연구자를 일컬어 "거울을 마음속에 하나씩 가진 [사람]"이라고[1] 표현했다. 아마도 늘 자기 자신을 되돌아보는 사람이란 의미였을 것이다. 자기 가슴속의 거울을 들여다보는 것을 우리는 '자기성찰' 내지는 '자기반성'이라고 부르는데, 칸트철학에서 그것에 해당하는 표현은 '이성비판'일 것이다. 이성의 자기비판은 비판의 대상과 주체가 동일하다는 점에서 자기성찰과 다름없으니 한국의 칸트 연구자는 '너 자신을 알라!'라는 소크라테스의 전통 위에 굳건히 서 있는 셈이다.

지난 200여 년을 되돌아보면 칸트 연구자들은 유독 '나는 왜 칸트

1　김상봉, 「백종현 번역어 심각한 문제 있었다」.

철학을 연구하고 있는가?'라는 질문을 자신에게 던지는 것을 발견할 수 있다. 연구자가 자신의 연구가 가지는 가치와 의미에 대해 질문하는 것이 철학 자체의 본성에 어울리는 것임은 분명하지만, 그렇다고 자신을 괴롭히는 그러한 질문을 연구자들이 의도적으로 마주하는 일이 쉬운 것은 아니다. 그럼에도 칸트 연구자들이 엄격한 자기비판에 충실한 것은 아마도 '모든 것을 비판에 붙여야 한다'라는 칸트의 요구를 스스로 배워 실천하기 때문일 것이다.

칸트 탄생 300주년 기념을 준비하는 2017년의 모임에서 오닐(Onora Baroness O'Neill)이 던진 질문, 칸트 서거 200주년을 기념하여 출간된 텍스트들의 제목, 그보다 거의 반세기 전에 등장한 회레스(Walter Höres)의 격정적인 구호[2] 및 그 외의 수많은 자기성찰적 질문은 모두 동일한 목적을 가진다. 그것은 다름 아닌 1804년에 멈춘 칸트의 철학 활동을 '지금 여기'에서 재현하는 것, 즉 칸트의 철학을 '지금 여기'의 철학으로 입증하는 것이다. 한마디로 말해서 그것은 칸트철학의 현재성을 확인하려는 시도이다.

나는 이 글에서 그러한 시도를 하고자 한다. 그것을 위해 나는 '지금 여기'의 칸트 연구자를 선택하고 그의 칸트 연구 활동을 소개할 것이다. 비유적으로 말해서 나는 '지금 여기의 칸트 연구자'를 소개함으로써 '지금 여기의 칸트철학'을 확인할 것이다. 만일 이 시도가 성공한다면 우리는 '왜 아직도 칸트인가?'라는 물음에 대한 하나의 대답을 확보하는 셈이며 칸트철학이 자신의 모습 그대로 등장

---

[2] 구체적으로는 각각 다음과 같다. "300년이 지난 지금도 우리는 왜 여전히 칸트를 읽는가?"(O'Neill), "왜 오늘날에도 칸트인가?"(Hindrichs), "칸트의 현재성 — 모든 길은 칸트로 통한다"(Höres).

하고 재현되고 있음을, '지금 여기'의 연구자 안에 살아 있음을 확인하는 셈이다. 나는 '살아 있는 칸트(der lebende Kant)'의[3] 실례로 브란트(R. Brandt)를 선택할 것이다.

브란트는 1937년 독일 북부 작은 마을에서 태어났다. 박사논문의 주제는 아리스토텔레스의 판단 이론이었으며 교수 자격 논문은 흄의 이론철학에 관한 연구였다. 그가 출간한 최초의 저서는 『루소의 사회계약론』이었고 『칸트연구』에 발표한 최초의 논문은 「로크의 사유재산권 이론」이었다. 칸트철학에 관해 그가 최초로 발표한 연구서는 『재산권 이론』이었는데, 당시 그는 37세였다. 30대 젊은 연구자의 연구 방향을 칸트철학으로 돌리도록 만들었던 힘이 무엇이든 그 이후 브란트가 자신의 한평생을 칸트철학 연구에 바친 것만은 분명해 보인다. 30년이 지난 2005년 그는 "[자신의] 모든 연구의 중심에는 물론 칸트가 있[다]"라고[4] 단언하고 있기 때문이다.[5]

---

[3] '살아 있는 칸트'는 칸트 서거 200주년 기념 강연집(Birgit Recki (hrsg.), *Kant lebt!*)의 제목에서 가져온 것이다.
[4] 이충진, 『독일 철학자들과의 대화』, 45쪽.
[5] 브란트와 관련된 정보는 모두 마부르크대학교 홈페이지를 참조했다. 이곳에서 언급된 브란트의 논문과 저서 5개는 모두 '재산권 이론', '허용법칙', '편찬자 서문', '인간학 강의록', '비판적 해설', '인간의 규정' 등으로 축약해서 표시했다.

2. 재산권 이론

1) 최초의 칸트 연구서

1974년 브란트는 『재산권 이론』이란[6] 제목의 책을 발표한다. 이 책은 근대 법철학에 관한 일종의 자료집이자 해설서이다. 서론(Einführung, 22쪽)을 제외하면 대략 200쪽 분량의 책이다.

이 책에서 브란트는 6명의 이론가(그로티우스, 쿰버랜드, 로크, 흄, 루소, 칸트)의 텍스트 중에서 재산권에 관한 부분을 선별한 후 각각에 자신의 해설(Einleitung)을 덧붙였다. 1차 문헌의 분량과 해설의 분량이 거의 동일한데, 특이한 점은 칸트에 관한 부분이 다른 부분에 비해 두 배 가까이 된다는 점이다.

이 책에 포함된 이론가 및 텍스트의 선별 기준에 대해서 브란트는 다음과 같이 말한다.

> [특정 이론에 따르면] 재화에 대한 재산권은 존재해서는 안 되며 존재할 수도 없고 단지 재화의 임시적 사용[권]만이 존재한다. … 이 책에 있는 텍스트들 모두 바로 그러한 입장의 유지 불가능성을 논의하는 텍스트들이다. … [이 텍스트들에 따르면] 실천적 현명함 내지는 실천이성은 불가피하게 하나의 터부, 즉 물리적으로 이용 가능한 사물들을 넘어가는 터부의 인정으로 귀

---

[6] 책의 제목은 '*Eigentumstheorien von Grotius bis Kant*'이다(이하에서 '*Eigentumstheorien*'으로 표기한다). 'Eigentum'의 정확한 번역어는 '재산'이지만 이곳에선 '재산권'으로 옮겼다. 반면에 'Privateigentum'은 '사유재산'으로 옮겼다.

착한다.**7**

브란트가 말하는 '터부'란 곧 물리적 사물에 대한 비물리적-법적 소유권을 의미한다. 그러므로 이 책에 포함된 6명의 저자들은 모두 "사유재산권의 가능성"의 "객관적 근거 지음"을 시도한 이론가들인 셈이다. 브란트는 자신의 해설에서 "저자의 그러한 의도에 부응하고자 했으며, 특히 무엇보다도 논의 전개의 연관성 및 근거 지음을 각 철학 이론의 내부에서 해명하고자 시도했다."또 브란트는 이 책의 목적을 "법철학의 근원적 의도들을 특별히 재산권 논의 안에서 구명하고, 또 과거(Woher)에 대한 지식을 미래(Wohin)의 이론적 해명을 위한 준비로 만드는 데 기여하는" 것으로 천명한다.**8**

이 책은 "그로티우스에게서 시작해서 칸트에게서 끝나는 시기"의 이론가만을 포함하며 따라서 한편으론 전근대 이론을, 동시에 다른 한편으론 근대 이론 중 헤겔을 포함하지 않는다. 이와 같은 범위 제한의 이유를 브란트는 다음과 같이 말한다.

> 플라톤의 공화국은 좋음의 실현을 직접 자신의 목적으로 삼았으며, '각자가 자신의 우연적 소유를 가지고 자기가 원하는 대로 살아가면 그로부터 좋음이 도래한다'는 사실을 믿지 않았다. … 헤겔 역시 그런 생각에 비판적이었다. [헤겔의] 국가는 더이상 '각자에게 그의 것을 분배함'을 최상의 준칙으로 가져

---

7   Brandt, *Eigentumstheorien*, p. 15.
8   Brandt, *Eigentumstheorien*, p. 21.

야만 하는 [그런 국가가] 아니었다."⁹

이 책에서 칸트가 특히 주목되는 이유에 관해서 브란트는 명백한 언급을 남겨두지 않았다. 다만 그는 근대 법철학 안에서 칸트가 차지하는 위상을 독특한 것으로 평가하고 있는 듯이 보인다. 근대 영미 철학과 근대 대륙 철학을 대표하는 흄과 루소를 소환하여 법철학자로서의 칸트의 고유성을 드러내고 있기 때문이다.

흄 및 루소와 달리 칸트는 역사 현실의 평가와 법에 관한 이론을 분리했다. [칸트에게서] 법이론은 필연적으로 허용된, 그러므로 또한 강제 권한이 수반하는 행위들에 관한 이론이었다. … 칸트는 흄과는 반대로 이성 개념들의 독자성을 살려냈으며 루소와는 반대로 현실을 법적 행위의 가능적 토대로 살려냈다.¹⁰

2) 새로운 법철학

이 책은 칸트를 마지막 이론가로 소개한다. 브란트는 이곳에서 (만!) 두 개의 원전 텍스트와 두 개의 해설을 제공한다.

첫 번째 부분(칸트 I)은 「미와 숭고의 감정에 관한 관찰들에 대한 소고(小考, Bemerkungen)」 및 그에 대한 해설이다. 이곳에서 눈에 띄는 것은 두 가지이다. 첫째, 원전 텍스트가 그동안 이론가들이 주목

---

9   Brandt, *Eigentumstheorien*, pp. 23-24.
10 Brandt, *Eigentumstheorien*, p. 30.

하지 않았던 것이며, 둘째, 3쪽이 채 안 되는 원전 텍스트에 대해서 9쪽 분량의 해설이 작성되었다는 점이다. 이 점은 이 책에 있는 다른 이론가는 물론이고 칸트 II에서도 보이지 않는 부분이다.

1760년대 중반의 칸트의 생각을 담고 있는 이 소고는 이 시기의 칸트가 최소한 재산권 이론에 관한 한 로크의 영향 아래 있다는 사실을 보여준다.

> 도덕철학은 인간학적으로 또는 자연주의적으로 근거 지어져야 한다. 우리는 '무엇이 마땅히 일어나야만 하는가'를 제시하기 이전에 '무엇이 일어나고 있는가'를 고려해야 한다. … 재산권의 근거는 인간의 의지 안에 존재한다. 의지가 노동을 통해서 자연 사물을 정복하는 한에서 그렇다.[11]

그렇다고 이 시기의 칸트가 모든 점에서 로크와 일치하는 것은 아니었다. 무엇보다도 칸트는 "시민사회 안에 존재하는 실정법과 자연법, 그 둘의 관계에 관한 이해"에서 로크와 생각이 달랐다. "칸트에게서 노동권은 사회 비판적 기능을 갖지만, 로크에게선 그러한 기능을 갖지 않았으며 가질 수도 없었다." 이 점에서 보면 칸트는 "실정법과 자연법의 로크식 화해를 거부하는 문헌의 전통"에 속해 있는 이론가였다.[12]

두 번째 부분(칸트 II)은 칸트 법철학을 대표하는 텍스트인 『법론』

---

[11] Brandt, *Eigentumstheorien*, p. 171. 1797년 『법론』에서 칸트는 이 입장을 명시적으로 부인한다(칸트, 『법론』, 104-105쪽 참조).

[12] Brandt, *Eigentumstheorien*, p. 172.

에 대한 것이다. 브란트가 선별한 부분은 §1-§17이다. 이것은 소유권에 관한 일반론("외적인 것을 자신의 것으로 소유하는 방식에 관하여")과 재산권에 관한 특수론("물권", 즉 "자연 사물을 자신의 것으로 소유하는 방식에 관하여")을 포함한다.

브란트는 먼저 칸트 법철학 및 재산권 이론의 기본 특징("전적으로 새로운 것")을 확인한다.

> 우리는 법 개념을 실천이성의 자립적 실재로 이해해야 한다. … 외적 사물에 대한 재산이 권리 형태로 이해되는 것은 우리가 경제적(ökonomisch) 문제들을 모두 추상하는 경우뿐이다. … 칸트의 법철학은 인간의 실질적 목적 설정에 근거하지 않으며 또 당위적 목적에 근거하지도 않는다.[13]

이러한 칸트 이론의 특징을 후대의 이론가들은 '법과 목적의 분리' 또는 '법과 도덕의 분리'라고 표현했다. 이 점에서 칸트는 홉스, 플라톤, 라이프니츠 등 다른 이론가들과 구분된다.

브란트는 『법론』의 사법론(사물법, 대인법, 대인-대물법)에 대한 해설을 러닝 코멘트(running comment) 형식으로 제시하는데, 특히 눈에 띄는 것은 허용법칙에 관한 방대한 해설과 상대적으로 많은 대물-대인법에 관한 해설이다.

해설의 마지막 논의는 『법론』에서는 다루어지지 않은, 그러나 모든 법철학에서 중요하게 논의된 문제, 즉 "재산권과 지배[권] 사이

---

[13] Brandt, *Eigentumstheorien*, pp. 181-182.

의 연결"에 관한 것이다. 역사적으로 보면 재산권은 많은 경우 지배권을 수반했다. 달리 말하면 많은 재산을 가진 사람은 타인을 지배하는 정치적-사회적 권리 역시 가지게 된 것이 역사적 사실이다.[14] 이 주제와 관련해서 브란트는 『법론』에 있는 '자립적 시민과 비자립적 시민의 관계'에 관한 논의를 적극적으로 해석한다. 그에 따르면 국가는 "[소유의] 양과 질을 제한하고 규정해야만 하는데" 왜냐하면 소유 대상(가령 토지)의 양이 무한하지 않은 경우 일인의 과다 소유는 타인의 소유 가능성을 제한하며, 이러한 타인의 비자립적 경제활동은 그의 정치적 자격의 제한으로 귀착되기 때문이다.[15]

이 책은 브란트가 칸트 법철학 및 칸트철학 일반에 관련해서 발표한 최초의 연구 성과이다.

3. 허용법칙

1) 잊혀진 주제

1981년 브란트는 칸트 법철학에 관한 최초의 논문을 발표했다. 제목은 '허용법칙, 또는 칸트 법철학에서의 이성과 역사'였다.[16] 이 논문에서 브란트는 허용법칙을 먼저 칸트 법철학 안에서 해석한 후

---

14 Brandt, *Eigentumstheorien*, p. 199.
15 Brandt, *Eigentumstheorien*, p. 201.
16 Reinhard Brandt, "Das Erlaubnisgesetz, oder: Vernunft und Geschichte in Kants Rechtslehre". 이하에서 이 논문의 인용은 "Erlaubnisgesetz", 페이지로 표기한다.

자신의 해석을 칸트 정치철학 및 역사철학의 이해로 확장한다. 특이한 제목의 이 논문은 이후 브란트의 대표적 연구 성과가 된다.[17]

허용법칙은 그동안 연구자의 주목을 받지 못했다. 그러한 주변부화는 한편으론 허용법칙의 특성 때문이었고, 동시에 다른 한편으론 칸트의 실천철학 연구의 일반적 흐름 때문이었다. 즉 "허용법칙은 전형적으로 법적인 본성(spezifisch rechtliche Natur)을 가진 법칙이며" 따라서 허용법칙의 문제는 "일반 도덕론의 문제나 특수 윤리론의 문제가 아니라 전형적으로 법적인 문제이다." 하지만 종래의 칸트 연구자들은 주로 칸트의 의무이론에 관심을 가졌으며, 그들의 시선은 『도덕형이상학정초』와 『실천이성비판』과 『덕론』에 머물렀을 뿐 『법론』에까지 미치지 못했다.[18]

볼펜뷔텔(Wolfenbüttel)에서 열린 심포지엄에서[19] 발표된 브란트의 이 논문은 "도덕형이상학정초와 실천이성비판이 제시한 단초를 명백하게 넘어서고 있는" 이 허용법칙을 사실상 처음으로 부각시킨 연구였다. 그의 논문을 통해서 20세기 칸트 연구자들은 허용법칙의 중요성을 비로소 알게 되었으며 칸트의 실천철학의 핵심에 접근하는 새로운 기회를 가질 수 있었다. 이 논문은 진정한 의미에서 칸트 연구의 새로운 지평을 열었다.[20]

---

17 Gerd-Walter Küsters, *Kants Rechtsphilosophie*, p. 149. 이 논문은 14년 후 축약본의 형태로 다시 발표되었다(Otfried Höffe (hrsg.), *Klassiker Auslegen. Kant, Zum ewigen Frieden* 참조).
18 Brandt, "Erlaubnisgesetz", pp. 240, 244.
19 심포지엄의 주제는 '계몽주의 시대의 법철학'이었다. 브란트는 심포지엄에서 「인권과 재화권(Menschenrechte und Güterrechte)」이라는 제목의 논문도 발표했다.
20 Brandt, "Erlaubnisgesetz", p. 240.

그뿐만이 아니다. 심포지엄에서 루트비히(Bernd Ludwig)는 「실천이성의 법적 요청의 위치 — 칸트 『법론』 §1-§6」을 발표했는데, 이 논문에서 그는 문헌학적-체계적 연구를 통해서 허용법칙이 현재와는 다른 위치에 있어야 함을 주장했다. 이러한 주장은 이후 지금까지 지속되고 있는 논쟁의 시작점이었다.[21] 물론 그 어떤 논쟁도 브란트의 연구를 피해 갈 수는 없었다.

2) 연구 지평의 확장

허용법칙에 관한 브란트의 해설은 크게 세 부분으로 구성되어 있다.

첫째, 브란트는 의무이론 체계 안에서 허용법칙이 가지는 위상을 확인한다. 그에 따르면 모든 도덕법칙은 인간에게 특정 행위를 명령하거나 아니면 금지하는데, 금지된 행위는 허용될 수 없고 명령된 행위는 허용을 이미 함축하므로 허용된 행위를 규제하는 법칙(허용법칙)은 존재하지 않는다. 따라서 만일 허용법칙이 존재한다면 그것은 특수한 위상을 가질 수밖에 없다.

> 허용법칙은 명백히 명령과 금지의 매개 안에 자신의 체계적 위치를 가진다. 그 자체로는 금지된 것이 잠정적으로 허용되며 그리고 그와 함께 '[허용된 것을] 저지하겠다는 [타인의] 권리 요

---

[21] 자세한 것은 다음을 참조. 이충진, 「칸트 법이론 텍스트 연구」: 14-16. 마이너 출판사는 『법론』의 새로운 편집을 루트비히에게 맡긴다. 이 책은 1990년에 출간되었다. '실천이성의 법적 요청'은 허용법칙을 지칭한다.

구가 현실화되지 못하도록 할 것'이 명령된다.²²

우리의 언어로 다시 말하자면 이렇다. 허용법칙은 행위자에게 그 자체로는 옳지 않은 행위(금지된 것)를 비록 임시적으로나마 허용하며, 그것을 할 수 있는 특수한 종류의 권리를 부여한다. 동시에 허용법칙은 그러한 권리행사(합법적 행위)에 상응하는 법적 의무를 모든 사람에게 부여한다. 후자, 즉 의무를 가지게 되는 사람의 입장에서 보면 그는 타인의 불법행위를 잠정적으로나마 견뎌내야 한다. 허용법칙은 그에게 "금지된 것의 임시적 감내(dulden)를 명령한다."²³

둘째, 브란트는 『법론』 §2에 등장하는 허용법칙의 "한 특수 형태"를 설명한다. 이곳의 허용법칙은 외적 대상의 획득-소유와 관련해서 모든 사람의 권리-의무 관계를 규제하는 법칙이며, 그것의 규제 방식에 대해 칸트는 아래와 같이 이야기한다.

> 이 법칙은 법 일반의 한갓 개념들로부터는 도출될 수 없는 하나의 권한을 우리에게 부여한다. 그것은 곧 '우리가 어떤 대상들을 최초로 점유했다'라는 이유에 근거하여 다른 모든 사람에게 '우리 자의의 [그러한] 대상들을 사용하지 못함'이라는 하나의 구속성을 부과하는 권한이다. 허용법칙이 아니었다면 다른 사람들은 이와 같은 구속성을 가지게 되지 않았을 것이다.²⁴

---

22 Brandt, "Erlaubnisgesetz", p. 244. 허용법칙에 대한 그레고어(M. Gregor)의 "정확하고 올바른(präzise und korrekt)" 표현은 "Erlaubnisgesetz", pp. 239-240 참조.
23 Brandt, "Erlaubnisgesetz", p. 248.
24 칸트, 『법론』, 75쪽. 허용법칙의 내용은 다음과 같다. "나의 자의의 모든 외적

역시 우리의 언어로 다시 말하자면 이렇다. 보편 강제 법칙은 우리에게 타인의 자유권을 침해하지 말 것을 명령한다. 그런데 이에 따르면 누구도 외적 사물을 법적으로 획득-소유할 수 없는데, 왜냐하면 그러한 획득-소유 행위는 필연적으로 타인의 자유권(동일 사물을 획득-사용할 권리)을 침해하기 때문이다. 그러한 불가능성은 곧 외적 권리의 불가능성, 즉 외적 사물과 관련해서 사람들 사이의 법적 관계가 불가능함을 의미한다. 이러한 불가능성에 직면해서 법적 이성은 허용법칙을 통해서 외적 권리의 가능성을 단적으로 천명한다. 이에 근거하여 한 사람이 그 자체로는 불법인 최초 점유를 통해서 외적 권리를 획득하고 다른 모든 사람은 그의 불법적 행위와 그것의 법적 결과를 감내해야 하는 의무를 가지게 된다.[25]

셋째, 브란트는 허용법칙의 해석을 칸트의 정치철학으로 확대한다. 칸트의 실천이성은 정치적 주체에게 한편으론 이성적 정치체제(공화주의 국가)를 창출-유지할 것을 명령하며 동시에 다른 한편으론 기존 정치체제를 해체하고 무법의 자연상태로 돌아가는 행위(혁명)를 금지한다. 그렇다면 실천이성은 무엇을 허용하는 것일까?

가령 현실의 권력자가 언론을 탄압하는 경우를 생각해보자. 언론 자유는 공화주의 국가의 필수 요소이므로 권력자는 언론을 탄압해선 안 된다. 그런데 만일 시민들의 역량이 언론 자유를 감당하기에 충분하지 않아서 언론 자유의 증가가 오히려 언론의 기능을 불가능

> 대상을 나의 것으로 소유하는 것은 가능하다. 다시 말해서 법칙화된 준칙이 자의의 대상을 그 자체로 (객관적으로) 주인 없는 것으로 만들게 되는 경우 그와 같은 준칙은 법에 어긋난다."(칸트, 『법론』, 74쪽)

[25] Brandt, "Erlaubnisgesetz", pp. 255-257, 260-262 참조.

하게 만든다면, 그런 경우라면 훌륭한 권력자는 언론 자유의 정도를 올리기보다는 낮출 것이다. 즉 언론 자유를 일정 기간 통제-탄압할 것이다. 허용법칙은 그와 같은 정치 행위, 즉 그 자체로는 불법인 정치 행위를 제한적으로나마 할 수 있는 권리를 정치가에게 부여한다. 다만 불법의 허용에는 특정한 조건이 있다. 언론탄압이라는 정치 행위가 정치가의 규범적 의무(이성 국가 실현)에 상응해야 한다는 점이 그것이다. 국민의 입장에서 말하자면 언론탄압이 현재의 현실 국가를 미래의 이성 국가로 나아가도록 만드는 경우에만, 오직 그 경우에만 국민은 언론탄압의 부정의를 감내해야 하는 의무를 가진다.

이성 법칙(허용법칙)은 우리에게 이성 이념(이상 국가)의 실현을 법의무로 부가하지만 동시에 그것의 실현 과정에선 현실의 결함을 감내할 것을 명령한다. 이러한 이중적인 모습은 '반혁명 친개혁'으로 표현되는 칸트 정치철학의 핵심에 상응한다.

> 칸트의 허용법칙은 자연법적 내지는 이성법적 규범을 현실에 적용하는 것을, [더욱이] 점진적 개혁의 모습을 가진 적용을 가능하게 만든다. 그와 함께 칸트는 법적으로 가능하지 않은 '아래로부터의 혁명'(프랑스대혁명) 내지는 영주들에 의한 혁명을 거부하고 합법적 권리 요구와 낙후된 현실을 매개했다.[26]

42쪽의 본문과 10쪽의 자료 문헌 목록을 가지고 있는 이 논문에 와서야 수백 년 동안 감추어져 있던 칸트의 실천철학의 한 면모가

---

[26] Brandt, "Erlaubnisgesetz", p. 255.

드러났다. 이 논문은 실천철학자 칸트를 이른바 '무력한 당위'의 이론가가 아니라 당위의 현실화를 고민한 이론가 내지는 당위와 현실의 이성적 매개를 시도한 이론가로 자리매김했다.

4. 인간학 강의록과 해설서

1) 인간학 강의록의 편집

1987년 베를린 학술원은 칸트의 인간학 강의록을 편찬-출간하는 작업을 브란트 교수에게 맡겼다.[27] 이 작업을 위해 브란트는 마부르크대학교에 연구소를 세우고 소장으로 취임한다. 공동 작업자는 슈타르크(W. Stark)였다. 1994년 브란트는 작업에 관한 일종의 중간 보고서를 발표한다.

거의 20개의 기초 수고들(Manuskript)을 옮겨 쓰고 편집용 텍스트를 만들고 해설을 작성하는 작업에 대략 6년이 걸렸다. 작업의 기초 자료로 사용된 것은 강의록들이며, 우리에게 이것들은 텍스트, 사진, 필름 등의 형태로 제공되었다.

---

[27] 베를린 학술원에서 출간하는 칸트전집을 칸트 연구자들은 '학술원판(Akademie-Ausgabe)'이라고 부른다. 이 전집은 다른 칸트전집들의 기준이 된다. 즉 그것을 기준으로 다른 전집의 '더 좋고 더 나쁨'이 평가된다. 한국칸트학회가 기획-발간한 칸트전집은 다른 칸트 번역서의 '더 좋고 더 나쁨'을 판단하는 기준이 될 것이다.

칸트는 [인간학] 강의를 1780년대 중반까지 보완하고 수정했으며, 그 이후에는 현재의 인식 상태에서 보면 거의 변화가 없었다.[28]

1997년 브란트는 자신이 편찬한 『인간학에 관한 강의들』을 두 권의 책으로 출간한다. 제1권(=제1호)은 880쪽이며 제2권(=제2호)은 971쪽이다. 이 책에는 7개의 강의록이 포함되어 있다. 이 책은 학술원판 칸트전집 제25권이며, 세부적으로 말하면 학술원판 칸트전집 제4부 강의록, 제2권, 제1호와 제2호(Kant's Gesammelte Schriften XXV, Vierte Abteilung Vorlesungen, Zweiter Band, Erste Hälfte und Zweite Hälfte)이다.

제1권(=제1호)의 앞부분에 브란트는 144쪽 분량의 편찬자 서문(Einleitung)을 추가했다. 서문은 다음과 같은 내용을 담고 있다.

A. 강의 — 강의 성립의 역사, 강의의 구조, 개별 주제
B. 텍스트 만들기 — 텍스트의 생성과 시간 규정
C. 편집자 보고 — 작업 진행의 보고와 근거 지음
D. 필사본(Nachschriften) 표기(表記)에 대한 설명

편집자로서 브란트가 내린 결론은 대략 다음과 같다.

1. 칸트의 구두 강의를 학생들이 받아 적던 초기에 다수의 상이한 자료가 만들어졌다.

---

[28] Reinhard Brandt, "Kants Anthropologie. Die Vorlesung", p. 44.

2. 학생들은 강의를 정확하고 충분하게 기록할 의도를 갖고 있지 않았다.

3. 학기 내내 사용된 텍스트가 과연 존재했는지, 즉 강의 전체를 한 사람이 기록한 것인지의 여부는 확인되지 않는다.

4. 전해진 텍스트의 대부분은 개인이 아니라 청강생 그룹이 작성한 것으로 보인다.

5. 자체적으로 읽히는 강의록을 만드는 것이 공동의 목표였음은 분명했다.[29]

학술원판 전집 발간에 참여한다는 것은 칸트 연구자에겐 중요한 상징적 의미를 가진다. 그것은 동시대 연구자들로부터 전문 칸트주의자(Kant-Spezialist)로 공인받는 것이기 때문이다. 1997년 브란트는 스스로 자신의 자격을 입증했다.

2) 비판적 해설

칸트는 1772/73년에서 1795/96년까지 "한 해도 빠짐없이 인간학 강좌를 개설했다." 이 강의를 받아적은 것들이 '인간학 강의록'이며, 이것들을 편집해서 브란트가 발간한 것이 『인간학에 관한 강의들』이다. 그런데 이것과는 별개로 1798년 74세의 칸트는 『실용적 관점에서 본 인간학』을 출간한다.[30] 브란트는 이 텍스트에 대한 해설서

---

[29] Reinhard Brandt, "Einleitung zu Kant, Vorlesungen über Anthropologie", pp. XCIII-V 참조.

[30] 홍우람, 「해제」, 300쪽. 칸트는 1798년 인간학을 일컬어 자신이 지난 20여 년

를 1999년에 출간한다. 제목은 '칸트의 실용적 관점에서 본 인간학에 대한 비판적 해설'이었다.[31]

『비판적 해설』에는 50쪽 정도의 서문(Einleitung)이 있는데, 이곳에서 브란트는 먼저 칸트의 『실용적 관점에서 본 인간학』이 가진 특성에 관해 두 가지를 확인한다.

> 실용적 인간학은 … 순수 철학의 영역에서 [등장하는] '인간이란 무엇인가?'라는 물음에 대한 대답이 아니다. … 강의록도 1798년의 인간학도 '인간이란 무엇인가?'를 자신의 핵심 문제로 다루지 않는다.
>
> 인간학 강의록처럼 1798년 인간학에도 하나의 통일성이 존재한다. 그것은 자아-의식에서 시작해서 인류 전체의 규정으로 끝나는, 비교적 느슨한 통일성이다. 또 그것은 세 영역의 통일성, 즉 현상적 영역과 실용적 영역과 도덕적-목적론적 영역의 통일성이기도 하다.[32]

동안 개설했던 강의를 위한 "안내서"라고 부르고 있다(칸트, 『실용적 관점에서 본 인간학』, 23쪽 주 참조).

[31] Reinhard Brandt, *Kritischer Kommentar zu Kants Anthropologie in pragmatischer Hinsicht (1798)*. 이하에서 이 책은 '*Kritischer Kommentar*'로 표기한다. 다음해인 2000년 브란트는 『실용적 관점에서 본 인간학』의 새로운 편집본을 마이너 출판사에서 출간한다. Reinhard Brandt (hrsg.), *Immanuel Kant, Anthropologie in pragmatischer Hinsicht* 참조.

[32] Brandt, *Kritischer Kommentar*, pp. 16, 14.

그다음 브란트는 자신의 『비판적 해설』에 관하여 그것의 과제와 한계 등을 구체적으로 제시한다.

> 1798년의 인간학은 내밀(內密)한 내용들(esoterische Dichte)을 포함하고 있어서 종종 맥락 없이 단절된 문단들의 이해를 위해 상세한 해설이 필요하다.
>
> 이 해설은 '비판적'이란 표지(標識)를 가진다. … 이 해설의 과제는 [칸트의] 주장들을 이해하는 데 머물지 않고 그것을 비판적으로 평가하는 것이다[것이기 때문이다].
>
> 1798년의 인간학은 18세기 말 인간의 자기 이해에 관한 하나의 문건일 뿐이다. 비판적 해설서는 그것에 대한 해설이다[칸트 비판철학에 대한 해설이 아니다].[33]

『비판적 해설』의 본문은 모두 『실용적 관점에서 본 인간학』에 대한 해설이며, 단어 또는 문장 각각에 대한 '러닝 코멘트'의 형태를 가지고 있다. 첫 번째 해설은 1798년 텍스트의 제목에 있는 단어인 '인간학'에 관한 것이다. 약 2쪽의 분량의 이 해설은 ① 인간학에 관련된 자료 ② 칸트의 관련 강의들 ③ 칸트의 출간된 다른 텍스트에서 '인간학'이 등장하는 지점 ④ 칸트 강의록을 포함하여 미출간 텍스트에서 '인간학'이 등장하는 지점 ⑤ 다른 근대철학자의 인간학

---

[33] Brandt, *Kritischer Kommentar*, pp. 44, 46.

이해 등을 포괄하고 있다. 460쪽 분량의 본문은 모두 이러한 형태로 구성되어 있다.

　브란트의 두 연구, 즉 강의록의 편집과 '러닝 코멘트' 형태의 해설은 한국의 칸트 연구자에게 크게 중요하지 않을지도 모른다. 그럼에도 그 연구를 위해 투여된 브란트의 노력만은 주목할 만한 가치가 있다. 기초자료를 확보하는 방법과 과정 등을 확인할 수 있기 때문이며 또 무엇보다도 고전 텍스트를 대하는 연구자의 진정성과 철저성을 확인할 수 있기 때문이다.

5. 인간의 규정

1) 칸트철학의 핵심

　2007년 브란트는 『칸트에게서의 인간의 규정』이라는 제목의 방대한 책을 출간한다.[34] 이 책은 — 회페의 표현을 빌려 말하자면 — "우리 시대 가장 중요한 칸트 전문가 중의 한 사람이 쾨니히스베르크의 마이스터에 대한 자신의 연구를 종합한(Summe)"[35] 것이다. 칸트철학의 특정 주제나 특정 텍스트에 주목했던 것과 달리 이제 70세의 이 연구자는 칸트철학 전체에 눈을 돌린 후 자신의 칸트 연구 전체를 하나의 결론으로 마무리하려 한다.

34　Reinhard Brandt, *Die Bestimmung des Menschen bei Kant*.
35　Otfried Höffe, "Rezension".

칸트철학의 중심점은 개별 인간 및 인류 전체의 도덕적 규정이다. 세 개의 비판서와 그 외의 저서들, 가령 인간학, 역사철학, 법철학, 윤리학, 계몽주의에 관한 저서들의 핵심 주제는 인간의 전체 규정 내지는 궁극목적에 관한 질문에 대답하는 것이었다.[36]

브란트에 따르면 인간과 인류의 규정을 찾는 것이 칸트철학이 최종적으로 도달하고자 하는 목표였다. 여기서 '규정'은 독일어 '베슈팀뭉(Bestimmung)'의 번역어인데, 맥락에 따라 '사명'으로 이해-번역되기도 한다.[37] 그러니 칸트가 찾고자 한 것은 이중적인 특성을 가진 셈이다. 즉 그것은 한편으론 인간에게 그가 인간이란 이유만으로 이미 부여된 어떤 것(규정, 인간다움)이며 동시에 다른 한편으론 인간의 모든 행위가 지향해야 할 미래의 그 무엇(최종 목적, 사명)이다.

'인간의 규정은 무엇인가?'라는 물음에 대한 칸트의 대답을 브란트는 다음과 같이 제시한다.

첫째, 인간은 자신을 스스로 규정하도록 그렇게 규정되어 있다.

둘째, 인간은 '자신을 규정하여 도덕적 존재가 되도록' 그렇게 규정되어 있다.[38]

---

[36] Brandt, *Bestimmung des Menschen bei Kant*, p. 7.
[37] 대표적인 경우가 피히테의 『인간의 사명』이다. 하지만 이 글에서는 '사명'을 의미하는 경우에도 '규정'으로 표기했다.
[38] Brandt, *Bestimmung des Menschen bei Kant*, p. 8. "인간의 최종 규정에 관한 물음에

칸트의 첫 번째 대답에서 브란트는 칸트철학의 근대성을 발견한다. '자신을 스스로 규정하는 존재'란 — 칸트 언어로 말하면 — 자율적 존재이며, 이러한 인간 이해는 "정적이고 객관적인 [인간] 본질"에 대한 전근대-존재론적 이해가 아니라 "동적이고 주체-연관적이며 실천적인 [인간] 규정"에 대한 근대적-주체철학적 이해이다.[39] 또 칸트의 두 번째 대답에서 브란트는 칸트철학의 고유성-특수성을 발견한다. 즉 그에 따르면 '인간의 규정은 무엇인가?'라는 물음은 '인간은 무엇을 위해/향해 존재하는가?'라는 목적론적 물음으로 이해되고, 이에 대한 칸트의 대답은 궁극목적으로서의 인간 내지는 도덕적 존재로서의 인간 자신이었다.[40]

칸트의 인간 이해는 근대적이면서 동시에 — 목적론적이란 측면에서 — 전근대적이라 할 수 있다. 그것을 우리는 — 브란트에 기대어 — 다음과 같이 표현할 수 있다. "동물적 타율 규정에서 벗어나 자율 규정[자기규정]에로 상승하도록 노력하는 것(empor arbeiten)", 바로 그러한 노력 행위 자체가 인간의 자연 본성이며, 그것이 가리키는 지향점(목적)이 곧 도덕성이다.[41]

이러한 인간에 대한 이해는 이제 인류에 대한 이해로 확장된다.

대한 칸트의 대답은 인간의 자유와 도덕적 자기규정이다."(같은 곳 참조)
39 인간 규정에 대한 물음은 곧 "볼프로부터 칸트로의 이행을 표시한다."(Brandt, *Bestimmung des Menschen bei Kant*, p. 15) 이를 회페는 다음과 같이 평가한다. "'인간 실존의 궁극목적으로서의 도덕'이라는 생각 안에서 브란트는 칸트 전체 사유의 근본 테제를 발견한다. 그런 생각과 함께 칸트는 자신을 독일철학 근대화의 최정점에 올려놓았던 것이다."(Höffe, "Rezension")
40 Brandt, *Bestimmung des Menschen bei Kant*, p. 15 참조.
41 Brandt, *Bestimmung des Menschen bei Kant*, p. 16.

규정에 대한 물음의 "수용자는 둘, 즉 개인 각자와 전체 모두"가 된다. 그런데 인간의 규정과 인류의 규정은 — 비록 그 내용에서는 동일하지만 — 그것이 현실화되는 과정에서는 "부분적으로는 서로 수렴하고 부분적으로는 서로 충돌한다." 수렴하는 부분은 두말할 것도 없이 인간/인류의 도덕적/법적 자율성의 실현이다. 충돌하는 부분은 아래와 같다.

> 자연은 자신의 목적에 도달하기 위해서 철저히 공리적이다. 자연의 목적은 모든 수단을 정당화한다. 반면에 개인은 매번 심정 윤리의 엄격한 조건 아래서 행위하도록 규정되어 있다. 즉 개인은 '모든 각각의 수단이 도덕성의 기준에 맞는지'를 검토해야만 한다.[42]

인간에게 도덕성은 자신의 노력을 통해서 앞으로 실현해야 하는 과제이지만 과제의 실현, 즉 최종 목적에의 도달은 개인이 아니라 종(인류)의 차원에서만 가능하며, 따라서 개인의 도덕적 행위와 종의 공리적 행위(역사 행위)는 모순적인 방식으로 서로 이어져 있다. 이렇듯 개인과 인류라는 "두 주체는 공동으로 작업하며 또 상호 갈등한다."[43]

브란트는 '칸트의 모든 논의는 인간의 규정이란 이념에 의해 성격과 방향이 정해졌다'라는 자신의 주장을 입증하기 위해 칸트철학

---

[42] Brandt, *Bestimmung des Menschen bei Kant*, pp. 28-29.
[43] Brandt, *Bestimmung des Menschen bei Kant*, p. 29.

전체를 자신의 관점에서 재해석한다. 예를 들어 『순수이성비판』이 공화주의적 법정의 모습을 가지게 된 것은 인간의 도덕적 규정이라는 이념 때문이며, 그 점에서 제2비판과 제3비판 역시 다를 바 없다 등등. 이와 같은 논의가 책의 대부분을 차지한다.

2) 제4비판의 필연성

『순수이성비판』에 등장하는 세 개의 물음은 이후 칸트 연구자들에게 전체 칸트철학의 체계적 구조를 이해하기 위한 단서로 간주되었다. 가령 몇몇 연구자는 세 개의 비판서를 세 개의 물음에 대한 대답으로 간주하기도 했다.**44** 그런데 이와 관련해서 칸트 자신은 1793년의 편지에서 다음과 같이 말하고 있다.

> 나의 오랜 계획은 세 개의 과제를 해결하는 것이다. ① 나는 무엇을 알 수 있는가?(형이상학) ② 나는 무엇을 해야만 하는가?(도덕) ③ 나는 무엇을 희망해도 좋은가?(종교) 등이 그것이다. 마지막 네 번째 과제는 '인간이란 무엇인가?'가 될 것이다.**45**

---

44 칸트, 『순수이성비판』, 555쪽 참조. 이미 오래전에 밝혀졌듯이 세 개의 비판서와 세 개의 물음은 단지 부분적으로만 상응한다. 브란트에 따르면 세 개의 물음은 특수 형이상학의 세 개의 주제(신, 세계, 불멸하는 영혼)에 해당한다(Brandt, *Bestimmung des Menschen bei Kant*, pp. 21-22 참조).

45 Immanuel Kant, "Brief an C. F. Stäudlin", 4. Mai 1793. Brandt, *Kritischer Kommentar*, p. 16에서 재인용. 네 번째 과제를 칸트는 '인간학'이라 표현했지만, 물론 이것은 인간학 강의록이나 1798년의 실용적 인간학과 무관하다(Brandt, *Kritischer Kommentar*, p. 16 참조).

이러한 칸트의 언급은 우리로 하여금 네 번째 물음에 대한 대답으로서의 제4비판이, 더욱이 "현존하는 세 개의 비판과는 다른 차원의(jenseits) 것"으로 등장할 것임을 예상하도록 만든다. 세 개의 비판서와 세 개의 물음 사이의 일대일대응 관계를 어떻게 이해하든 말이다.[46]

제4비판은 — 만일 그런 것이 있다면 — 순수이성과 실천이성과 판단력을 모두 포괄하는 하나의 통일된 표상 능력에 대한 비판일 것이다. 브란트는 이 책의 마지막 장(章)에서 바로 그것, 즉 "제4비판[의] 체계적-필연적 위상"을 입증하고자 시도한다. 더욱이 그는 제4비판을 이해하기 위해서 우리는 네 번째 물음(인간이란 무엇인가?)을 특정한 방식으로, 즉 인간의 규정에 대한 물음으로 이해해야 한다고 주장한다.[47]

이러한 자신의 주장을 입증하기 위해서 브란트는 여러 가지를 시도한다. 우선 그는 "칸트 자신이 제4비판에 관하여 이야기하고 있음"을 제시한다. 또 체계적 입증을 위해서 제3비판의 '서론'에 주목하고 우회적-간접적 입증을 위해서 "유럽 문화사의 광범위한 흐름"에서 발견되는 "1, 2, 3/4라는 기본틀(Muster)"을 제시한다. 그 외에도 칸트 저서 이곳저곳에서 산발적으로 등장하는 관련 언급들을 추적한다.[48]

브란트의 이러한 주장의 배후에는 물론 '지난 수백 년 동안의 칸트 연구는 충분하지 않다'라는 문제의식이 놓여 있다. 그에 따르면

---

46 Brandt, *Bestimmung des Menschen bei Kant*, p. 497.
47 Brandt, *Bestimmung des Menschen bei Kant*, p. 497.
48 Brandt, *Bestimmung des Menschen bei Kant*, pp. 499, 497-500, 535 참조.

"[인간의 규정이라는] 개념은 현존하는 칸트-사전 중 거의 어느 곳에도 등장하지 않으며 … [칸트와] 관련된 이차문헌에도 등장하지 않는다." 바로 그러한 불충분함을 극복하기 위해서 브란트는 '지금 여기'의 칸트 연구자에게 '인간의 규정'과 '제4비판의 필연성'에 주목할 것을 요구한다. 이에 대한 명확한 언급으로 그는 자신의 책을 끝맺는다.[49]

인간은 인식하고 느끼고 행위하며 그리고 그러한 자신의 활동들을 최고의 규정 아래 통일하도록 그렇게 규정되어 있다. 최고의 규정은 곧 도덕의 실현이다. 인간이란 무엇인가, 이[물음]에 대한 대답은 거의 주어져 있지 않다. 세 개의 비판의 통일성에 대한 물음[제4비판에 대한 물음] 역시 마찬가지이다.[50]

1798년 『법론』에서 칸트는 "누군가가 하나의 철학 체계를 자신의 작품으로 세상에 내어놓는다는 것은 곧 '나의 철학 이전엔 철학이란 존재하지조차 않았다'라고 말하는 것과 다를 바 없다"라고[51] 쓰고 있다. 만일 칸트의 말이 옳다면 2007년 브란트의 새로운 해석 시도는 기존의 모든 칸트 해석에 대한 전면적 선전포고인 셈이다.

---

49 Brandt, *Bestimmung des Menschen bei Kant*, p. 533.
50 Brandt, *Bestimmung des Menschen bei Kant*, p. 534.
51 칸트, 『법론』, 24쪽.

6. '살아 있는 칸트'

독일 관념주의 철학을 철학사가들은 '반성철학(Reflexionsphilosophie)'이라는 이름으로 부른다. 이때의 '반성'의 동사형인 'reflektieren'은 원래 "빛이 비치고 굴절되는 시각적 과정"을[52] 지칭하는 단어이다. 즉 이 단어는 빛의 운동, 가령 빛이 거울을 향해 움직여 가다가 거울에 부닥친 후 다른 방향으로 움직여 가는 운동을 지칭한다. 그런데 이러한 반성 운동에서 거울은 단지 빛의 방향을 바꿀 뿐 그 외 다른 아무 역할도 하지 않는다. 그뿐만 아니다. 만일 거울 안에 무엇인가 담긴다면 그것은 빛의 모습일 수는 있어도 거울 자신의 모습이 아닌 것은 분명하다.

'반성'을 이렇게 이해하면 반성철학은 하나의 전제를, 즉 '우리의 내면('거울')을 잘 들여다보면 우리는 참된 진리('빛의 모습')를 발견할 수 있다'라는 전제를 가지고 있는 셈이다. 그것에 선행하는 전제는 물론 — 유대인의 창조 설화에서 극적으로 표현된 것처럼 — '우리 인간은 진리의 담지자이다'라는 전제이다. 이러한 사실은 데카르트의 코기토에서 라이프니츠의 모나드에 이르기까지, 칸트의 이성에서 헤겔의 절대정신에 이르기까지 다를 바 없다. 이러한 전제가 없다면 반성, 즉 '내 가슴속의 거울을 들여다보는' 철학의 방법은 허황한 것에 머물 뿐이다.

칸트 연구자의 역할은 우선은 칸트철학을 있는 그대로 드러내는 것이다. 비유해서 말하자면 칸트 연구자가 해야 할 일은 우선은 칸

---

[52] 이순예, 『민주사회로 가는 독일적 특수 경로와 예술』, 100쪽, 주 10.

트철학의 본모습이 온전히 비출 수 있도록 자신의 가슴속의 거울을 맑게 닦는 것이다. '지금 여기'의 철학적 문제를 해결하기 위해 칸트철학을 디딤돌로 사용하거나 아니면 새로운 철학의 구축을 위해 칸트철학에 대한 창조적 오독을 시도하는 것은 그다음의 일이거나 아니면 그것과 전혀 다른 일이다.

브란트가 칸트철학과 관련해서 출간한 마지막 저서의 제목은 『칸트에게서 무엇이 남아 있는가?』이다.[53] 만일 우리가 83세의 브란트에게 바로 그렇게, 즉 '당신의 칸트 연구에서 무엇이 아직도 남아 있는가?'라고 물어본다면 아마도 그는 우리에게 자신의 가슴을 열어 보일 것이다. 그리고 우리가 그곳에서 보게 될 것은 분명 브란트가 아니라 칸트일 것이다. '살아 있는 칸트' 말이다.

---

[53] 이 책(Reinhard Brandt, *Immanuel Kant - Was bleibt?*)의 출간을 기념하는 '저서-심포지엄'이 마인츠대학교에서 있었다. 이충진, 「大家를 만드는 內功 … 독일 철학계가 보여준 논쟁의 열기」 참조.

8장
공자와 칸트 — 촛불집회의 정치철학*

1. 촛불집회 — 하나의 정치적 사건

 이곳에서 말하는 '촛불집회'는 2008년 4월에 시작해서 6월까지 지속한 정치적 사건을 지칭한다. 촛불집회는 '미국과의 쇠고기 수입 협상'을 다시 할 것을 정부에게 요구하는 대규모 시위였다. 시간이 지날수록 시위 참가자들은 대통령을 더욱 강하게 비판했는데, 정부가 자신들과의 대화를 거부했기 때문이었다. 상황은 격화되어 대통령의 퇴진을 요구하는 단계에까지 도달했다. 정부와 국민 사이의 충돌은 피할 수 없었다. 천 명 이상의 사람들이 체포되었고 수백 명의 사람들이 재판에 회부되었다. 6월 말 거리에는 더 이상 촛불이 깜박거리지 않았다.[1] — 이 정치적 사건은 처음부터 '촛불집회'라는

---

* 이것은 독일어로 발표된 논문(Lee, Choong-Jin, "Eine politikphilosophische Interpretation über die 'Kerzenversammlung' - Kant gegen Konfuzius", *Kant-Studien* 25, Koreanische Kant-Gesellschaft, 2010[『칸트연구』제25집, 한국칸트학회, 2010])을 번역한 것이다.

1 Christoph Neidhart, *Süddeutsche Zeitung* 참조. "한국인들은 이명박 대통령

이름으로 불렸으며, 이제 그것은 하나의 고유명사가 되었다.

한국인들은 수많은 사회운동을 경험했다. 그중 일부는 정치적 성공을 가져오기도 했고 그렇지 못한 경우도 많았다. 그런데 이번의 촛불집회는 한국인에게 매우 특별한 것이었으며, 특히 한국의 지식인에게는 커다란 충격이었다. 촛불집회는 예전의 시위들과 전혀 달랐기 때문이었다. 당연히 많은 사회학자와 정치학자의 분석이 뒤따랐다. 그들은 집회의 원인과 사회적 영향을 찾아내고 한국의 미래를 위한 의미를 이해하고자 시도했다. 인터넷과 모바일에 의한 실시간 소통, 개인들의 자발적 참여, 주체 및 조직이 없는 대규모의 시위, 집단지성의 합리적 성격 등이 그들에 의해 촛불집회의 새로움으로 제시되었다.[2]

이 글에서 나는 촛불집회를 정치철학적으로 살펴보고자 한다. 이를 위해 나는 칸트와 공자를 소환하여 그들의 눈을 빌려 촛불집회를 살펴볼 것이다. 두 개의 물음, 즉 (1) '칸트/공자는 촛불집회에 대해 무슨 말을 할 것인가?' 그리고 (2) '칸트/공자는 한국의 정치가에게 어떤 충고를 할까?'라는 물음을 중심으로 논의를 이끌어갈 것

에 반대하는 시위를 벌였다. 무관심의 기간이 지난 후 많은 시민이 눈을 떴다. 하지만 곧 그들은 교착상태에 빠졌다. 화요일 한국 전역에서 수백만 명의 사람들이 촛불을 들었다. 그들 중에는 아이를 동반한 여성들도 있었다. 겉으로만 보자면 미국산 쇠고기 수입을 원하지 않는 것이 이유였다. 하지만 핵심은 달랐다. 이명박 대통령으로 하여금 '촛불'을 진지하게 받아들이도록 만들기 위해서였다. 그들은 '민주주의'를 외치고 헌법 조항을 노래했다. 수요일에도 많은 사람이 '촛불 혁명'을 위해 다시 거리로 나올 것이다. … 자신의 포퓰리즘적인 방식에도 불구하고 이명박은 대중의 신뢰를 회복할 수 없을 것같이 보인다. 오히려 그는 더 많은 한국인의 저항에 직면할 것이다."

2 이충진, 「촛불집회와 칸트철학」: 76-77 참조.

이다. 이 글은 한편으론 칸트와 공자의 정치철학적 상이성을 확인하고 다른 한편으론 그들의 도움을 빌려 좀 더 나은 한국 정치를 찾기 위한 시도이다.[3]

2. 촛불집회와 칸트

칸트의 법철학은 그의 도덕철학과는 달리 거의 150여 년 동안 연구자의 주목을 받지 못했다. 또 칸트의 정치철학은 20세기 중반 이후 '복권과 현재화'의[4] 시기를 보내고 있는 칸트 법철학과 달리 지금도 여전히 연구자의 주목을 받지 못하고 있는 듯하다. 소수의 연구자만이 우리에게 '칸트가 정치에 관해서도 중요하고 탁월한 통찰에 도달했다'는 점을 보여주고 있다.[5] 가령 '정치적인 것'은 질적으로 다르며 많은 경우 서로 충돌하는 상이한 두 요소(도덕과 권력)로 구성되어 있다는 사실, 그리고 그 둘은 다른 어느 하나로 환원될 수 없다는 사실 등은 칸트의 통찰 중의 하나이다. 칸트는 정치의 고유한 논리와 역동성을 이해했던 최초의 사상가임에 틀림없다.[6]

---

3 사회와철학연구회 엮음, 『촛불, 어떻게 볼 것인가』 참조. 이 논문집에는 11개의 논문이 실려 있다. 저자들은 각자 자신들이 보고 느낀 '촛불집회'를 기술하고 있는데, 각각의 관점이 상이한 만큼 그들의 경험과 이해도 다양하다.
4 Kristian Kuehl, "Rehabilitierung und Aktualisierung des Kantischen Vernunftsrechts", Titel.
5 Volker Gerhardt, *I. Kants Entwurf zum ewigen Frieden: Eine Theorie der Politik*; Claudia Langer, *Reform nach Prinzipien: Untersuchungen zur politischen Theorie Immanuel Kants* 참조.
6 이충진, 「칸트 법철학·정치철학 연구 200년」: 261-264 참조.

정치철학자로서의 칸트는 촛불집회에 관해서 무슨 말을 할까? 아마도 그는 촛불집회의 주장에 동의하고 한국 정부를 비판할 듯하다. 그 이유는 두 가지이다.[7]

첫 번째 이유는 다음과 같다. 촛불집회의 직접적 원인은 미국산 쇠고기의 수입이었다. 이 사안과 관련해서 시위대와 정부는 상이한, 서로 병존할 수 없는 정치적 입장을 가지고 있었다. 즉 한편에는 '미국산 쇠고기의 수입이 가져오게 될 경제적 이익('싸고 품질 좋은 쇠고기')은 상응하는 비용('광우병의 위험')보다 크다'라는 주장이, 다른 한편에는 '경제적 이익이 국민의 권리('건강권')에 우선해서는 안 된다'라는 주장이 대립하고 있었다.[8]

칸트에 따르면 권리는 돈과는 전혀 다른 종류의 것이다. 그의 말을 빌려 표현하자면 후자는 가치를 갖지만 전자는 존엄성을 가진다. 양자는 상호 비교될 수 없으며 비교되어서도 안 되는 그런 것이다. 그 둘이 서로 충돌하는 경우 정치는 무조건 권리를 돈보다 우선시해야 한다. 비록 정치가 그 둘 모두에 관여하고 관여할 수밖에 없을지라도 말이다. "참된 정치는 먼저 도덕에 복종하지 않고는 한 걸음도 나갈 수 없으며" "우리는 여기서 실용적-조건적 법이라는 (법과 이익 사이의) 중간 길로 빠질 수 없다." "정치는 법 앞에 무릎을 꿇어야 한다."[9] 한마디로 말해서 돈을 위해서 국민의 권리를 제한하는 것은 허용될 수 없다.[10]

---

7   이하 4개의 문단은 나의 논문 중 일부 축약한 것이다. 이충진, 「촛불집회와 칸트철학」: 81-85 참조.
8   이충진, 「촛불집회와 칸트철학」: 81 참조.
9   Kant, *Zum ewigen Frieden*, pp. 162, 163.

두 번째 이유는 다음과 같다. 촛불집회의 시작은 미국산 쇠고기 수입 문제였지만 시간이 지남에 따라 또 다른 문제가 등장했는데, 그것은 다름 아닌 정부의 소통 부재 문제였다. 대통령은 국민에게 미국 정부와의 협상과 관련된 정보를 전혀 제공하지 않았으며 협상 이후에는 국민을 설득하려고만 시도했다. 그는 국민 앞에 나와서 국민과 대화하는 대신에 '경찰의 뒤'에 머물러 있었다. 시위대는 그런 대통령을 강력히 비난했다.

칸트에 따르면 새로 도입되는 정책이 효과적으로 실현될 수 있는 것은 오직 그 정책이 국민의 동의와 자발적 지지를 얻는 경우뿐이다. 국민의 '소극적' 동의는 그 정책에 대한 "[국민의] 모든 불신을 제거함으로써만"[11] 획득될 수 있으며 그것이 국민의 권리와 조화를 이룰 때에만 기대될 수 있다. 반면에 국민의 '적극적' 지지를 얻기 위해서는 새로운 정책은 "국민의 일반적 목적(행복)과 일치하지 않으면 안 된다." 그런데 이와 같은 조화 및 일치의 정도와 가능성은 정책 도입 이전에 확인되어야 하며 확인될 수 있어야 한다. 그렇다면 결국 새로 도입될 정책의 사전 공개는 국민의 동의와 지지를 획득하기 위한 선행조건인 셈이다. 하지만 한국의 대통령은 여론조사 같은 사전적 조치는 외면한 채 사후 홍보 및 설득 위주로 사태에 대처했다. 그러한 정치 행위는 칸트의 눈에 정치의 본성에 대한 무지에 기인하는, 매우 미숙한 정치 행위로 보일 것임이 분명하다.[12]

결국 칸트에게 한국 대통령은 아마추어 정치가로 보일 듯하다.

---

10 이충진, 「촛불집회와 칸트철학」: 82 참조.
11 Kant, *Zum ewigen Frieden*, p. 169.
12 이충진, 「촛불집회와 칸트철학」: 83 참조.

칸트는 그의 "정치적 오류, 부정의, 어리석음 및 (아마도 도덕적인) 불순함"[13] 등을 지적했을 듯하다.

3. 촛불집회와 공자

만일 칸트가 요구하는 것을 한국 정부가 모두 실행했더라면 촛불집회는 이른바 '찻잔 속의 태풍'으로 머물렀을까? 가령 대통령이 국민들과의 소통에 좀 더 충실했다면 미국산 쇠고기 수입 문제는 좀 더 평화적이고 이성적인 방식으로 해결되었을까? 이에 대한 대답은 부정적이다. 그 이유는 한국의 불완전한 민주적 대의제도나 한국 대통령의 부족한 대화 능력 때문만이 아니라, 한국의 정치적 현실이 가진 특수성 및 한국인의 정치 이해가 가진 특수성 때문이기도 하다. 이 특수성을 이해하기 위해서는 공자를 소환해야 한다.

공자는 정치활동에 직접 나서기도 했고 또 정치적 실패를 경험하기도 했던 인물이다. 비록 말년의 공자가 진리를 탐구하고 제자를 가르치는 데 몰두했지만, 그와 같은 학문적-교육적 활동조차 전쟁을 종식시키고 권력자를 훌륭한 정치로 이끌고 이를 통해서 국민을 잘살게 만들기 위한 하나의 방편이었다. 그의 가르침이 무엇보다도 정치와 정치가의 덕목에 관한 것이었음은 바로 그런 이유 때문이었다. 유교는 처음부터 정치가를 향한 것이었으며 그런 한에서 정치철학이었다.

---

[13] 이충진, 「촛불집회와 칸트철학」: 84.

공자는 촛불집회를 보며 무슨 생각을 할까? 그의 생각에 접근하기 위해 우리는 잘 알려진 명제에 주목해보자. 그것은 다음과 같다. 수신(修身) 제가(齊家) 치국(治國) 평천하(平天下).14

이 명제는 우리에게 다음의 사실을 알려준다. 즉 인간의 삶에는 네 개의 상이한 영역, 다시 말해 사적인 영역, 사회-경제적 영역, 정치적 영역, 세계시민적 영역이 존재한다. 우리 인간은 첫째 영역에서는 개인으로서, 둘째 영역에서는 (넓은 의미의) 가족구성원으로서, 셋째 영역에서는 국가 시민으로서, 그리고 넷째 영역에서는 지구촌의 구성원으로서 삶을 살아간다. 그뿐만이 아니다. 이 명제는 우리에게 다음의 사실도 알려준다. 네 개의 상이한 인간 행위는 각각 자신만의 고유한 행위 맥락을 가지고 또 자신만의 고유한 훌륭함(덕)을 가진다.15

그런데 만일 우리가 그 명제를 정치철학적 시각에서 읽는다면, 구체적으로 말해서 우리가 그것을 '공자가 정치가에게 제시하는 정치적 덕목'으로 이해한다면 그 명제는 앞에서와는 다른 의미를 가지게 된다. 즉 네 개의 덕목은 더 이상 각각 별개의 것으로서 병존하는 것이 아니라 상호 조건-피조건의 관계에 들어서게 된다. 더욱이 이러한 조건-피조건-관계는 철저히 일방적이며 그 역은 결코 성립하지 않는 관계이다. 그 명제는 정치가에게 덕목들을 제시하는데, 그가 반드시 갖추어야 할 덕목으로서만이 아니라, 갖추어야 하

---

14 "修身而後家齊, 家齊而後國治, 國治而後天下平"(『大學』) 참조.
15 이하 4개의 문단은 나의 논문에 있는 한 각주를 토대로 작성한 것이다. Choong-Jin Lee, "Praktische Philosophie Kants und ihre Rezeption in der konfuzianischen Kultur": 91 참조.

는 순서 역시 이미 정해져 있는 그런 것으로 제시한다.¹⁶

이제 그 명제는 다음과 같이 읽히게 된다. 훌륭한 인간이 되어야 훌륭한 부모가 될 수 있으며, 훌륭한 부모가 되어야 훌륭한 정치가가 될 수 있으며, 훌륭한 정치가가 되어야 훌륭한 세계 정치가가 될 수 있다. 달리 말하면 공자는 정치가에게 다음과 같이 말하고 있는 셈이다. '만일 당신이 세계적 정치가가 되고자 한다면 당신은 먼저 당신의 국가를 훌륭히 다스려야 합니다. 만일 당신이 국내 정치에 성공하기를 원한다면 그 전에 당신은 자신의 가족을 훌륭히 돌봐야 하며, 자신의 가족을 잘 돌보려면 그 전에 자기 자신을 훌륭히 교육시켜야 합니다.'¹⁷

개인의 탁월함은 가족구성원의 탁월함을 가능하게 만들고, 다시 후자는 국가 구성원으로서의 탁월함, 즉 정치적 훌륭함을 가능하게 만든다. 이러한 정치적 의식의 기저에는 아마도 '사적-사회적 삶과 공적-정치적 삶은 그것의 원리에서 동일하다'라는 생각이 놓여 있을 것이다. 이와 같은 전근대적 정치의식에 따르면 정치가는 우선은 자신의 부모에게 효도하고 자신의 식솔들을 훌륭히 거느려야 한다. 그렇지 못한 정치가를 어떤 국민도 따르지 않고 또 다른 나라의 정치가는 그를 자신의 정치적 파트너로 받아들이지 않기 때문이다.¹⁸

다시 촛불집회로 눈을 돌려보자. 유교적인 요구사항과 관련해

---

16 Lee, "Praktische Philosophie Kants und ihre Rezeption in der konfuzianischen Kultur": 91 참조.
17 Lee, "Praktische Philosophie Kants und ihre Rezeption in der konfuzianischen Kultur": 91 참조.
18 Lee, "Praktische Philosophie Kants und ihre Rezeption in der konfuzianischen Kultur": 91 참조.

서 한국의 대통령은 매우 불리한 위치에 있었다. 그는 대통령이 되기 이전 CEO로 활동하면서 여러 가지 심각한 도덕적 잘못을 저질렀기 때문이다. 많은 국민은 그가 독선적이고 무책임하며 공정하지 않고 심지어 거짓말쟁이라고 생각했다. 이러한 도덕적 하자(瑕疵)는 많은 사람으로 하여금 대통령으로서 그가 한 약속에 대해서도 믿음을 갖지 못하도록 만들었다. 따라서 설사 그가 촛불 시민과의 대화를 시도했더라도 어느 누구도 대통령의 진정성을 믿지 않았을 것이다. 도덕성에 대한 유교적 요구는 많은 사람으로 하여금 정치적-경제적 이익 때문에 그토록 부도덕한 사람과 협상을 시도하는 것 자체에 거부감을 가지도록 만들었다. 그들은 그것을 '치욕'으로 여겼을 것이다. 부도덕한 사람에 의해 정치적 지배를 받는 것을 한국인은 의식적으로든 아니면 무의식적으로든 인격적-인간적 수치로 여겼던 것이다.

오늘날에도 한국인들은 그와 같은 정치적 의식을 여전히 강력하게 가지고 있는 듯이 보인다. 한국인은 정치가에게 훌륭한 정치가이기 이전에 훌륭한 부모이기를 요구하며 훌륭한 부모이기 이전에 훌륭한 인간이기를 요구한다. 그리고 이때 훌륭한 인간은 많은 경우 성실 정직 명예 신뢰 인애(仁愛) 등과 같은 도덕적 능력을 가진 사람을 의미한다. 한국에선 정치적 거짓말보다 사적인 거짓말이 더욱 큰 악덕으로 간주되는 것, 한국에선 대통령 가족의 비행이 권력 상실의 결정적 원인으로 작용하곤 하는 것, 정치가에게 이혼은 절대적 금기인 것 등은 바로 그와 같은 한국인의 정치의식에 연유한다.[19] 이

---

19 근대적-서구적 모습의 정치가(가령 홉스의 권력 독점자, 마키아벨리의 도덕 중립적

와 같은 한국의 정치적 에토스가 아니었다면 소규모의 촛불집회가 대규모의 시위로 확장되는 일은 없었을지도 모른다. 그리고 바로 이 에토스에 상응해서 공자는 '촛불집회의 책임은 한국 대통령에게 있다'라고 판결했을 듯이 보인다.

4. 촛불집회 — 칸트 vs 공자

2008년 한국의 촛불집회는 하나의 정치적 사건이었다. 우리는 칸트와 공자의 눈을 빌려 그것에 대한 정치철학적 인식에 도달하고자 시도했다. 그중의 하나는 권력자의 정치적 무지(칸트)와 부도덕함(공자)이 촛불집회의 원인이었다는 인식이었다.

이제 우리는 칸트나 공자가 한국의 정치가에 어떤 요구를 할지를 쉽게 예상할 수 있다. 칸트는 이렇게 말할 것이다. '당신은 정치의 본질을 올바로 이해해야 합니다. 정치는 도덕과 현실을 모두 포함하는 그런 것입니다.'[20] 반면에 공자는 이렇게 말할 것이다. '당신은 한국의 공적-정치적 영역은 여전히 유교 전통의 강력한 영향 아래 있다는 사실을 깨달아야 합니다. 정치가에게는 사적 영역에서도 엄격한 도덕성이 요구됩니다. 한국에서 정치를 하고자 한다면 도덕

인 관리자, 현대의 세일즈맨 등)는 21세기 한국에선 여전히 낯선 것이다. 한국인들은 그러한 모습 내지는 역할의 훌륭함은 좋은 정치의 필수조건이기는 해도 충분조건은 아니라고 생각한다. 이 점은 18세기의 철학자 칸트에겐 쉽게 포착되지 않은 것인데, 그는 정치를 (심정-)윤리와 분리시켜 이해했기 때문이다.

[20] 칸트의 정치철학에 관해서는 다음을 참조. 이충진,「법과 정치 — 칸트의 경우」: 307-331.

적 품성을, 최소한 그것의 외양만이라도, 매 순간 갖추고 있어야 한다는 사실을 잊어서는 안 됩니다.'

하지만 두 철학자의 이러한 충고는 "비록 이론적으로 옳을지 몰라도 실제로는 유용하지 않은"[21] 것에 머물게 될 터인데, 왜냐하면 현재의 권력자는 그런 충고를 이해할 만한 충분한 지적 능력도, 이해를 시도할 만한 도덕적 겸손함도 가지고 있지 않아 보이기 때문이다. 칸트가 말하는 "위로부터의 개혁"은[22] 현재 한국 사회에선 가능하지 않다. 그렇다고 해서 칸트나 공자가 한국 시민들에게 촛불을 또다시 들라고 말하기도 어려운 것이 사실이다. 제2의 촛불시위를 어렵게 만드는 요인은 무엇보다도 대통령이 언론을 강력하게 통제하려 노력하기 때문이다.[23] 언론의 자유만이 정치적 원칙들의 정당성과 실현 가능성을 검토할 수 있지만, 그러한 자유는 한국에서는 매일 위협받고 있다. 여론은 권력에 방향을 제시하거나 일정 부분 제약할 수 있을 것이라는 칸트의 희망 섞인 바람은 한국에선 한갓 희망에 불과한 것으로 남게 될 것이다.[24] "원칙에 따른 개혁"은[25] 현재 한국에선 거의 생각할 수 없는 실정이다.

한국의 정치적 현실을 회의적인 시선으로 바라보는 한국의 철학

---

21   임마누엘 칸트, 『이론에서는 옳을지 모르지만 실천에는 쓸모없다고 하는 속설』 참조.
22   Susann Held, *Eigentum und Herrschaft bei John Locke und Immanuel Kant*, p. 176.
23   다른 요인도 있는데, 그것은 다음과 같다. 이명박 대통령은 선거라는 법적 절차를 통해서 권력을 획득했으며 또 한국에는 직접민주주의를 위한 정치적 토대가 존재하지 않는다 등등.
24   Kant, "Beantwortung der Frage: Was ist Aufklärung?" 참조.
25   Langer, *Reform nach Prinzipien: Untersuchungen zur politischen Theorie Immanuel Kants*, Titel.

자는 자신이 특정한 상황, 즉 정치가는 자신의 충고에 귀기울이지 않으며 또 자신의 의견을 공개적으로 발표할 가능성 자체가 박탈되고 있는, 그런 상황에 놓여 있음을 발견했다. 현상을 분석하고 통찰을 획득하고 이해 지평을 확대하고 권력자에게 무엇인가를 충고하는 것만으로 충분하지 않음을 한국의 철학자는 깨달았다. 그는 한국의 국민들에게 '촛불 대신 횃불을 드시오!'라고 말하고 자신 역시 그들과 함께 거리로 나서야 할지도 모른다. 그렇게 하지 않으면 자신을 '철학자'라는 이름으로 부르지도 못하게 될 것이라는 믿음 때문에 말이다.[26]

우리는 공자의 왕도정치 이론과 칸트의 정치-철학-역할 분담 이론에 대해 잘 알고 있다.[27] 전자에 따르면 철학자 자신이 좋은 정치의 주체가 되어야 하며, 반면에 후자에 따르면 철학자는 현실 정치의 비판이나 정책 제안을 위한 여론 형성에 주력해야 한다. 이 두 개의 '정치적' 활동은 결코 같은 것이 아니다. 그러므로 한국의 철학자는 일종의 양자택일 앞에 서 있는 셈이다. 즉 그는 공자처럼 직접 정치에 뛰어들거나 아니면 칸트처럼 현실 정치의 외부에 머물러야 한다. 2008년 한국의 촛불집회는 '지금 여기'의 철학자로 하여금 칸트와 공자 중 어느 쪽에 설 것인가를 선택하도록 강요하고 있는 듯이 보인다.

---

[26] 공자가 전형적인 사례이다. 공자가 고향을 떠나 천하를 주유(周遊)한 이유는 오직 정의를 구현하고 평화를 창출하기 위함이었다.
[27] Gerhardt, "Der Thronverzicht der Philosophie", p. 188.

[부록]
윌슨과 칸트 — 평화의 이론과 실천*

　이제 우리는 우리가 처음 시작했던 곳, 즉 지금 여기의 난관과 희망으로 돌아왔다. 이 마지막 고찰에 우리는 칸트와 윌슨이란 제목을 붙일 것이다. 하지만 그렇다고 우리가 그들의 개인적 특성에 주목하려는 것은 아니다. 물론 두 사람 사이에 많은 유사점이 있을 수도 있으리라. 가령 그 미국의 대통령은 학자 출신이며 또 모든 면에서 — 처음부터 우리가 가졌던 그리고 그의 텍스트가 확인시켜주었던 인상처럼 — 진정한 이상주의자라는 점에서 말이다. 물론 지금 우리에게 중요한 것은 윌슨의 영혼 깊은 곳을 들여다보는 것이 아니라 그의 평화-프로그램과 국제연맹-프로그램에 주목하는 것이다. 이것조차 사인(私人)으로서의 윌슨 때문이 아니며 하물며 그의 대통령직 때문도 아니다. 그것이 중요한 이유는 따로 있다. 바로 그 프로그램에 대한 신뢰 아래 그리고 그것을 전제한 상태로 우리 정

---

*　이것은 다음 텍스트의 4장(pp. 67–85)을 이충진이 번역한 것이다. Karl Vorländer, *Kant und der Gedanke des Völkerbundes - Mit einem Anhang: Kant und Wilson*, Leipzig, 1919.

부가 독일 국민의 이름으로 11월 휴전협정에 서명했기 때문이며 또 우리의 적들 역시 — 이들에게는 곧 언급하게 될 두 개의 우선권이 주어졌다 — 동일한 프로그램에 따라야 하는 책무를 가지게 되었기 때문이다. 이 점을 이제 살펴보도록 하자.

윌슨의 프로그램은 칸트의 프로그램과 어느 정도로 일치하는가? 전자는 후자를, 또 후자는 전자를 어느 지점에서 넘어서는가? 우리의 논의는 당연히 일반적 원칙들에 제한될 것이다. 이 원칙들은 이른바 "14개 평화원칙(Fourteen Points)" 중 제1-5평화원칙과 제14평화원칙에 해당된다. 이 14개 평화원칙은 1918년 1월 8일 의회 교서(Kongressbotschaft), 같은 해 2월 12일과 9월 27일의 보완 언급들, 그의 다른 연설들 및 국가 기록물(Staatsakte) 등에 표현되어 있다.[1]

14개 평화원칙 중 제1평화원칙부터 칸트를 연상시킨다. 칸트는 모든 공법에 대하여 무조건적인 "공개성"을 요구했으며(위 50쪽) 또 "그것의 준칙이 공개성과 일치하지 않는" 모든 법적 행위를 "부당한 것"으로 명확히 천명했다. 이와 동일하게 미국 대통령 역시 "평화조약은 공개적으로 진행되고 또 공표되어야만 한다. 체결 이후에는 어떠한 종류의 비밀 회담도 있어서는 안 된다. 외교는 항상 정직하고 솔직하며 공개적인 방식으로 진행되어야 한다"라는 점을 요구했다. 9월 27일의 "5개" 평화원칙 중 마지막의 것도 마찬가지다. 즉 "모든 종류의 국제협정(Abmachung)과 조약(Verträge)은 그것의 모든 내용이 다른 모든 국가에게 숨김없이 통보되어야 한다." 결국 모든 조

---

[1] 이곳에서 사용된 텍스트는 다음과 같다. "Der Friedensgedanke in Reden und Staatsakten des Präsidenten Wilson."(Berlin 1918, R. Hobbing) 이 텍스트는 영어 원문과 독일어가 나란히 들어 있다.

약은 공개적으로 "작성되어야 하며" 또 미래에는 모든 비밀외교는 사라져야 한다라고 촉구하고 있다는 점에서 윌슨은 칸트보다 더 멀리 나아간 셈이다. 이 부분에 그 철학자는 분명 기꺼이 동의했을 것이다. 통치자의 손짓에 언제든 반응할 준비가 되어 있는 외교관에 대해 매우 경멸적 언사로 말하는(41쪽) 그 철학자라면 말이다.

윌슨의 제2평화원칙인 "평화시와 전시를 막론하고 영해 밖 바다[공해]에서 항해의 자유"는 우리가 앞에서 살펴본 것(57쪽)처럼 칸트의 "법이론" 역시 촉구한 부분이다. 이것은 북아메리카의 대변자가 가장 많이 신경 쓰는 것이기도 하다. 이미 1916년 5월 27일 미국 평화 연맹(die amerikanische Friedensliga)에서 했던 연설에서 그는 "세계의 모든 국가가 공동으로 아무 방해 없이 이용할 수 있도록 주요 항해로의 안전이 확고히 유지되기"를 원했다. 1917년 1월 22일 상원(Senat)[연설]에서 그는 "바다의 자유[항해의 자유]"를 "평화와 평등 그리고 협동을 위한 불가결의 전제조건(conditio sine qua non)"으로 천명했다. 1917년 5월 15일 의회 연설(Kongreßrede)에서 그는 또다시 "일반적 합의와 동의를 얻을 수 있는 그런 법규정들에 근거해서 모든 바다는 누구에게나 평등하게 열려 있어야 하며, 또한 가능한 한 모든 사람이 동일한 조건 아래 바다를 이용할 수 있어야 한다"라는 입장을 제시했다. 잘 알려져 있듯이 다른 "동맹국들", 특히 영국은 휴전협정 체결 직전에 다음과 같은 유보조항을 만들었다. 이에 따르면 "흔히 이야기되는 바다의 자유[항해의 자유]라는 개념은 다양한 해석을 허용하며, 그중 일부는 받아들여질 수 없는 해석이다. 그 때문에 평화회의(Friedenskonferenz)에 참여함에 있어서 동맹국들은 이 대상과 관련해서는 전적인 자유를 우선적으로 가진다."[2] 윌슨은 이것에 대해 아무런 대답을 하지 않았으며, 따라서 이제 그는 독일의 잠수함 전쟁에 대해서뿐만 아니라 영국의 동맹국(den englischen Bundesgenossen)에 대해서도 자신의 원칙적 요구를 어느 정도까지 관철할 의지와 능력이 있는지 보여주어야 할 것이다.

모든 바다에서 항해의 자유와 밀접하게 연결되어 있는 것이 무역의 자유이다. 윌슨의 제3평화원칙은 이 점을 이야기하고 있다. 즉 "평화를 희망하고 평화를 유지하기 위해 상호 협력하는 모든 국가 사이에는 가능한 한 모든 경제적 장벽을 없애고 동등한 무역 관계를 창출해야 한다." 이 분야와 관련해서 칸트는 별다른 요구를 제시하지 않았는데, 그 당시에는 세계무역이 오늘날과 같은 정도로 발전하지 않았기 때문이다. 다른 한편으로 칸트 역시, 우리가 앞에서 본 것처럼, "조만간 모든 민족을 장악"하고 "전쟁과는 병존할 수 없지만" 오히려 "상호 이기심"을 통해 민족을 서로 연결하는 "상업 정신"과 보편적이고 지속적인 평화 사이의 연관성을 강조했다. 그리고 우리가 알다시피 칸트는 경제 분야에서도 애덤 스미스의 자유주의를 지지하는 사람이었다. 이 지지자(Anhaenger)라는 표현을 헤르츠(Markus Herz)는 이미 1771년(1771년 7월 9일 칸트에게 보낸 편지)에 "귀하의 애호가(Liebling)"로 표현하고 있다. 그와 그의 많은 학생 그리고 나중에 동료가 되었던 크라우스(Kraus) 역시 마찬가지였다. 그러한 [상업] 정신을 통해서 그 두 사람은 프로이센 혁명기(1807년 이후)의 위대한 개혁자들에게도 영향을 미쳤다.

---

2   Deutscher Geschichtskalender(Felix Meiner, Leipzig), 48. Lieferung, "Der Waffenstillstand", S. 148.

평화를 위한 노력은 예로부터 군비축소의 요구에서 가장 분명하고 강력하게 표현되었다. 우리가 보았듯이 칸트는 결국은 "단기간의 전쟁보다 더 부담이 되고 말" 끝없는 군비 증가를 비판했으며, 곧바로 "상비군은 점차 완전히 폐지되어야 한다"라는 요구를 제기했다. 반면에 윌슨의 요구는 그렇게까지 멀리 나아가지는 않은 듯이 보인다. 1917년 3월 5일의 연설은 "국가의 무장(武裝)은 국민의 국내 질서와 안전에 국한되어야 한다"라고 요구하며, 이것은 14개 평화원칙 중 제4평화원칙에서 다음의 형태로 표현되었다. "국가들의 무장이 가장 낮은 수준, 즉 국내 안전에 상응하는 수준까지 축소되도록 적절한 보장이 서로 간에 제공되어야 한다." 다른 한편으로 칸트는 외부 공격으로부터 자신의 조국을 방어하기 위해 "국가 시민이 자발적으로 무장 훈련을 정기적으로 실시하는 것", 즉 일종의 군대를 허용했다. 이것은 현 독일 집권당(사민당)의 프로그램이 요구하는 것이기도 하다. 1919년 1월 12일 「사회주의 행동강령」에서 카우츠키 역시 "상비군의 즉각적인 폐지"와 그것을 대신할 "2-3개월의 짧은 훈련을 거친 남성들로 구성되는 국민 군대"를 요구했다. [그에 따르면] "직업군인으로는 교육장교와 고위급 장교만이 존재해야 한다." 또 그는 "군축에 대한 국제적 합의에 도달하게 되면 국민 군대의 확대 역시 그에 따라 조정될 수 있을 것이다"라는 점을 덧붙였다. 윌슨의 프로그램은 그러한 군대에 대해 아무 말도 하고 있지 않지만, 그래도 그것의 가능성을 암묵적으로 전제하고 있는 듯이 보인다. 그 가능성은 1861-65년의 남북전쟁과 현재의 세계대전에서 현실이 되었고 또 잘 알려진 것처럼 연방헌법의 한 부분이 되었으며, 반면에 "상비군"은 그 안에서[연방헌법상] 사실상 국내 안전

(domestic safety)의 확립을 위한 일종의 경찰 병력이 되었다.

잘 알려진 것처럼 세계대전의 주요 원인 중 하나는 제국주의 식민지 약탈이었다. 윌슨의 제5평화원칙은 이러한 매우 민감한 질문 역시 다루고 있는데, 그것은 매우 적절했으며 또 지금도 적절하다. 우리는 44쪽 이하에서 유럽의 식민정책 모두에 반대하는 칸트의 극단적인 입장을 보았다. 그러나 그 이후로 124년이 흐른 지금 세계지도는 완전히 바뀌었으며 거대한 식민제국이 등장했다. 독일 역시 식민 국가의 대열에 합류했다. 그러므로 칸트식의 단순한 비판만으로는 충분하지 않게 되었다. 파비에르(Fabier) 및 다른 영국 사회주의자들을 따르는 베른슈타인(Eduard Bernstein)은 거의 모든 자본주의 국가가 식민지에서 자행한 약탈에 대한 해결책을 다음과 같이 제안한다. 즉 "열린 문"의 원칙은 — 이것은 칸트의 "방문권" 내지는 "환대"의 현대적 형태이다 — "식민지의 국제화로 보완되어야 한다. 그곳의 원주민들이, 우리가 그들을 그대로 내버려두면, 조만간 탐욕스러운 정복자들의 희생물이 될 것이 분명한 경우 그렇다." 이와 같은 국제적 관리와 통제는 "원주민들을 수탈과 억압으로부터 보호하고 그들이 자치 정부를 갖도록 이끌며 동시에 특정 국가들의 자본주의자 그룹이 식민지의 보물을 독점하는 것을 방지할 수 있는" 최상의 가능성을 제공할 것이다.³ 이와 같은 어려운 영역에서 윌슨의 입장 표명은 훨씬 모호하다. 그 자신이 이야기했듯이 모든 식민지 요구사항(koloniale Ansprüche)을 "자유롭고 관대하며 절대적으로 불편부

---

3 특히 아래에서(79쪽[이 책의 217쪽]) 인용된 책[Kant, *Akademie-Ausgabe*, XV, Nr. 1353, Lose Blätter]의 26쪽 참조.

당하게" 조정하기 위해서라도 윌슨은 "당사자 주민들의 이해관계가 중요하지만 동시에 정부의 정당한 요구사항(the equitable claims) — 이것의 권리 근거가 규정되어야 하겠지만 — 역시 똑같이 중요하다"라는 원칙이 "철저히" 지켜져야 함을 요구한다. 어쨌든 [윌슨의 생각은] 실현되기 쉽지 않은 프로그램이다.

윌슨 프로그램의 제6-13평화원칙은 정치적 개별 사례(벨기에, 알자스-로렌, 이탈리아, 오스트리아-헝가리, 발칸반도, 터키, 폴란드)에 관한 것이며, 우리는 다루지 않겠다. 마지막(제14) 평화원칙에 와서야 국제연맹이라는 위대한 생각이 다시 등장하는데, 우리는 이것을 끝부분에서 한 번 더 살펴볼 것이다. 지금은 그가 나중에 발표한 제안-프로그램 내지는 조건-프로그램 중 몇 개에 주목해보록 하자. 먼저 1918년 2월 12일의 네 개의 원칙 중 제2원칙은 다음과 같다. "민족들과 영토들은, 마치 우리가 게임에서 한갓 물건이나 [체스의] 말을 대하듯, 어느 한 주권에서 다른 주권으로 옮겨지지 않는다…." 이것은 어떤 국가도 다른 국가에 의해 교환, 증여 등을 통해 획득될 수 있어서는 안 된다라는 칸트의 제2예비조항을 연상시킨다(위 37쪽).

이것과 직접 관련되어 있는 또 다른 생각은 다음과 같다. 그러한 게임이란 곧 "힘의 균형이라는 거대한 게임이겠지만, 그것은 모든 시대에 불신을 받았던 그런 것이다." 왜냐하면 제3 "원칙"이 계속 이야기하고 있듯이 "이 전쟁으로 제기된 영토 문제는 모두 해당 주민의 이해관계 안에서 그리고 그들을 위해서 해결되어야 하며, 또 요구사항의 단순한 조정이나 타협의 일부로서 경쟁국들 사이에서 해결되어서는 안 되기 때문이다." 1917년 1월 22일 상원 연설이 이미 이야기하고 있듯이 "만들어져야 하는 것은 강대국들의 균형이 아니라 강대국들의 사회이며 조직화된 경쟁자들이 아니라 조직화된 사회적 평화이다." 그런데 확실하고 정의로운 평화는 강대국의 무장한 균형에 기초할 수 없다(1917년 3월 5일). 이와 같은 생각은 칸트의 논문 「이론과 실천」의 마지막 부분에서 우리가 만난 것과 정확하게 일치한다. 그곳에서 칸트는 유럽에서 강대국의 균형은 한갓 허상일 뿐이라고 천명하고 있다. 이 사안과 연관하여 윌슨은 1918년 9월 27일 연설에서 개별 민족 또는 민족들 그룹의 **특별 협정 및 특별 우선권**에 강력히 반대하는 입장을 표명했다. [그것은 다음과 같다. 첫째,] "혜택도 불이익도 아닌, 오직 관련된 민족들의 평등한 권리만을 인식하는 정의가 확보되어야 한다." 둘째, "어떤 개별 국가 또는 어떤 국가 그룹의 특수하고 개별적인 이해관계가 협정의 어떤 부분의 기초가 되는 일은 없어야 한다. 그 이해관계가 모든 이의 공동의 이해관계와 합치하지 않는 경우에는 그렇다." 셋째, "국제연맹이라는 공동의 보편적 가정 공동체 안에는 어떤 부분 동맹(Bündnisse) 내지는 특별조약이나 협정(Vereinbarungen)도 존재할 수 없다." 넷째, [그 안에는] "이기적인 경제적 연합"이 존재할 수 없다. 가령 누구도 경제적 보이콧 내지는 배척과 같은 형태를 취할 수 없다. 다만 국가들의 조직화된 연합체(Liga) 자체가 수행하는 처벌 규정의 경우는 예외이다.

당연하게도 그 두 사람, 즉 쾨니히스베르크의 현자와 미합중국의 지도자에게 중요한 것은 무엇보다도 체결될 평화의 영속성이다. 이 평화는 (칸트에 따르면) 한갓 휴전 상태여서는 안 되겠지만 말이다. 칸트의 제1예비조항에 따르면 "장래의 전쟁 요소를 비밀리에 유보한 채 체결된 조약은 평화조약으로 간주되어서는 안 된다." 1917년

1월 22일 윌슨의 요구는 "절대적으로 필연적인 [것]"이라고 했던 것에 비해 훨씬 더 구체적이었는데, 그것은 다음과 같다. "합의의 영속성(permanency)을 보장하기 위한 하나의 권력이 창출되어야 한다. 이 권력은 현재 전쟁 중인 그 어떤 강대국의 권력이나 또는 지금까지 만들어졌거나 만들려 했던 그 어떤 연합군의 권력보다 더 큰 것이어서 어떤 국가나 어떤 국가 동맹도 그것에 대항할 수 없는, 그런 것이어야 한다." 또 1918년 2월 11일 4개 평화원칙 중 제1평화원칙은 동일한 것을 반복한다. 즉 "최종적인 통합의 각 부분은 영구적인(permanent) 평화를 가져올 가능성이 가장 높은 제도 위에 세워져야만 한다."

그렇기 때문에 이미 1916년 12월 18일 모든 교전국에 보낸 평화 서한(Friedensnote)에서 강조되었듯이 어느 한쪽이 완전히 소멸될 때까지 전쟁이 지속되는 일은 없어야 한다. 그렇지 않으면 "결코 식을 수 없는 분노가 일어나고 아무도 회복할 수 없는 절망이 생길 것이다." 그러고 나면 윌슨이 올바르게 강조했던 것처럼 "자유 민족들 사이의 평화 및 자발적인 협력에 대한 희망은 무효가 될 것이다"(10쪽). 그 때문에 어느 한편의 "처벌"이란 논외일 수밖에 없다. 이러한 처벌은 생각조차 할 수 없는 것인데, 칸트가 말하듯 상이한 국가들 사이에는 "어떠한 상하관계도 성립하지 않는다"라는(Z.ew.Fr. S. 122) 바로 그 사실 때문에 그렇다. 따라서 윌슨은 1918년 2월 11일 의회 연설에서 1917년 7월 19일 독일 의회(Reichstag)의 결정, 즉 "합병이나 배상 또는 처벌적인 보상 등은 없어야 한다"라는(60쪽) 결정에 명시적으로 동의했던 것이다. 이 결정을 우리 역시 1917년 성탄절 휴가의 첫째 날에 기쁜 마음으로 선포했지만 며칠 후 일부 고위

군 관리들의 영향력으로 다시 뒤집혀버렸다. 평화 협상들이 비로소 독일에 의해 점령되고 파괴된 지역의 "복구"를 다음의 의미로, 즉 "독일은 자신들이 육지, 바다, 공중에서 자행한 공격으로 인해 발생한 연합군의 국민들과 그들의 재산에 대한 모든 피해를 보상해야 한다"(Deutscher Geschichtskalender, 28. Lfg., S. 149)라는 의미로 해석되게 만들었다.

끝으로 한 가지 중요한 평화원칙이 더 언급되어야 하는데, 그것은 대외 정치가 국내 정치와 갖게 되는 관계에 관련된 것이며 칸트가 이미 다루었던 것이기도 하다. 이 지점에서 언뜻 보기에 칸트와 윌슨 사이에 차이가 있는 것처럼 보이기도 한다. 즉 칸트의 제5예비조항에 따르면 어떤 국가도 다른 국가의 체제와 통치에 폭력적으로 간섭해서는 안 된다. 많은 독일인은 미국 대통령의 선언, 즉 예전의 권력자가 아니라 독일 국민하고만 평화협정을 체결할 수 있다라는 선언에서 바로 그러한 금지된 간섭을 목도하게 되기를 원했다. 하지만 그러한 간섭은 결코 "폭력적이어서는" 안 된다라는 것과는 별개로, 그곳에서 윌슨은 단지 지속적 평화와 국가 연맹의 필수 전제조건에 대한 [칸트와] 동일한 지식만을 언급했을 뿐이다. 그 점에 대해선 쾨니히스베르크의 철학자 역시 환호했을 것인데, 그의 제1확정조항은 "모든 시민 체제는 공화적 체제여야 한다"라고 명시하고 있기 때문이다. 그런데 윌슨이 요구하는 것 또한 다르지 않다. 즉 그는 지속적 평화의 근본 전제로 "각 민족은 자신이 원하는 지배를 선택할 권리를 가지며"(1916년 5월 27일) "오직 피통치자의 동의만이 정부에게 그의 정당한 권력을 부여한다"(1917년 1월 22일, 또한 1917년 3월 5일, 24쪽)라는 점을 제시하고 있으며, 칸트와 마찬가지로

(위 47쪽) 작고 약한 민족이든 크고 강한 민족이든 상관없이(1916년 12월 18일, vgl. Kant, Bd. 47, I, S. 13) "자기 자신을 통치하는 자유로운" 민족(1917년 4월 2일)에 대하여 말하고 있기 때문이다. 게다가 자유가 위협받고 있는 민족은, 역시 칸트에 따르면, "새로운 헌법의 채택을 부당한 적에게 맡길" 권한을 가지기도 한다(위 55쪽).

지금까지 우리는 독일 사상가의 국제연맹에 대한 생각과 백 년도 더 지난 후 등장한 미국 국가원수의 생각이 모든 본질적인 면에서 서로 매우 유사함을 보았다. 비록 그들의 성품이나 시대, 국적 등의 차이에도 불구하고 말이다. 오직 한 가지 점에서만 완전히 새로운 어떤 것이 우리 시대를 위해서 등장하며, 이 부분을 우리는 아직 다루지 않았다. 칸트와 윌슨 사이에 놓여 있는 19세기는 잘 알려져 있듯이 민족들의 독립운동의 세기였는데, 그것은 쾨니히스베르크의 철학자가 예상할 수 없었던 것이었다. 독일과 이탈리아가 그 시기에 서유럽 국가들에 이어서 중요한 통일된 민족국가로 발전했을 뿐만 아니라, 혼합되어 있던 동유럽 민족들 안에서 민족감정이, 즉 오랫동안 인위적으로 억압되어 있던 민족감정이 점차 깨어나기도 했으며, 그 결과 지금 우리가 경험하고 있는 것처럼 문화적 또는 언어적 관점에서만이 아니라 정치적 관점에서도 부분적으로는 매우 열정적이고 활력 넘치는 방식으로 자신의 주장을 내세우게 되었다. 그러한 부분 역시 고려하려고 윌슨의 개혁 프로그램은 노력했다. 이러한 어려운 영역에서라면 충분히 예상될 수 있듯이 비록 평소에는 그에게 어울리지 않는 것이지만, 아주 조심스럽게 말이다. 그 부분에 대한 일반적인 관점이 표현되고 있는 유일한 구절은 ― 우리가 아는 한 ― 1918년 2월 11일 "네 개의 평화원칙" 중 마지막의 것이다. "명확하게 규정된(well defined) 민족적 요구사항은 모두 가능한 한 광범위하게, 그들이 만족할 수 있을 정도로 충족되어야 하며, 다만 이때 유럽의 평화 및 세계평화를 또다시 어지럽힐지도 모를 불화와 적대의 새로운 요소들이 도입되거나 오래된 요소들이 영속화되는 일은 없어야 한다." 만일 세계평화회의(Weltfriedenskongreß)라는 것이 개최된다면 예상컨대 "그것을 명확하게 기술하고" 또 "최대로 충족시키기" 위한 싸움이 그곳에서 불붙을 것이다. 그럼에도 우리는 여기서도 미국 대통령이 가능한 한 공정한 입장을 취하려 노력하고 있다는 사실을 부인할 수 없는데, 그의 입장은 소수민족들 역시 자신의 국가기관을 스스로 선택해야 한다는 요구에 근거를 두고 있기 때문이다. 이와 마찬가지로 "14개 평화원칙" 중 몇 개에서 그는 가령 이탈리아 국경은 "명백하게 인식될 수 있는 민족적 점유 상태에 따라" 정해져야 하며, 폴란드에 대해서는 "폴란드 주민임이 확실한 사람들이 거주하고 있는" 지역 모두를, 오스트리아-헝가리 및 터키에 대해서는 각 국가의 "자치적 발전"을, 발칸 국가(및 이와 유사한 러시아)에 대해서는 "일체성과 민족성의 역사적으로 확정된 기본틀"을 고려할 것을 요구한다.

칸트 시대의 외교정책에서는 거의 고려되지 않았던 그러한 관점에 대하여 칸트가 지금은 어떤 입장을 취할지, 그 점에 대해 우리는 물론 확실하게 말할 수 없다. 적어도 법과 정의에 대한 칸트의 고유한 의미에선 그렇다.[4] 또한 원칙에 충실한 세계시민 상태에도 불구

---

4 『법이론』 §60에서 그는 다음과 같이 말한다. "불의한 적에게 대해서조차 우리는 — 그는 분명 폴란드를 염두에 두고 있다 — 우리의 조국이 분열되는 것을 원하는 정도로까지, 즉 하나의 국가를 지구에서 사라져버리게 만드는 정도로

하고 그렇다. 그는 막연한 세계시민주의의 지지자인 적이 없었다. 이 점은 널리 알려진 그의 깊은 조국애와 프로이센 국가 — 많은 결점을 가진 국가임에도 불구하고 — 에 대한 그의 충성심 그리고 인류학 강의에서 [그가 보인] 다양한 민족적 특성에 대한 그의 관심이 보여주고 있다. 더욱이 그는 민족들의 "혼합" 또는 "합병"은 자신에게는 비자연적이고 심지어 인간성에 피해를 입히는 것처럼 보인다라고 명시적으로 말하고 있다(XV, Nr. 1353, Lose Blätter S. 49). 또 그가 작은 부족의 민속 역시 매우 존중했으며 그것이 보존되기를 원했다는 사실은 마지막으로 출간되었던 그의 글 「필칼레의 칸토어였던 고트리프 빌케(Gottlieb Wielcke)의 리투아니아어-독일어 사전을 위한 "한 친구의 유고"」(1800)에서 확인된다. 그곳에서 그는 리투아니아 사람들의 대담하고 개방적이며 자긍심 넘치는 성격을 매우 높이 평가했으며, 지금은 좁은 지역에 국한된 채 고립되어 살고 있는 원시 종족이 사용하는 희소한 언어의 고유성이 전적으로 보존되기를 원했다.

이것으로 우리는 시작 부분에서(7, 12쪽) 우리가 언급했던 마지막 생각과 유사한 부분에 도달했는데, 그것을 최근 베른슈타인은 특별 팜플렛 「국가들의 연맹인가 아니면 민족들의 연맹인가?」에서 다루었다.[5] 물론 지속적인 평화를 선호하는 사람에게는 후자가 해결책일 것임은 분명하다. [즉 그들에 따르면] 공식적으로 미래의 연맹을 체결하게 될 "국가들" 또는 그들의 정부들 뒤에 민족들이 서 있어야만 한

까지 저항해서는 안 된다. 그것은 공동체에 속하고자 하는 근원적 권리를 필연적으로 가지고 있는 민족에 대한 불의가 될 것이기 때문이다."
[5] 1918년 10월 12일 베를린 합창-아카데미 강연 참조.

다. 저명한 국제법(Völkersrecht[민족들의 법]) 교사인 프란츠 폰 리스트(Franz von Liẞt)가 자신의 "국제법"의 첫 페이지에 "민족들의 법"이라는 표현보다 "국가들의 법"이라는 표현을 사용했을 때, 학식 있는 법학자들은 그들끼리 그렇게 하기로 했다. 그는 칸트 『법이론』(§53)의 언급을 증거로 소환했지만 사실 그 언급은 지극히 부수적인 것일 뿐이다. "국가들의 법"은 지금의 맥락에서는 문명화된 민족의 질서 지어진 법을 "야만인의 무법칙한 자유"와 구별시킬 뿐이다. 덧붙여서 게다가 칸트 자신이 '국가들의 법' 대신에 "민족들의 법"이라는 단어를 항상 사용했으며 더욱이 가장 높고 이상적인 의미로 사용했는데, 예를 들면 XV, 1453(유고)에서 "국제법의 관점에서 보면 우리는 여전히 야만인이다"라고 말한다. 그런데 그는 국제연맹을 항상 자유로운 민족들의 "연방주의"로 생각하기도 했다.

그런데 동일한 것을 윌슨 역시, 최소한 그의 말만 보자면, 반복해서 강조했다. 비록 그가 "민족들"과 "국가들"을 형식적으로 구분하지 않았다고 하더라도 말이다. 이미 1916년 5월 27일 평화동맹(Friedensliga)에서의 연설에서 그는 "민족들"과 "국가들" 및 그들의 "연합(association)"의 권리를 계속 언급했다. 또 1918년 12월 18일의 평화노트(Friedensnote)에서는 전 세계의 평화와 정의를 보장하기 위한 "민족들의 동맹(Liga der Nationen)"을 제안했다. 1917년 6월 9일 러시아 정부에 보낸 통신문에서 그는 "세계의 자유 민족들"은 "민족들의 상호 거래에서 평화와 정의를 보장"하기 위한, 즉 "인류의 형제애(Verbrüderung)"를 한갓 말에서 현실로 만들기 위한 "정직하고 실질적인 협력(cooperation)"에 도달해야만 함을 말했다. 그리고 14개 평화원칙 중 총괄적이고 결정적인 마지막 평화원칙은 "강한 국가들을 위해서 그리고 마찬가지로 약한 국가들을 위해서 정치적 독립과 영토보전을 상호 보장할 목적으로 특정한 계약조건 아래서 민족들의 보편적 통합체가 만들어져야 한다"는 것을 촉구하고 있다. 마지막으로 1918년 7월 4일의 마운트 버논에서의 연설은 "평화 기구의 설립"을 요구하고 있다. 이것은 자유로운 민족들의 통합된 힘이 모든 법 위반을 방지할 것임을, 그리고 모든 분쟁을 다루는 재판소(Tribunal)를 만듦으로써 "평화와 정의"를 최대한 지킬 것임을 보장하는 기구이다.[6] 그런 다음 그는 결론으로 자신의 목표를 다음과 같이 하나의 문장으로 요약한다. "우리가 추구하는 것은 법의 지배, 피통치자들의 동의에 근거하고 인류의 조직화된 의견으로 뒷받침되는 법의 지배이다."

그렇기 때문에 독일과의 전쟁이 시작될 때부터 윌슨은 미국인들은 "독일 국민의 진정한 친구"이며 그들과의 긴밀한 관계를 신속히 회복하는 것 외에는 아무것도 바라지 않는다라고 반복해서 확신시켰다(1918년 4월 2일). 미국인들은 "독일 국민에 대한 어떠한 보복 조치도 원하지 않는다. 자신들이 선택하지 않은 채로 끌려 들어갔던[7] 이 전쟁에서 모든 것을 감당했던 독일 국민들에게 말이다."(1917년 8월 27일) "우리는 기술, 근면, 지식 및 기업정신을 통해 달성한 독일의 성공을 시샘하거나 방해하지 않을 것이며 오히려 매우 놀라워하고

---

[6] 우리는 칸트 역시 가끔만 언급했던 이 물음(55쪽 참조), 즉 중재재판소의 물음에 대해 상세히 다루지 않을 것인데, 윌슨의 연설과 국가 기록 또한 아마도 가장 중요하지만 그러나 가장 어려운 이러한 물음에 대한 상세한 언급을 피하고 있기 때문이다.

[7] 강조 표시는 저자[포어랜더]가 한 것이다.

있다. … 어느 누구도 독일제국의 존재나 독립 또는 평화적 활동을 위협하지 않을 것이다."(1917년 12월 4일) "우리는 독일의 위대함을 질투하지 않으며 또한 그것을 감소시킬 만한 그 어떤 것도 이 프로그램(즉 14개 평화원칙)에 포함되지 않는다. 우리는 독일 국민이 학문이나 평화로운 사업에서 성취한 것 내지는 두각을 나타낸 것을 시샘하지 않는다. … 그들이 우리와 그리고 세계의 평화를 사랑하는 다른 민족들과 하나가 되기를 기꺼이 원한다면 우리는 무기나 적대적인 무역협정을 통해 그들과 싸우려 하지 않을 것이다. 우리는 그들이 세계 민족들 사이에서 통치자의 위치 대신에 동등한 권리를 가진 자의 위치에 있기를 바랄 뿐이다. … 하지만 그들의 대변인이 누구를 위해 말하고 있는 것인지, 의회의 다수당을 위해서인지 아니면 군부 정당 및 제국주의적 통치에 능숙한 사람들을 위해서인지, 그것을 우리는 반드시 알아야만 한다."(1918년 1월 18일) 그리고 마침내 1918년 4월 6일 [그는] "최종 협상에서 우리는 독일 국민을 정의롭게 대우할 준비가 되어 있으며 또 독일을, 다른 강대국들과 똑같이, 정직하게 대할 준비가 되어 있다. … 전쟁이 어떻게 끝나든 정의가 아닌 것을 가지고, 비정한 정의를 가지고 독일을 대한다면, 우리는 우리 자신의 명예를 손상시키게 될 것이다."[라고 말한다] 독일은 10월 5일 이래, 보다 명백하게는 11월 12일 이래 국민 정부를 갖게 되었다. 자신이 여러 번 그리고 엄숙하게 선언한 말들을 현실로 만드는 것은 이제 윌슨에게 달려 있다. 우리는 그의 말들을 신뢰하여 무기를 내려놓았던 것이니 말이다.

  우리는 현 미국 대통령이 이 작은 책자에서 우리가 다룬 문제의 핵심을 정말로 꿰뚫고 있는지 알 수 없다. 1917년 1월 22일 상원 연설(Senatsrede)을 보면 그런 것 같은 인상을 주기도 한다. 그는 우리에게 "나는 내가 도처에서 침묵하고 있는 다수의 인류[민중Masse]를 위해 말하고 있다고 믿고 싶다. 아직 죽음과 파멸에 대한 자신들의 실제 감정을 표현하기 위한 장소와 기회를 갖지 못했으며, 그것[죽음과 파멸]이 자신들에게 진정으로 소중했던 사람들과 공간들을 침범하는 것을 눈으로 보았던 침묵하는 민중을 위해 말이다"라고 말하기 때문이다. 여기에 사실상 모든 질문의 핵심이 놓여 있다. 미래에는 민족들의 "침묵하는" 민중, 즉 외교정책에 관해 발언할 힘도 결정할 권한도 갖지 못한 채 거의 모든 곳에서 소수의 통치 집단에 의해 지배되고 있는 민중 — 물론 윌슨의 표현에 따르자면 전쟁의 참혹함에 의해 침범당했던 사람들만이 아니라 "모든 곳에" 있는 사람들 — 이 전쟁과 평화를 결정하는 권한을 가져야만 한다. 『학부들의 논쟁』에서 노년의 칸트가 올바로 말한 것처럼 사이비 입헌주의와 달리 진정한 입헌국가에서는 "전쟁이 일어나서는 안 된다"라고 국민이 말하면 "전쟁이 일어나지 않는다".(S. 137, Anmerkung.) 결국에는 그리고 모든 국가에서 그러한 "침묵하는 민중"에게 "장소와 기회"가 주어져야만 하며, 그곳에서 그들은 자신들의 평화 의지에 단지 감정적 표현만이 아니라 법적 구속력을 부여할 수 있어야 한다. 물론 현명한 사람들은 우리에게 노년의 칸트가 예견했던 것과 똑같은 이의(異議)를 제기할 것이다. 즉 너는 인간을 지나치게 신뢰하는 이상주의자구나. 하지만 우리는 "인간을 있는 그대로 받아들여야지, 세상 물정 모르는 현학자나 선량한 몽상가가 꿈꾸는 것처럼 있어야만 하는 모습으로 받아들여서는 안 된다"라는 이의를 제기할 것이다. 이에 대해 우리는 바로 그 칸트의 대답을 제시할 것이다. 즉 "사람들의 있는 그대로의 모습이라는 것은 우리가 무언가를 위해 부당한 강제로, 정부의 손을 빌려 자행한 배신적 음모로 사람들을 이를테면 고집 세고 격분하기 쉽게 만들어놓은 것을 말한다"(Streit d. Fak. 125)라는 대답을 말이다. 따라서 이제 우리는 스스로는 전쟁을 원하지 않았던 민중은 — 그들이 호전적 본능 내지는 국제연맹에 적대적인 본능에 사로잡혔던 것은 4년 동안의 전쟁의 영향인 한에서 — 시간이 지남에 따라 모든 곳에서 자신들의 근원적인 평화 선호로 되돌아가게 될 것이라는 사실 역시 희망할 수 있다. 최근 베른에서 열렸던 사회주의 회의(die sozialistische Konferenz)는 그러한 우리의 희망을 강력하게 만들었다. 분명 민중은 이러한 목적을 위하여 더욱더 강력하게 자신을 실현해나갈 것이며, 최고의 사람들, 미래지향적인 사람들을 사로잡는 사회주의의 심정을 가지고 그렇게 할 것이다. 자본주의는 항상 인류를 분열시키며 사회주의만이 인류를 지속적으로 화합시킬 수 있기 때문이다. 하지만 심정만으로는 충분하지 않다. 모든 민족의 민중은 또한 즉각적으로 민족들의 화해라는 생각, 즉 국제연맹이라는 생각을 확고하게 근거 지어진 현실로 만들기 위해서, [즉 그것이] 하나의 이념에 머물지 않도록 만들기 위해서 자신들이 가진 모든 정치적, 경제적, 도덕적 힘을 사용할 것을 결심해야만 한다. 그것이 이 끔찍한 4년 동안의 전쟁, 피와 눈물의 바다, 불합리와 자멸의 바다를 초래한 전쟁의 마지막 결과이기만 하다면, 거짓된 이상의 신기루로 인한 막대한 희생은 최소한 완전히 헛된 것만은 아니게 될 것이다.

참고문헌

가라타니 고진, 『트랜스크리틱 — 칸트와 마르크스 넘어서기』, 송태욱 역, 한길사, 2005.
강성훈, 「루소 사상에서 정치적 이데올로기로서의 종교: 플라톤과의 비교를 중심으로」, 『교육철학』 49집, 한국교육철학학회, 2010.
공진성, 「루소, 스피노자, 그리고 시민 종교의 문제」, 김용민 외, 『루소, 정치를 논하다』, 이학사, 2017.
김상봉, 「백종현 번역어 심각한 문제 있었다」, 『한겨레』 2018년 6월 21일.
김재호, 「초월적 관념론의 과거와 현재, 그리고 미래」, 『철학사상』 제39호, 서울대 철학사상연구소, 2011.
김학재, 『판문점 체제의 기원: 한국전쟁과 자유주의 평화 기획』, 후마니타스, 2015.
나종석, 「칸트 윤리학을 넘어 헤겔 인륜성의 철학에로」, 『칸트와 헤겔』, 한국헤겔학회 편, 2011.
나종석, 『차이와 연대』, 도서출판 길, 2007.
루소, 장 자크, 『사회계약론』, 김영욱 옮김, 후마니타스, 2018.
루소, 장 자크, 『인간불평등기원론』, 이재형 옮김, 문예출판사, 2020.
루카치, G., 『청년 헤겔 1』, 김재기 옮김, 동녘, 1992.
루트비히, 랄프, 『쉽게 읽는 칸트 — 정언명령』, 이충진 옮김, 이학사, 1999.

리델, 만프레드,『헤겔의 사회철학』, 황태연 옮김, 한울, 1984.
리쩌허우,『비판철학의 비판 — 칸트와 마르크스의 교차적 읽기』, 문학동네, 2017.
맥그래스, 알리스터,『루터의 십자가 신학』, 정진오, 최대열 옮김, 컨콜디아사, 2012.
백종현,『칸트와 헤겔의 철학』, 아카넷, 2010.
보만, 토를라이프,『히브리적 사유와 그리스적 사유의 비교』, 허혁 옮김, 분도출판사, 2000.
북친, 머레이,『사회생태론의 철학』, 문순홍 옮김, 솔, 1997.
사카베 메구미 외 엮음,『칸트사전』, 이신철 옮김, 도서출판b, 2009.
사회와철학연구회 역음,『촛불, 어떻게 볼 것인가』, 울력, 2009.
아리스토텔레스,『니코마코스 윤리학』, 천병희 옮김, 숲, 2018.
이동희,『헤겔과 자연』, 제우스, 2006.
이순예,『민주사회로 가는 독일적 특수 경로와 예술』, 도서출판 길, 2015.
이용철,「루소의 종교관 — 종교와 정치의 관계를 중심으로」,『프랑스문화예술연구』77, 프랑스문화예술학회, 2021.
이충진,「공공성에 관한 철학적 연구」,『칸트연구』제22집, 한국칸트학회, 2008.
이충진,「근대 서양 윤리학의 전환점」, 한성대인문과학연구원,『소통과 인문학』제13집, 2011.
이충진,「大家를 만드는 內功 … 독일 철학계가 보여준 논쟁의 열기」,『교수신문』, 2009. 06. 23.
이충진,「법과 정치 — 칸트의 경우」,『사회와철학』제16호, 사회와철학연구회, 2008.
이충진,「저수지와 정수기 — 서양 근대철학에서의 칸트의 위상」,『소통과 인문학』Vol 2, 한성대인문과학연구소, 2004.
이충진,「정치와 역사 — 칸트의 경우」,『사회와철학』제24호, 사회와철학연구회, 2012.
이충진,「촛불집회와 칸트철학 — 소통의 정치를 위하여」,『소통과 인문학』 제7집, 한성대학교, 2008.

이충진, 「칸트 법이론 텍스트 연구」, 『칸트연구』 제28집, 한국칸트학회, 2011.

이충진, 「칸트 법철학-정치철학 연구 200년」, 『칸트연구』 제19집, 한국칸트학회, 2007.

이충진, 「칸트 윤리학의 옹호」, 『칸트와 헤겔』, 한국헤겔학회 편, 2011.

이충진, 「칸트의 국가론에 관한 예비적 연구」, 『大同哲學』 99집, 大同哲學會, 2000.

이충진, 「칸트의 도덕성과 헤겔의 인륜성」, 『칸트와 독일 이상주의』, 한국칸트학회 편, 철학과현실사, 2000.

이충진, 「칸트의 정치철학」, 『칸트연구』 제14집, 한국칸트학회, 2004

이충진, 『독일 철학자들과의 대화』, 이학사, 2010.

이충진, 『이성과 권리』, 철학과현실사, 2000.

임홍빈, 「칸트의 도덕성 개념에 대한 헤겔의 비판은 과연 정당한가」, 『철학』 제35호, 한국철학회, 1991.

정미라, 「도덕성과 인륜성」, 『철학연구』 제70호, 대한철학회, 1999.

최소인, 「칸트『유작』에 나타난 절대 관념론의 맹아」, 『헤겔연구』 8, 한국헤겔학회 편, 1999.

최신환, 「발간사」, 『칸트와 헤겔』(『헤겔연구』 30), 한국헤겔학회 편, 2011.

칸트, 임마누엘, 「계몽이란 무엇인가에 대한 답변」, 홍우람 옮김, 한국칸트학회기획 칸트전집 10권, 한길사, 2019.

칸트, 임마누엘, 「세계시민적 관점에서 본 보편사의 이념」, 『칸트의 역사철학』, 이한구 편역, 서광사, 1992.

칸트, 임마누엘, 『도덕형이상학』, 이충진, 김수배 역, 한국칸트학회기획 칸트전집 7권, 한길사, 2018.

칸트, 임마누엘, 『법이론』, 이충진 옮김, 이학사, 2013.

칸트, 임마누엘, 『비판기 저작 1』, 김미영 외 옮김, 한국칸트학회기획 칸트전집 10권, 한길사, 2019.

칸트, 임마누엘, 『비판기 저작 2』, 정성관 외 옮김, 한국칸트학회기획 칸트전집 11권, 한길사, 2018.

칸트, 임마누엘, 『순수이성비판』, 최재희 역, 박영사, 1972.
칸트, 임마누엘, 『실용적 관점에서 본 인간학』, 홍우람 이진오 옮김, 한국칸트학회기획 칸트전집 12권, 한길사, 2021.
칸트, 임마누엘, 『실천이성비판』, 최재희 옮김, 서광사, 1975.
칸트, 임마누엘, 『영원한 평화를 위하여. 철학적 기획』, 정성관 옮김, 한국칸트학회기획 칸트전집 11권, 한길사, 2018.
칸트, 임마누엘, 『영원한 평화를 위하여』, 이한구 옮김, 서광사, 1992.
칸트, 임마누엘, 『이론에서는 옳을지 모르지만 실천에는 쓸모없다고 하는 속설』, 한국칸트학회기획 칸트전집 10권, 한길사, 2019.
칸트, 임마누엘, 『칸트의 역사철학』, 이한구 편역, 서광사, 1992.
칸트, 임마누엘, 『칸트전집』, 한국칸트학회기획, 한길사, 2018.
캇시러, E., 『루소, 칸트, 괴테』, 유철 옮김, 서광사, 1996.
케스팅, 볼프강, 『홉스』, 전지선 역, 인간사랑, 2006.
페브르, 뤼시앵, 『마르틴 루터 한 인간의 운명』, 김중현 옮김, 이른비, 2016.
平田淸明, 『사회사상사』, 장하진 역, 한울, 1982.
포어랜더, 칼, 『칸트의 생애와 사상』, 서정욱 옮김, 서광사, 2001.
푸코, 미셸, 「계몽이란 무엇인가」, 윤평중, 『푸코와 하버마스를 넘어서』, 교보문고, 2000.
하르트만, 니콜라이, 『독일관념론철학 I』, 이강조 옮김, 서광사, 1989.
헤겔, G. W. F., 『법철학』, 임석진 역, 한길사, 2008.
헤겔, G. W. F., 『교수취임 연설문』, 서정혁 옮김, 책세상, 2004.
헤겔, 게오르그, 빌헬름 프리드리히, 『피히테와 셸링 철학 체계의 차이』, 임석진 옮김, 지식산업사, 1989.
헤겔, 게오르크 빌헬름 프리드리히, 『대논리학 I』, 임석진 역, 지학사, 1983.
헤겔, 게오르크 빌헬름 프리드리히, 『철학강요』, 서동익 옮김, 을유문화사, 1983.
홉스, 토마스, 『리바이어던』, 한승조 역, 삼성출판사, 1982.
홉스, 토마스, 『시민론』, 이준호 옮김, 서광사, 2013.
홍우람, 「해제」, 임마누엘 칸트, 『실용적 관점에서 본 인간학』, 홍우람 외 옮김, 한국칸트학회기획 칸트전집 12권, 한길사, 2021.

힐쉬베르거, 요한네스, 『서양철학사 상』, 강성위 옮김, 이문출판사, 1984.

힐쉬베르거, 요한네스, 『서양철학사 하』, 강성위 옮김, 이문출판사, 1987.

https://terms.naver.com/entry.naver?docId=1397432&cid=41978&categoryId=41980

https://ko wikipedia org, 〈다섯 솔라〉〈종교 개혁〉

Bauch, Bruno, *Luther und Kant*, Berlin von Reuther & Reichard, 1904.

Brandt, Reinhard (hrsg.), *Immanuel Kant, Anthropologie in pragmatischer Hinsicht*. Philosophische Bibliothek, 2003.

Brandt, Reinhard, "Das Erlaubnisgesetz, oder: Vernunft und Geschichte in Kants Rechtslehre", in: Reinhard Brandt (hrsg.), *Rechtsphilosophie der Aufklärung*, Symposium Wolfenbüttel, 1981.

Brandt, Reinhard, "Einleitung zu Kant, Vorlesungen über Anthropologie", in: Reinhard Brandt (hrsg.), *Kant, Vorlesungen über Anthropologie*, Immanuel Kant, *Gesammelte Schriften* Bd XXV, mit W Stark, Akademie Ausgabe, Berlin, 1997.

Brandt, Reinhard, "Kant als Metaphysiker", in: Volker Gerhardt (hrsg.), *Der Begriff der Politik Bedingungen und Gründe politischen Handelns*, Stuttgart, 1990.

Brandt, Reinhard, "Kants Anthropologie Die Vorlesung", in: *Allgemeine Zeitschrift für Philosophie* 19, 1994.

Brandt, Reinhard, "Ohne Bekenntnis sind wir keine Bürger. Nur der Glaube an den Staat als menschliche Gemeinschaft hilft gegen Haßprediger: Rousseau und die Zivilreligion", in: *Süddeutsche Zeitung* vom 08. 07. 2007.

Brandt, Reinhard, *Die Bestimmung des Menschen bei Kant*, Hamburg, 2007.

Brandt, Reinhard, *Eigentumstheorien von Grotius bis Kant*, Stuttgart, 1974.

Brandt, Reinhard, *Immanuel Kant - Was bleibt?*, Hamburg, 2010.

Brandt, Reinhard, *Kritischer Kommentar zu Kants Anthropologie in pragmatischer Hinsicht (1798)*, Hamburg, 1999.

Cohen, Hermann, "Einleitung mit kritischem Nachtrag zur neunten Auflage", in: Friedrich Albert Lange, *Geschichte des Materialismus*, Leippzig, 1914.

Cohen, Hermann, *Ethik des reinen Willens, Bruno Cassirer*, Berlin, 1904.

Dietmar H. Heidemann und Kristina Engelhard, (hrsg.), *Warum Kant heute? - Systematische Bedeutung und Rezeption seiner Philosophie in der Gegenwart*, De Gruyter, 2004.

Dilthey, Wilhelm, "Auffassung und Analyse des Menschen im 15 und 16 Jahrhundert", *Archiv für Geschichte der Philosophie*, V. Band, (hrsg.) L. Stein, G. Reimer, Berlin, 1892.

Eiben, Jürgen, *Von Luther zu Kant - Der deutsche Sonderweg in die Moderne. Eine soziologische Betrachtung*, Deutscher Universitätsverlag, 1989.

Ferrari, Jean and Cristóvão S. Marinheiro, "Über die bürgerliche Religion im politischen Denken Jean-Jacques Rousseaus", *Aufklaerung* Vol 21, Felix Meiner Verlag, 2009. Übersetzung: Cristóvão S. Marinheiro.

Fichte, Johann Gottlieb, *Versuch einer neuen Darstellung der Wissenschaftslehre*, (neu hrsg.) Peter Baumanns, 2 Aufl, Felix Meiner Verlag, Hamburg, 1984.

Geismann, Georg, "Kant als Vollender von Hobbes und Rousseau", *Der Staat* Vol 21, Duncker & Humblot GmbH, 1982.

Gerhardt, Volker (hrsg.), *Der Begriff der Politik. Bedingungen und Gründe politischen Handelns*, J.B. Metzler, 1990.

Gerhardt, Volker, "Der Thronverzicht der Philosophie – Über das moderne Verhältnis von Philosophie und Politik bei Kant", in: Otfried Höffe, (hrsg.), *Klassiker Auslegen Immanuel Kant Zum ewigen Frieden*, Akademie Verlag, Berlin, 2004.

Gerhardt, Volker, "Religion unter dem Anspruch politischer Vernunft", in: Oliver Hidalgo und Christian Polke (hrsg.), *Staat und Religion*, Springer Nature, 2017.

Gerhardt, Volker, *I. Kants Entwurf zum ewigen Frieden: Eine Theorie der Politik*, Wissenschaftliche Buchgesellschaft Darmstadt, 1995.

Habermas, Jürgen, "Publizitaet als Prinzip der Vermittlung von Politik und Moral (Kant)", in: Zwi Batscha (hrsg.), *Materialien zu Kants Rechtsphiloso-*

phie, Suhrkamp Verlag, 1976.

Hegel, Georg Wilhelm Friedrich, *Enzyklopädie der philosophischen Wissenschaften I-III*, in: Ders., *Hegel Werke in 20 Bänden,* Bd. 8-10, Suhrkamp Taschenbuch Wissenschaft, 1986.

Hegel, Georg Wilhelm Friedrich, *Grundlinien der Philosophie des Rechts*, in: Ders., *Hegel Werke in 20 Bänden*, Bd. 7, Suhrkamp Taschenbuch Wissenschaft, 1986.

Hegel, Georg Wilhelm Friedrich, *Hegel Werke in 20 Bänden*, Suhrkamp Taschenbuch Wissenschaft, 1986.

Held, Susann, "Eigentum und Herrschaft bei John Locke und Immanuel Kant", *Politica et Ars* Bd. 10, Lit, 2006.

Henrich, Dieter (hrsg.), *Kant oder Hegel? Über Formen der Begründung in der Philosophie*, 12, Hegel-Kongreß, 1981,1983.

Herb, Karlfriedrich und Bernd Ludwig, "Naturzustand, Eigentum und Staat Immanuel Kants Relativierung des 'Ideal des Hobbes'", *Kant- Studien* Vol 84, Kant-Gesellschaft, De Gruyter, 1993.

Hidalgo, Oliver und Christian Polke (hrsg.), *Staat und Religion*, Springer Nature, 2017.

Hindrichs, Gunnar, "Warum Kant heute? Zur Kantforschung in Kants zweihundertstem Todesjahr", Review, *Philosophische Rundschau* Vol 51, No 2, 2004.

Höffe, Otfried (hrsg.), *Klassiker Auslegen. Immanuel Kant Zum ewigen Frieden*, Akademie Verlag, Berlin, 2004.

Höffe, Otfried, "Rezension", *Frankfurter Allgemeine Zeitung*, 30. 11. 2007.

Höres, Walter, "Die Aktualitaet Kants: Alle Wege fuehren zu ihm zurueck", zeit-online, 19. 04. 1974.

Kant, Immanuel, "Beantwortung der Frage: Was ist Aufklärung?", Akademie Ausgabe VIII.

Kant, Immanuel, *Die Religion innerhalb der Grenzen der bloßen Vernunft*, Akademie Ausgabe VI.

Kant, Immanuel, *Kant's gesammelte Schriften*, hrsg. Königlich Preußischen Akademie der Wissenschaften, Berlin, 1900.

Kant, Immanuel, *Kritik der reinen Vernunft A/B*, Akademie Ausgabe III/IV.

Kant, Immanuel, *Über den Gemeinspruch: Das mag in der Theorie richtig sein, taugt aber nicht für die Praxis*, Akademie Ausgabe VIII.

Kant, Immanuel, *Zum ewigen Frieden Ein philosophischer Entwurf*, Akademie Ausgabe VIII.

Klemme, Heiner, "Einleitung", in: Immanuel Kant, *Ueber den Gemeinspruch. Zum ewigen Frieden*, (hrsg.) Klemme, Felix Meiner Verlag, Hamburg, 1992.

Kroner, Richard, *Von Kant bis Hegel*, Tübingen Mohr-Verlag, 1921.

Kühl, Kristian, "Rehabilitierung und Aktualisierung des Kantischen Vernunftsrechts", in: *Archiv fuer Rechts-und Sozialphilosophie* 77, 1991.

Kuhlmann, Wolfgang (hrsg.), *Moralitaet und Sittlichkeit*, Frankfurt am Main, Suhrkamp, 1986.

Küsters, Gerd-Walter, *Kants Rechtsphilosophie*, Darmstadt, 1988.

Langer, Claudia, *Reform nach Prinzipien: Untersuchungen zur politischen Theorie Immanuel Kants*, Stuttgart, 1986.

Lee, Choong-Jin, "Eine politikphilosophische Interpretation über die 'Kerzenversammlung' - Kant gegen Konfuzius", *Kant-Studien* 25, Koreanische Kant-Gesellschaft, 2010[『칸트연구』 제25집, 한국칸트학회, 2010].

Lee, Choong-Jin, "Praktische Philosophie Kants und ihre Rezeption in der konfuzianischen Kultur - Der Fall Korea", *Kant-Studien* 24, Koreanische Kant-Gesellschaft, 2009[『칸트연구』 제24집, 한국칸트학회, 2009].

Liebmann, Otto, *Kant und die Epigonen- eine kritische Abhandlung*, Karl Schober, Stuttgart, 1865.

Linden, Harry van der, "Cohen's Socialist Reconstruction of Kant's Ethics", *Ethischer Sozialismus: Zur politischen Philosophie des Neukantianismus*, Suhrkamp, Frankfurt am Main, 1994. Uebersetzt von Peter A. Schmid.

Ludwig, Bernd, *Kants Rechtslehre*, Diss., Kant-Forschungen, Bd. 2, 1988.

Malter, Rudolf, *Das reformatorische Denken und die Philosophie. Luthers Entwurf einer transzendental-praktischen Metaphysik*, Bouvier Verlag Herbert Grundmann Bonn, 1980.

Natorp, Paul, "Zum Gedächtnis Kants", *Philosophie und Paedagogik*, Marburg, 1909.

Natorp, Paul, *Sozialpädagogik. Theorie der Willenserziehung auf der Grundlage der Gemeinschaß*, Frommann, Stuttgart, 1899.

Neidhart, Christoph, *Sueddeutsche Zeitung*, vom 2008. 06. 10.

O'Neill, Onora Baroness, "Warum nach 300 Jahren immer noch Kant lesen?", *300 Jahren Immanuel Kant - der Weg zum Jubiläum*, Tagung am 6 Juni 2016 in Berlin.

Recki, Birgit (hrsg.), *Kant lebt - sieben Reden und ein Kolloquium zum 200. Todestag des Aufklärers*, Sven Meyer, 2006.

Ritter, Joachim, "Moralitaet und Sittlichkeit", in: Ders. (hrsg.), *Metaphysik und Politik*, Frankfurt am Main, 1969.

Stammler, Rudolf, *Wirtschaft und Recht nach der materialistischen Geschichtsauffassung Eine sozialpolitische Untersuchung*, Verlag von Vett & Comp, Leipzig, 1896.

Staudinger, Franz, *Ethik und Politik*, Dümmler, Berlin, 1899.

Vorländer, Karl, *Kant und der Gedanke des Völkerbundes - Mit einem Anhang: Kant und Wilson*, Leipzig, 1919.

Vorländer, Karl, *Kant und der Sozialismus unter besonderer Bepücksichtigung der neuesten theoretischen Bewegung innerhalb des Marxismus*, Verlag von Reuther & Reichard, Berlin, 1900.

Vorländer, Karl, *Kant und Marx - ein Beitrag zur Philosophie des Sozialismus*, J.C.B. Mohr Verlag, Tuebingen, 1911.

Wood, Allen W., *Kant's Ethical Thought*, Cambridge University Press, 1999.

Wundt, Max, *Kant als Metaphysiker - ein Beitrag zur Geschichte der Deutschen Philosophie im 18 Jahrhundert*, Stuttgart, 1924.

https://de.wikipedia.org, 〈Neukantianismus〉, 〈Vorländer〉

https://www.uni-marburg.de/de/fb03/philosophie/institut/personen/brandt

각 장이 발표된 학술지 목록

1장 「루터와 칸트 — 몇 개의 비교연구들」, 『철학논집』 50, 서강대학교 철학연구소, 2017.
2장 「홉스와 칸트 — 두 명의 자유주의자」, 『칸트연구』 제43집, 한국칸트학회, 2019.
3장 미발표
4장 「칸트의 도덕성과 헤겔의 인륜성」, 『칸트와 정치철학』, 철학과현실사, 2002.
5장 「연속성과 상이성 — 칸트철학과 헤겔철학」, 『인문학연구』 89, 충남대학교 인문과학연구소, 2012.
6장 「맑스와 칸트 — 마부르크의 관념론적 사회주의자들」, 『칸트연구』 제42집, 한국칸트학회, 2018.
7장 「브란트와 칸트 — 칸트철학의 현재성」, 『칸트연구』 제49집, 한국칸트학회, 2022.
8장 Lee, Choong-Jin, "Eine politikphilosophische Interpretation ueber die 'Kerzenversammlung' - Kant gegen Konfuzius", *Kant-Studien* 25, Koreanische Kant-Gesellschaft, 2010[『칸트연구』 제25집, 한국칸트학회, 2010]
부록 "Kant und Wilson", in: Karl Vorländer, *Kant und der Gedanke des Völkerbundes - Mit einem Anhang: Kant und Wilson*, Leipzig, 1919.